江西财经大学财税与公共管理学院

财税文库

民国时期税收立法的
调适与反应研究

戴丽华 著

中国财经出版传媒集团

经济科学出版社

Economic Science Press

图书在版编目（CIP）数据

民国时期税收立法的调适与反应研究／戴丽华著.
－－北京：经济科学出版社，2022.7
ISBN 978－7－5218－3816－9

Ⅰ.①民…　Ⅱ.①戴…　Ⅲ.①税法-立法-研究-中
国-民国　Ⅳ.①D922.220.4

中国版本图书馆 CIP 数据核字（2022）第 118517 号

责任编辑：顾瑞兰
责任校对：齐　杰
责任印制：邱　天

民国时期税收立法的调适与反应研究

MINGUO SHIQI SHUISHOU LIFA DE TIAOSHI YU FANYING YANJIU

戴丽华　著

经济科学出版社出版、发行　新华书店经销
社址：北京市海淀区阜成路甲 28 号　邮编：100142
总编部电话：010-88191217　发行部电话：010-88191522
网址：www. esp. com. cn
电子邮箱：esp@ esp. com. cn
天猫网店：经济科学出版社旗舰店
网址：http：//jjkxcbs. tmall. com
北京时捷印刷有限公司印装
710×1000　16 开　16 印张　250000 字
2022 年 11 月第 1 版　2022 年 11 月第 1 次印刷
ISBN 978－7－5218－3816－9　定价：79.00 元
（图书出现印装问题，本社负责调换。电话：010－88191510）
（版权所有　侵权必究　打击盗版　举报热线：010－88191661
QQ：2242791300　营销中心电话：010－88191537
电子邮箱：dbts@ esp. com. cn）

总　序

习近平总书记在哲学社会科学工作座谈会上指出，一个国家的发展水平，既取决于自然科学发展水平，也取决于哲学社会科学发展水平。坚持和发展中国特色社会主义，需要不断在理论和实践上进行探索，用发展着的理论指导发展着的实践。在这个过程中，哲学社会科学具有不可替代的重要地位，哲学社会科学工作者具有不可替代的重要作用。

习近平新时代中国特色社会主义思想，为我国哲学社会科学的发展提供了理论指南。党的十九大宣告："经过长期努力，中国特色社会主义进入了新时代，这是我国发展新的历史方位。"中国特色社会主义进入新时代，意味着近代以来久经磨难的中华民族迎来了从站起来、富起来到强起来的伟大飞跃。新时代是中国特色社会主义承前启后、继往开来的时代，是全面建成小康社会、进而全面建设社会主义现代化强国的时代，是中国人民过上更加美好生活、实现共同富裕的时代。

江西财经大学历来重视哲学社会科学研究，尤其是在经济学和管理学领域投入了大量的研究力量，取得了丰硕的研究成果。财税与公共管理学院是江西财经大学办学历史较为悠久的学院，学院最早可追溯至江西省立商业学校（1923 年）财政信贷科，历经近百年的积淀和传承，现已形成应用经济和公共管理比翼齐飞的学科发展格局。教师是办学之基、学院之本。近年来，该学院科研成果丰硕，学科优势凸显，已培育出一支创新能力强、学术水平高的教学科研队伍。正因为有了一支敬业勤业精业、求真求实求新的教师队伍，在教育与学术研究领域勤于耕耘、勇于探索，形成了一批高质量、经受得住历史检验的成果，学院的事业发展才有了强大的根基。

为增进学术交流，财税与公共管理学院推出面向应用经济学科的"财税文库"和面向公共管理学科的"尚公文库"，遴选了一批高质量成果收录进两大文库。本次出版的财政学、公共管理两类专著中，既有资深教授的成果，也有年轻骨干教师的新作；既有视野开阔的理论研究，也有对策精准的应用研究。这反映了学院强劲的创新能力，体现着教研队伍老中青的衔接与共进。

繁荣发展哲学社会科学，要激发哲学社会科学工作者的热情与智慧，推进学科体系、学术观点、科研方法创新。我相信，本次"财税文库"和"尚公文库"的出版，必将进一步推动财税与公共管理相关领域的学术交流和深入探讨，为我国应用经济、公共管理学科的发展做出积极贡献。展望未来，期待财税与公共管理学院教师，以更加昂扬的斗志，在实现中华民族伟大复兴的历史征程中，在实现"百年名校"江财梦的孜孜追求中，有更大的作为，为学校事业振兴做出新的更大贡献。

江西财经大学党委书记

2019 年 9 月

序：民国税制现代化研究的新成果

付志宇*

中华民国时期税收制度的建立与发展，跟此前三千年的传统税制相比，取得了令人瞩目的成就。正如国民政府财政顾问杨格在回忆"黄金十年"财政经济情况时所指出的："显然，现代化的内在力量和外在力量，都取得向前推动的巨大势头。"美国驻华公使詹森则评价："回顾中国的税务情况，近年来有了很大的改进。南京国民政府实行的是单一的、统一的、相当合理的税收制度。"现代化的税制和统一的税制所具有的共同形式要件就是税收法定，因此，对民国时期的税收立法进行系统研究便具有重大的学术价值。戴丽华老师的著作正是从民国税收立法的角度来探索税制现代化过程的新成果，按照现代的税收学与税法理论对民国税制与税法之间的互动关系进行学理分析，给出了自己的判断与评价。

从本体论角度看，税收立法是税收现代化的基本要素，也是近代资本主义国家税制设计的指导原则。根据日本学者福家俊朗的研究，具有现代性的税收结构用法理学的术语表述，至少应具备两个方面的精神：一是税收的目的性与税收行为的正当性，这在税收立法中体现为对税基的保护与对纳税人的尊重；二是财政与行政的相互规定性，这更多表现为考察税制对组织机构的仰赖和对征管技术的借助。而这两点在中华民国时期的税制建设进程中都显得尤为突出。本书花了大量篇幅对税制和税种的建立与完善，也即书名所显示的调适与反应，进行深入细致的分析，正是为了贯彻这两方面的精神。同时，民国的税

---

* 付志宇，西南交通大学教授、博士生导师，西南交通大学财税研究中心主任。

收现代化还表现为税法作为文本载体所呈现的税收与经济社会的关系。如克尼斯所说的，"经济生活和所得的结论都是历史发展的产物。各种论证是以具体经济生活的事实为依据，而所有的结果都带有历史解决方案的印记"。中华民国时期的税收立法并不对当时的国民经济必然产生影响，只有通过历史的检验才能筛选出有用的法律文本，这也正是通常所谓的"书写具有历史记忆"。本书每一章都就该历史时期的税收立法与经济互动的效果进行评估，因此保证了研究在本体论上的合理性。而恰恰是合理性才最大限度地推动了现代化的实现，这一点在马克斯·韦伯关于资本主义产生因素的论述中已有所揭橥。

从方法论角度看，用布罗代尔所推崇的长时段视角来研究中华民国税收立法的调适与反应具有特别的意义。本书在有限的文字中涵容了从清末无法可循的乱局到北洋时期的过渡性立法尝试，再到国民政府前期的规范立法，最后到抗战时期的立法调整失败，反映出不同社会发展阶段主流价值观对税收立法必要性和重要性的认识程度。这个在西方国家历经几百年的漫漫长途，在中华民国短短的 38 年就从形式上备具，这一现象本身就值得深思。王家范曾经说："结构、制度的系统分析具有特别重要的方法论意义。"本书对民国具体税种的立法是置于整个近代税制演变史之中来分析的，从时代的大背景出发，从整体的税制系统到具体的税种立法进行结构性分析，再回到税制对经济产生影响的综合判断，从解构到建构，做到"粗观衢路"与"详照隅隙"相结合。这样的研究方法颇具证明力，很好地回答了税收法定在近代税制现代化过程中所发挥的正反两方面的作用。本书研究方法的另一新颖之处是运用大量的江西省档案馆藏的印花税、所得税司法档案来佐证印花税、所得税立法的过程，带有社会经济史学田野调查方法的特征。通常，学界研究税制史集中于国家的宏观经济视角，容易失于迂远空阔。事实上，民间的经济生活也能折射出国家税收政策的执行效果，对民生的关注也是研究税制史不应该忽略的层面。葛兆光提出书写方式的改变："年鉴学派的一些观念如注意社会生活史的现场重构，福柯关于医疗的个案研究对于知识史的透视，都使得视角和写法有了改变。没有这种根本的改变，不仅与这些资料会失之交臂，就是注意到这些资料的意义，也很难把它恰如其分地纳入历史叙述中。"从不同的视角，不同的史料来考察同一个历史事物，可以起到互证的作用。如果还能得出相契合的结论，不正是"多重证据"的题中之意吗？

从认识论角度看，随着近年来学术界对近代财政经济史的研究深化，如何客观评价国民政府的经济政策的基调已经有所变化。由于意识形态方面的原因，长期以来对民国的经济改革包括税制建设不是基于史实出发，"这些年间的财政经济发展，虽然具有头等重要性，但为人们所忽视，而且在讨论到它们的时候，常被误解或者曲解"。如果与当时处于相同历史背景下的众多发展中国家进行比较研究，可以看到"中国在重重阻难下取得的财政改革和经济增长是出色的。这与世界大部分地区在20世纪30年代的停滞后退状况，也形成明显的对比"。这个西方学者的判断是否客观还有待进一步研究。判断一个时代进步的标准可能是多样化的，税收制度的发展无疑也是其中之一。本书第4章还原了国民政府时期税收立法在主观上的努力与客观上取得的成绩，比较客观地评价了这个过程所起的积极作用。另外，在国民政府后期，尤其是战后，税收立法发生了变化，或者说是退步，本书也给予了中肯的分析。钱乘旦非常重视"反现代化"的作用："当一个国家被迫接受现代化时，它可以有两种方向上的选择。向前是它意识到别无退路，必须走进现代世界，而无论这个世界对它来说是多么陌生多么可疑；向后是退回它原有的社会，为此它不得不推行某种程度的现代化，但实行现代化是为了抗拒现代化，为了不让现代化破坏它原有的社会结构。"我们通过对本书的阅读可以看到中华民国时期的税收立法有两种方向上的现代化，既有北洋政府和国民政府前期努力向前的现代化，也有国民政府后期停滞乃至向后的现代化。

戴丽华老师近年来一直致力于财政史学的教学研究，本书便是其勤于治学的成绩见证。"何彼秾矣，华如桃李"，作为马齿稍长的学术同道，看到旧雨新知成果纷呈，财政史学园地一派欣欣向荣，深感吾道不衰。值此桃李可期汗青有日之际，应戴老师所请，欣然为之序。

前　言

　　民国时期中国商品经济得到一定程度的发展，是世界资本主义市场的重要组成部分；然而，受半殖民地半封建性的社会性质影响，加上中央政权不稳固，民国前期延续了清末军事开支、赔款浩繁的状态，财政状况日益困顿；此外，受西方宪政、经济和财政思想影响，国家在经济政策的制定方面表现出了前所未有的改革力度，政府围绕着振兴实业的目标，不断改革近代经济管理机构和转变政府职能，移植西方的法律，增加政府的制度供给，国家的经济职能和制度都在向近代化转变。在这一过程中，对中国传统税制的批评声音越来越多，税制改革成为政府迫在眉睫的任务。为顺应复杂多变的国内、国外形势，民国时期的中国正在探索建立和实施一系列具有现代化意义的税法体系，"税收法定"原则在当时得到了一定程度的贯彻，既有写入宪法的税收制度，也有通过法律形式颁布的税种法，庞大繁杂的税法形成了较为完备的税法体系，开启了税制近代化的发展历程。

　　北洋政府和南京国民政府实施了一系列的财税制度改革，在此过程中，传统税制逐步向近代税制转变，财政管理体制的法制化程度逐渐加强，特别是20世纪30年代后，财政管理体制逐渐转变为由政府部门制定，经过立法机构审议批准后才公布实施，所公布的制度具备了"法"的意义，这比之前无疑有了很大进步。从制度本身来看，这一时期国民政府的财政管理体制已经渐趋完善，由于税法体系的不断完善，特别是现代税制的建立，各项税收呈现稳步增长态势。同时，由于税收的稳步增长，财政支出结构与经济发展也形成了良性互动，国民政府借鉴西方国家的经验，在财政支出规模上逐渐关注国计民生，开始在公共基础设施上逐步加大财政投入，从而降低了市场交易成本，改善了市场环境，这些都成为经济发展的加速器，中国民族工商业迎来了短暂的春天，出现了近代中国经济发展的"黄金十年"。

抗日战争的全面爆发，军费激增，筹集战费的措施不外乎举借债务、发行货币和增加税收三种，而增税被当时大部分财经专家认为是负担上最为公平、时间上最为持久、方法上最为稳健的。因此，为了适应战时的财政需要，南京国民政府开始对税法不断修订，违背了税法设置的稳定性，这一时期税收立法的嬗变直接导致了中国民族工商业的艰难发展，内忧外患直接中断了近代中国经济发展的最佳时期；抗战胜利后，南京国民政府单方面撕毁公布不久的《双十协定》，彻底击破了民众期盼和平的美好愿望，直接导致国内战争的爆发，为了弥补财政赤字，国民政府延续了抗战时期的增税政策，并更加肆无忌惮地修订各大税法，彻底摧毁了原本相对合理、公平的税收体系，并直接导致了国民经济几近崩溃边缘。

民国时期随着西方财政税收制度的引入，税收制度的嬗变受西方的影响比较显著，但根本上是由中国社会、经济、政治等内在因素共同决定的。由于受到西方财税理论的影响，民国时期直接税法体系改革是前所未有的。这一时期的印花税、所得税和营业税等现代税种的开征，基本是在法制化不断完善的背景下制定，其税收法定的特征更加明显，由此也标志着中国税制体系从传统的适应自然经济和小商品经济需要的旧体系向适应近代资本主义经济发展需要的近代化税制体系的转变。因此，本书基于民国时期特殊的政治、经济和社会特征，围绕近代直接税体系的三大税种，即印花税、所得税和营业税三大税制的修订过程主线来探索民国时期税收立法的调适与嬗变及其与经济发展的互动关系的变化轨迹。税收制度的建立、巩固和加强，是促进经济社会发展稳定的重要因素，"以史为镜，可以明得失、知兴替"，通过研究民国时期税收立法的调适与经济发展的互动关系的变化轨迹，以期为当前法治中国背景下我国税法体系的构建提供重要借鉴。

目　录

第 1 章

绪　论

1.1　选题意义

　　财政收入是国家实现政府职能的基础。对世界上很多国家来说，财政收入的 90% 以上来源于税收收入，我国财政收入的 80% 以上也来源于税收收入。国家作为征税主体而公民作为纳税主体，两者之间存在着相互的权利义务关系。国家进行征税必须以公民事先同意为前提，而公民则可以将他们在税收方面的意志通过法律的形式来表达。因此，"未经立法，不得征税"这一思想已经逐步为世界各国和地区所接纳，这也是税收法定原则的重要内容之一。税制改革长期以来作为我国政府改革的重中之重，在当前法治社会的大背景之下，税收法定原则已经成为我国当前税制改革的基本原则和指导思想。在 2014 年 10 月 20 ~ 23 日，中国共产党第十八届中央委员会第四次全体会议审议通过了《中共中央关于全面推进依法治国若干重大问题的决定》，决定指出要全面依法治国，建设社会主义法治国家。税收立法是当前法治中国的重要组成部分，对民国时期的税收立法及其改革进行研究对当前以税收法定为重要原则的税收制度改革有非常重要的现实意义。

　　清末民初，受西方宪政、经济和财政思想影响，对中国传统的税制批评声音越来越多，改革成为国民政府迫在眉睫的任务。为顺应复杂多变的国内国外格局，民国时期的中国探索建立和实施一系列具有现代化意义的税法，"税收法定"原则在当时得到了一定程度的贯彻，既有写入宪法的税收制度，也有通过法律形式颁布的税种法，庞大繁杂的税法形成了较为完备的税法体系，开启了现代税制的发展历程，成为中国财税走向近代化的重要一环。

税收法定是民国时期税制改革所遵循的重要原则，而民国时期的税收制度改革是中国财税史上的重要内容，因此民国时期税制改革一直是学术研究的热点，但以往学者没有将民国时期税收立法、税法修订及其造成的影响与政府财政失衡的根本原因结合起来进行专门和系统研究，本书试图在前人研究的基础上，通过充分利用涉税文书实物资料，对民国时期税收立法进行深入分析，探寻税收法定原则在税制改革中的重要作用和对民生社会演变的深刻影响。因此，本书具有较为重要的学术价值和现实意义，在梳理探讨民国时期主要税收立法思想和立法进程等相关文献的基础上，追溯我国近代税法的建立、调整和发展的全过程，以此分析民国时期税收立法的经验与教训，为新时代国内税收立法提供思考和借鉴。

1.2 研究现状

民国时期财政、经济研究一直是中国经济史的一个重要研究范畴，但关于民国时期税收立法的研究则相对较为薄弱，国内外学术界研究民国时期的税收立法的成果散见于相关论文和论著中，具体主要分以下几个方面。

1.2.1 国民政府的税收立法研究

民国时期，有不少学者对当时的财政情况和税收制度进行了研究讨论，形成了一系列的著作和文献，是当前研究近代税收立法进程的重要参考。胡善恒（1934）的《赋税论》、周伯棣（1948）的《租税论》对税收的原则、分类、本质等基本原理进行了论述，详细介绍了西方国家的税种，分析了我国的税种及其影响。[①] 朱偰（1936）的《中国租税问题》论述了中国租税制度的现状及改革，对当时的税收政策提出增加所得税、遗产税征收等建议。[②] 在分税种方面，时任财政部直接税署署长等职的高秉坊（1943）的《中国直接税史实》

---

① 胡善恒：《赋税论》，商务印书馆 1934 年版；周伯棣：《租税论》，文化供应社 1948 年版。
② 朱偰：《中国租税问题》，商务印书馆 1936 年版。

和财政部直接税处编写的《八年来之直接税》（1943）阐述了直接税的来源、政策、实施和发展，是研究直接税史实的重要参考。[①]

货物税方面，财政部税务署编写的《十年来之货物税》（1943）、《中国货物税基础论纲》（1946）和《中国货物税史》（1948）对货物税、统税有详细介绍，其中还包含了货物税机构的变迁及各项税类的相关内容。[②] 刘振东和王启华（1941）的《中国所得税问题》、张淼（1938）的《中国所得税制度》、杨昭智（1947）的《中国所得税》等著作对所得税的政策和内容有了一个全面而具体的阐述。[③] 在遗产税方面，民国时期就有一些税务官员和相关的学者曾撰文讨论过遗产税的理论、制度与得失。关于遗产税的讨论在当时就有一些相关的著作产生，如李权时（1929）的《遗产税问题》、金国宝（1937）的《遗产税》和赵佩玺（1944）的《中国遗产税》等。[④]

自南京国民政府裁厘后，营业税的相关研究也得到了一些发展，侯厚培（1931）的《营业税问题》、包超时和倪镇（1943）的《中国营业税》以及童蒙正（1946）的《中国营业税之研究》都对这一时期的营业税状况进行了论述。[⑤]

关税是社会各界关注的焦点，童蒙正（1945）的《关税概论》、马寅初（1925）的《中国关税问题》、李权时（1936）的《中国关税问题》、贾士毅（1927）的《关税与国权》等著作围绕关税的制度、关税状况和我国关税自主权争取情况等进行了分析与追溯。[⑥] 从当代学界的研究来看，因民国时期统治者更迭和国内历史发展的实际情况，普遍将民国时期的财税情况分为阶段进行

①　高秉坊：《中国直接税史实》，财政部直接税处经济研究室，1943 年；财政部参事厅：《八年来之直接税》，财政部直接税处，1943 年。

②　财政部参事厅：《十年来之货物税》，财政部直接税处，1943 年；方燮龄：《中国货物税基础论纲》，大方书店 1946 年版；杨昌祜：《中国货物税史》，财政部税务署编译室，1948 年。

③　刘振东、王启华：《中国所得税问题》，中央政治学校，1941 年；张淼：《中国所得税制度》，正中书局 1938 年版；杨昭智：《中国所得税》，商务印书馆 1947 年版。

④　李权时：《遗产税问题》，世界书局 1929 年版；金国宝：《遗产税》，商务印书馆 1937 年版；赵佩玺：《中国遗产税》，财政部，1944 年。

⑤　侯厚培：《营业税问题》，大东书局 1931 年版；包超时、倪镇：《中国营业税》，财政部，1943 年；童蒙正：《中国营业税之研究》，正中书局 1946 年版。

⑥　童蒙正：《关税概论》，商务印书馆 1945 年版；马寅初：《中国关税问题》，商务印书馆 1930 年版；李权时：《中国关税问题》，商务印书馆 1936 年版；贾士毅：《关税与国权》，商务印书馆 1927 年版。

研究。刘佐和马金华（2012）将民国的税制改革大概划分三个阶段：第一阶段为1912～1927年北洋政府时期，第二阶段为1927～1937年南京国民政府时期，第三阶段为1937～1949年全面抗战和解放战争时期。① 林源和马金华（2019）从北洋政府的税制改革为起点，将中国百年税制演变分为北洋政府、南京国民政府抗日战争和后期不同时期进行回顾。②

国内关于民国时期的税收立法状况总体研究主要是从税制和税史方面出发，从中分析税收立法的情形，单纯就立法层面本身的研究不多。目前有杨大春（2010）的《中国近代财税法学史研究》对近代财税法学进行研究，分析发现税收立法与税收思想之间的互动关系，对了解近代税收立法及税收制度有借鉴意义。③ 杨大春（2012）还对民国时期的税法目的进行研究分析，总结出民国学界对税法目的的思考，发现民国时期对税法目的的研究缺乏普遍性和专题性。④

税收通史是了解民国时期税收的有效途径，国内不少税收通史的著作收集了晚清时期和民国时期的税收政策，介绍了税种立法情况，主要的通史有黄天华（2009）的《中国税收制度史》、孙翊刚和董庆铮（2007）的《中国赋税史》、殷崇浩（1991）的《中国税收通史》以及金鑫等（1991）主编的《中华民国工商税收史》丛书等，从中都可以了解到民国时期税收政策、管理制度及税法发展演变的过程，是税收立法状况的有益借鉴。⑤

除了通史的研究，大多学者对近代税收立法的研究主要是分税制、分税种的研究，探讨该税种的立法过程和主要效益。目前，研究关注较多的方面是分税制改革和所得税法、遗产税法、印花税法、营业税法等国民政府时期开始的近代化税法，也有部分学者按货物税、直接税等分类进行研究。付志宇和敖涛

---

① 刘佐、马金华：《中国税制百年回眸》，《中国税务》，2012年第1期，第20～25页。

② 林源、马金华：《中国百年税制体系的演变——以五四运动为逻辑起点》，《财政监督》，2019年第22期，第14～19页。

③ 杨大春：《中国近代财税法学史研究》，北京大学出版社2010年版。

④ 杨大春：《民国时期税法目的评析——以民国时期财税法学研究为依据》，《财税法论丛》，2012年第12期，第106～126页。

⑤ 黄天华：《中国税收制度史》，中国财经出版社2009年版；孙翊刚、董庆铮：《中国赋税史》，中国税务出版社2007年版；殷崇浩：《中国税收通史》，光明日报出版社1991年版；江苏省中华民国工商税收史编写组、中国第二历史档案馆：《中华民国工商税收史》，南京大学出版社1991年版。

（2016）研究了近代中国直接税的发展，清政府初步开始了尝试，到北洋政府开征印花税、尝试营业税、筹办所得税和改革国家税与地方税，南京国民政府时期，正式开征所得税，主张征收遗产税，改善印花税，设立营业税并且暂时施行战时利得税。回过头来看，从清政府和北洋政府对直接税的初步探索，到国民政府时期直接税制度的正式确立，无不体现了对现代税制的追求。特别是在国民政府时期，直接税制度的发展逐步走向现代化。①

张琼（2014）从 1936～1948 年南京国民政府直接税署研究出发，是目前为数不多的直接税机构研究方面的资料。文中介绍了清末民初引介新税的尝试，1936 年 7 月 1 日，国民政府财政部设立直接税筹备处，做好直接税的准备工作，准备对所得税进行征收；1936 年 10 月 1 日，财政部决定将原直接税筹备处正式更名为所得税事务处；1941 年因战事改为直接税处；1944 年 3 月 10 日，直接税处改组为直接税署，直至 1948 年 7 月被撤销合并为国税署。②马金华和邢洪英（2014）系统研究了民国时期的分税制改革情况，论述北洋政府和南京国民政府时期在分税制上的探索。中国税收征管史上第一次正式划分国税和地方税的标志是 1913 年由北洋政府出台的《国家税与地方税法草案》和《国家费目与地方费目暂行标准案》。虽然未能够成功实施，但是却是我国税制史上一个重要的历史时刻。在之后的 1923 年，曹锟政府想对国地税的划分做出新的尝试，因此颁布了《天坛宪法》，然而次年被废。南京国民政府建立后则先后颁布了《划分国家收支地方收支标准案》《财政收支系统法》《划分省县收支五项原则（草案）》《财政收支系统法施行条例》等，并多次修订，财税体制由两级与三级之间调整改革。③ 焦建华（2015）、付志宇（2002）都对南京国民政府时期的分税制进行了探讨，前者着重分析了原因与历史影响，后者着重介绍了分税制的实施情形。④

---

① 付志宇、敖涛：《近代中国直接税的发展及其借鉴》，《财政科学》，2016 年第 5 期，第 154～159 页。

② 张琼：《南京国民政府直接税署研究（1936－1948）》，华中师范大学，2014 年。

③ 马金华、邢洪英：《民国时期的分税制改革评析及启示》，《财政监督》，2014 年第 4 期，第 22～26 页。

④ 焦建华：《现代化进程中的集权与分权：南京国民政府分税制改革再探讨（1927－1936）》，《中国经济史研究》，2015 年第 2 期，第 67～72 页；付志宇：《历史上分税制的产生和形成》，《税务研究》，2002 年第 2 期，第 76～78 页。

所得税方面，戴丽华（2016）以近代所得税的开征为例，阐述了所得税的立法过程。早在民国时期就开始对所得税的立法不断地进行探索，从 1914 年 1 月北洋政府颁布《所得税条例（27 条）》和次年颁布《所得税第一期施行细则（16 条）》起，经过多年尝试，最终在 1935 年 7 月 21 日南京国民政府颁布《所得税暂行条例（草案）》，所得税法正式进入实施阶段。戴丽华认为，从现代税收法治观念的确立以及税收法治的发展过程来看，历史背景对税法的确立和修订产生了重大的影响，而且税法的修订应与国家的国民经济状况相适应，不能超越客观经济状况来进行设置或改革。①

曾耀辉（2012）则从中国所得税溯源谈起，分析所得税制筹办的背景与曲折历程，介绍国民政府于 1936 年颁行《所得税暂行条例》后所得税制度立法逐步规范的过程。1943 年 1 月 28 日颁行《财产租赁出卖所得税法》，正式开征财产租赁出卖所得税，在 1946 年、1947 年和 1948 年所得税法进行了三次修订，税法修订频繁、估缴摊派盛行、抗征拒缴频发、税源枯竭萎缩、苟征助推崩溃等征收乱象均与动荡时局息息相关。此外，文中还阐述所得税制的构成与征收管理，丰富了这一时期的所得税研究。②

胡芳（2010）主要从法制的角度入手，分析了近代西方国家所得税立法的发展过程和民国时期所得税法律制度的发展过程，对探讨所得税法制颇有意义。③

营业税方面，柯伟明（2013）在其《营业税与民国时期的税收现代化（1927－1949）》中，详细介绍了营业税的立法过程及其纷争。北洋政府时期，于 1914 年颁布《特种营业执照税条例》，1915 年颁行《普通商业牌照条例》，拓宽了征收范围，1925 年财政部制定《普通营业税草案》，反映出北洋政府时期营业税立法课税对象逐渐扩大、依照纳税单位的承受能力制订税率标准和业税立法与实践受政治影响巨大三个特点。南京国民政府时期，财政部于 1927 年 6 月讨论《营业税条例草案》二十条，1928 年召开第一次全国财政会议，

---

① 戴丽华：《税收立法理念在中国的适用与嬗变——以近代所得税的开征过程为线索》，《税务研究》，2016 年第 12 期，第 95～100 页。
② 曾耀辉：《民国时期所得税制研究》，江西财经大学，2012 年。
③ 胡芳：《民国时期所得税法制研究》，江西财经大学，2010 年。

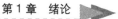

拟订了《各省征收营业税大纲》九条，1931 年 1 月 1 日正式裁厘后开征，之后财政部又拟订了《各省征收营业税大纲补充办法》十三条，指令各省开征营业税。而《各省征收营业税大纲》和《各省征收营业税大纲补充办法》的出台也标志着我国在中央层面的营业税的税收征管制度已经逐步确立了。与此同时，江苏、浙江等省份也开始拟定营业税的征收条例以及相关的实施细则，再送往财政部进行审核，这也意味着地方性的营业税征管制度已经在逐步地建设当中。国民政府财政部于 1941 年 6 月决议通过《修正营业税法草案》。1941 年 9 月 26 日修正公布的《营业税法》规定，营业税不分行业一律适用同一税率。为便于营业税征收，行政院于 1943 年 1 月 19 日颁布了《营业税法实施细则》。① 柯伟明（2017）在其《民国时期特种营业税的征收及其影响》中，关注营业税下的分支特种营业税，探讨了特种营业税与普通营业税在中央税与地方税之间的演进，以及商人团体围绕特种营业税与政府的互动，是民国税收研究中第一次对于该小税种方面的专门研究。②

遗产税方面，郑显文和王蕾（2019）主要研究中国近代遗产税立法及司法实践，分析中国近代遗产税法的立法缘由，回顾近代遗产税立法的概况和征收效果，并通过分析遗产税案件的司法裁判，分析其司法实践。③ 刘巍（2018）对民国时期的遗产税制度进行全方位考察，从社会功能和财政功能两个方面出发，分析遗产税的税制设计与实践，介绍了民国遗产税的演进过程：面对财政困难，北京市政府试图开征遗产税，且经过参议院的修改后，遗产税的税制设计逐步完善。但是，由于当时中央政府的衰败和军阀的斗争，导致其无法征收遗产税。而在南京国民政府成立后，迫于财政压力，政府又试图开征遗产税，并且在 1936 年 12 月通过了《遗产税原则》。而随着全面抗日战争的打响，国民政府税收锐减，其主要税源损失过半。在此背景之下，1939 年 12 月，南京国民政府颁布了《遗产税暂行条例施行条例》，并且决定此条例将在来年的 7 月 1 日起正式施行。通过介绍当时学界对遗产税的讨论与批评，并从

① 柯伟明：《营业税与民国时期的税收现代化（1927 - 1949）》，复旦大学，2013 年。

② 柯伟明：《民国时期特种营业税的征收及其影响》，《中山大学学报（社会科学版）》，2013 年第 57 期，第 103 ~ 116 页。

③ 郑显文、王蕾：《中国近代遗产税立法及司法实践研究》，《比较法研究》，2019 年第 1 期，第 136 ~ 151 页。

税制的设计和执行等方面探讨遗产税的征收环节，刘巍认为，遗产税是财政功能与社会功能的双重失败。① 任晓兰和董永泉（2016）则对民国遗产税法进行了详细的剖析，以其制定过程为例探讨当时社会对于遗产税征与不征、应当如何征收以及相关法律法规细则的完善等方面的主要争论，认为学界围绕遗产税是否应当开征等问题各抒己见，在一定程度上可以看作是我国财政法治在民国时期的有益尝试。②

印花税方面，李向东（2008）探讨了1903～1927年印花税在国内的移植与发展，介绍了北洋政府时期的立法和征收管理。《印花税法》是我国第一部按照现代法律程序规定施行的税法。《印花税法》1912年10月21日由临时大总统令公布，并且在1913年3月1日正式实施。1912年12月12日，财政部以第二号令公布了《印花税法施行细则》十八条。后期，北洋政府又公布了《贴用印花税票细则》《人事证凭贴用印花条例》等相关规定。1914年12月7日公布修正《印花税法》，1915年1月14日公布实行《印花税法罚金执行规则》，1915年1月18日公布《修正关于人事证凭贴用印花条例》，至此，印花税法律体系基本完备。③ 戴丽华（2013）则从引进印花税的背景分析，全面总结了1912～1949年民国时期印花税制的确立和发展。1927年11月，财政部公布实施《国民政府财政部印花税暂行条例（草案）》；1934年12月，国民政府颁布《印花税法（草案）》，1935年7月公布《印花税法执行细则》，并规定于1935年9月起全国一律施行。后期因为战事，印花税法经过了多次修订，国民政府还于1937年10月颁布了《非常时期征收印花税暂行办法》，1943年4月公布战后修正的《印花税法》，1944年1月公布实施。④ 饶立新（2009）也在中国印花税研究中简要介绍了印花税的探源和历史演进，但着重点仍是现代的改革路径。⑤ 除了几大借鉴西方财税经验的新税种外，在南京国民政府的

① 刘巍：《民国时期遗产税制度的讨论、设计与实践》，《福建论坛（人文社会科学版）》，2018年第5期，第91～97页。

② 任晓兰、董永泉：《民国时期财政法治初尝试——以民国遗产税法的制定过程为例》，《财政监督》，2016年第20期，第8～11页。

③ 李向东：《印花税在中国的移植与初步发展（1903－1927）》，华中师范大学，2008年。

④ 戴丽华：《民国时期印花税制研究》，江西财经大学，2013年。

⑤ 饶立新：《中国印花税研究》，江西财经大学，2009年。

三大税源（统税、盐税和关税）方面，不少学者也开展过研究。董振平（1992）介绍了1927～1937年南京国民政府的统税政策，详细叙述了1927～1931年南京政府三次裁撤厘金，建立统税制度的历史缘由和进程，并对卷烟、麦粉、棉纱、火柴、水泥、熏烟、啤酒七项统税的具体政策进行了探讨，肯定了建立统税制度是1927～1937年南京国民政府税制改革的重要内容之一，也是近代中国财政经济史上备受关注的一件大事，但是它也仍旧存在其局限性。① 晏忠波（2016）除对统税的发展历程进行研究外，还对统税的实施与演进，如统税的征收对象与管理机构、征收方法、税率变化、免税退税政策等都有更加深入的了解。②

易继苍（2002）在论述统税的改革时，认同实施统税是国民政府一项重要的财政经济措施，是集中财权财力的重要步骤，但与此同时，更加关注南京国民政府的盐税的发展。1929年1月8日与9日，财政部分别公布了《财政部盐务稽核总所章程》和《财政部稽核分所章程》，而在1931年5月30日颁布的《盐法》当中，规定降低盐税税率并且禁止垄断，人民有权利进行自由买卖，并要求就地征税和检验盐质。1932年7月，政府将盐税划分为正税、销税和附加税，并且依据不同种类的盐税划定不同的税率。1933年，国民政府再度对盐税的税率进行调整和划定：提高轻税区的税率，降低重税区的税率，此后，盐税的征收和管理权都由中央负责，在全国基本走向统一。③ 董振平（2000）介绍了1927～1937年国民政府盐税改革的状况，还涉及了地方省市对于盐税改革的一些反应和风波，认为盐税是一种恶税，理应废除，不应该作为财政收入的重要来源。④ 张殿清（2005）则研究了北京国民政府的盐税措施，主要阐述了民国初年盐税征收改革状况，并将盐税与政府举债相关联，介绍了北京国民政府时期债务举借与盐税相关联性。⑤

---

① 董振平：《试论1927－1937年南京国民政府的统税政策》，《齐鲁学刊》，1992年第3期，第92～97页。

② 晏忠波：《南京国民政府前期统税研究》，华中师范大学，2016年。

③ 易继苍：《南京国民政府的盐税与统税改革》，《杭州师范学院学报（社会科学版）》，2003年第2期，第101～104页。

④ 董振平：《一九二七至一九三七年南京国民政府盐税改革述论》，《盐业史研究》，2000年第2期，第10～19页。

⑤ 张殿清：《北京国民政府中央财政收入中的盐税》，《历史教学》，2006年第2期，第22～26页。

关税方面，相关的专门研究比较少。陈诗启（1995）详细介绍了1927年南京国民政府成立以后对关税行政改革状况和关税的收缴情况。南京政府成立后，组成了"国定税则委员会"，负责根据关税自主原则制定国定税则，颁布了《国定进口关税暂行条例》，但未能成功实行。到1928年下半年，除日本以外的主要国家都同南京政府订了新的关税条约，承认中国拥有关税自主权。南京政府重拟国定税则，正式公布施行。后来国民政府撤销五内外常关，关税行政改革彻底结束。[①] 单冠初（2002）以1927～1930年中日关税交涉为中心，研究了南京国民政府为收复关税自主权与日方谈判争取的曲折过程，令人对民国时期关税立法的困难程度有初步了解。[②]

除去较大的税种，一些小税种也有学者进行过研究。例如，傅得晟和付志宇（2015）将国民政府1938年开始征收的过分利得税的三个阶段：非常时期过分利得税条例时期（1938～1943年）、非常时期过分利得税法时期（1943～1946年）和特种过分利得税时期（1947～1948年），补充了过分利得税研究的空白。[③] 杨涛（2012）在博士论文中对民国时期的屠宰税、矿税、牙税等税种有粗略介绍，虽然涉及篇幅不多，但能够从中了解一些立法情况。[④] 陆小丽（2018）对1915～1949年的湖北屠宰税进行研究，介绍了国民政府时期屠宰税的发展过程，能够清晰看出其立法脉络。[⑤] 这些税种的立法研究偏少，还有待后续学界的挖掘与探索。

1.2.2　民国时期税收立法的意义

在进行税史和税制研究探索的同时，学者们对于国民政府的税收立法和税收制度的意义或多或少进行过讨论，这些讨论主要是基于当时税收收入和财政收入的状况。研究数据主要出自国民政府财政部财政年鉴编纂处的《财政年鉴》

① 陈诗启：《南京政府的关税行政改革》，《历史研究》，1995年第3期，第133～144页。
② 单冠初：《南京国民政府收复关税自主权的历程——以1927－1930年中日关税交涉为中心》，复旦大学，2002年。
③ 傅得晟、付志宇：《过分利得税的历史变迁及对当前财税改革启示》，《税务研究》，2015年第2期，第124～128页。
④ 杨涛：《交通系与民初经济政策研究（1912－1916）》，陕西师范大学，2012年。
⑤ 陆小丽：《民国时期湖北屠宰税研究（1915－1949）》，华中师范大学，2018年。

（1948），杨荫傅的《民国财政史》（1985），江苏省中华民国工商税收史编写组、中国第二历史档案馆编写的《中华民国工商税收史料选编》（1996），魏文享的《民国时期税收史料汇编》（2018）等书籍及其他财政和税收史料集，这些资料都对民国时期税收统计、税类概况、组织机构等有全面统计和详细记载。①

通过这些史料，学者们既肯定了民国时期的税收立法在推进我国税收制度现代化进程的积极意义，也指出了其时代局限性。付志宇（2009）认为，我国的税收制度现代化分为发端、奠基、成型和嬗变四个阶段，其中，北洋政府时期初步划分了新税种，推行了一些新的税法，其税收制度基本上是一种简单的间接税税制模式，是现代税制的奠基阶段，与前清税制相比有长足进步。南京国民政府时期是我国现代化税制的成型和嬗变阶段，进行了裁厘改税和争取关税自主的努力，开征了所得税、营业税等直接税种并建立了相关税法，形成了现代化税制体系。而税收体制、税收制度和税收管理三个方面紧密联合起来也将会组成一套完备的资本主义的税收体系。②

柯伟明（2019）肯定了民国期间北洋政府和南京国民政府在执政期间实施的一系列有关财税体制改革的措施所取得的效果。在这三十几年间，我国由传统税制向近代税制转化，由传统的中央集权财政体系转变成为近代的财政分税制。税收征收中的包征制、代征制向由政府设立机关征收税款的官征制演进，由土地税向关税、盐税、统税、营业税、烟酒税、印花税为主的工商税转变，由国家与农民、地主的税收关系转变为政府与工商界的税收关系，等等。但是，无论是北洋政府还是南京国民政府，改革税收制度的目的主要在于维护统治，未能有效调节各方利益，以致存在一定的局限性。③ 蔡昌（2014）则认为，民国时期受资产阶级财政学说的影响，形成的倡导革新、废除封建赋税制度的思想，有利于推动社会进步，但因为受到"三座大山"的不断迫害和压制，导致中国的民族资本主义的发展道路充满了艰辛，而资本主义财税制度并

---

① 国民政府财政部财政年鉴编纂处：《财政年鉴》，中央印务局 1948 年版；杨荫傅：《民国财政史》，中国财政经济出版社 1985 年版；江苏省中华民国工商税收史编写组、中国第二历史档案馆：《中华民国工商税收史料选编》，南京大学出版社 1996 年版；魏文享：《民国时期税收史料汇编》，国家图书馆出版社 2018 年版。

② 付志宇：《近代中国税收现代化进程及其思想史考察》，湖南大学，2009 年。

③ 柯伟明：《民国时期税收制度的嬗变》，《中国社会科学》，2019 年第 11 期，第 149～170 页。

没有发挥其应有的作用。①

刘军（2014）从税制建设方面出发，表示虽然在国民政府统治时期，税收基本问题在一系列宪法性文件中均有明确规定，税收法定原则在一些宪法文件如 1912 年的《中国民国临时约法》、1923 年的《中华民国宪法》、1947 年的《中华民国宪法》等文件中均有体现，具备了法治国家形式，但当时纳税人没有真正拥有权利，无法对征税人进行监督，实际情况则是苛捐杂税、横征暴敛、民不聊生。②

章启辉（2009）认为，北洋国民政府初期注重国地分税，中期加大地方的税收权限，末期规范税收立法，主要目的是保障中央和地方政府的财政收入，但是因为军阀混战，地方割据，其所倡导的税收政策未能得到有力实行。③

在南京国民政府时期税收政策演变的思考中，章启辉（2009）指出，南京国民政府实行的税收政策对当时的国民经济的运行起着一定的调节和促进作用，并且在一定程度上实现了当初的政策目标在该时期的政治历史使命。而且也正是因为有了这一时期的努力，中国才初步建设成了现代的税收体系。但南京国民政府的税收政策在调整过程中暴露出中央和地方之间的分税政策在执行力度上不足、税种的设置和分配上不尽合理、行政级次与税种的对应不明确以及正税和附加税之间的关系处理不当等突出问题，使得中央垄断税收立法权后，许多地方政府为了增加地方财政收入而不断自行开征一些附加税。附加税的存在不仅破坏了税收的完整性和系统性，还在一定程度上削弱了税法的权威。④

1.2.3 国外学者则大多从近代中国的政治、经济背景来审视近代中国财政问题

国外的相关研究较少，最早的研究可以追溯到 19 世纪末，时任上海领事

---

① 蔡昌：《民国时期赋税——中国税史之六》，《财会学习》，2014 年第 8 期，第 52～53 页。

② 刘军：《从民国时期税制建设看法律制度发挥作用的条件》，《经济师》，2014 年第 10 期，第 98～100 页。

③ 章启辉、付志宇：《北洋政府时期税收政策的演变及借鉴》，《湖南师范大学社会科学学报》，2009 年第 23 期，第 104～108 页。

④ 章启辉、付志宇：《南京国民政府时期税收政策演变的思考》，《湖南师范大学社会科学学报》，2009 年第 2 期，第 125～127 页。

的英国人哲美森（George Jamieson）编写了《中国度支考》，介绍了清末中国的各项税收制度，具有很高的研究价值。① 木村增太郎的《中国财政论》一书也是国外研究中国近代财政史较早的著作。② 美国学者杨格（Arthur N. Young）的《1927 – 1937 年中国财政经济情况》一书中提供的民国 17～25 年（即 1918～1936 年）印花税的具体实收数字与财政部《中央收支报告》中所列举的数字非常吻合。③ 孔飞力（Philip Alden Kuhn）的《民国时期中国的地方税收与财政》对全面了解民国时期财政状况大有益处。④ 而英、美等国在 20 世纪 60 年代出版的一些介绍中国近代社会政治、经济及中外思想碰撞下中国制度变迁的原版英文教材，对全面了解民国时期的财政状况也有很大帮助。例如，袁同礼（Tung-Li Yuan）的《近代中国的经济与社会发展》（New Haven 出版社 1956 年版）和施坚雅等（William Skinner et al.）的《近代中国社会》（斯坦福大学出版社 1973 年版）。

1.2.4　文献述评

当前，国内外相关研究中，国内关于民国时期的税收立法状况总体研究主要是从税制和税史方面出发，从中分析税收立法的情形，单纯就立法层面本身的研究不多，以民国时期税收立法为研究对象的很少，仅对近代中国的经济与财政等方面做了一些相关研究，且大多停留在民国时期税制改革总体层面，将民国时期税收立法、税法修订及其造成的影响与政府财政失衡的根本原因结合起来进行研究的较少；国外的相关研究则更少，大多数是从近代中国的政治、经济背景来审视近代税收立法的实施状况，具体的观点主要集中在以下方面。

（1）民国时期的税制立法是近代中国税制改革的重要内容。许多学者对近代中国税制改革进行了较为系统的梳理，在其著作与论文中较系统地介绍了近代中国税收制度改革具体情况。但不足的是，对于税收立法的研究不是很全

① ［英］哲美森：《中国度支考》，上海广学会 1897 年版。
② ［日］木村增太郎：《中国财政论》，东京大阪屋号书店 1927 年版。
③ ［美］阿瑟恩·杨格著，陈泽宪、陈霞飞译：《1927 – 1937 年中国财政经济情况》，中国社会科学院出版社 1981 年版。
④ ［英］孔飞力：《民国时期中国的地方税收与财政》，《远东研究文献》，芝加哥大学 1979 年第 3 期。

面，往往就税论税，比较分散，少有结合当时政治、经济、社会状况对当时税收立法进程进行较为全面的研究，且从当代税收立法分析其经验教训及其启示的较少，对税制改良在当时的作用多持否定观点。

（2）民国时期税收立法改革以法律形式推行税制改革保障了税制的合法性。许多学者认为，民国时期，税收法规得到完善，税收改革的政府职能初步确立。当时，税制改革基本上是由政府推动，自上而下实施的。正是以法律的形式实施税制改革，才保证了税制的合法性。民主财政是民国时期财税制度改革的重要指导思想。但在这些研究中，没有深入、系统地对税法改革对当时的社会政治、经济等方面起到的重要作用进行阐述。

（3）民国晚期税法的不断修订背离了税收法定的初衷。这一现象的发生主要是与国民政府的性质、时代背景等因素相关。1945～1949年，国统区的半殖民地半封建经济逐渐衰落崩溃。为了筹集军费的支出以及弥补财政赤字等，国民政府不断地搜刮百姓，加重了人民负担，使人民苦不堪言，遭到了人民的反对，而这也最终导致了国民党税收最后的失败。但对税法修订过程中税收立法应遵循的原则较少进行分析，进而不能探寻出民国晚期税法修订最终导致财政失衡的根本原因。

因此，税收法定作为国家征税应遵循的重要原则，直接关系到国家政权的稳定与社会和谐发展，需要在今后不断深入、综合探寻，以税收立法为视角探求民国时期税收法定对政治、经济及社会演变带来的影响，可为当代倡导的法治中国提供借鉴与参考。

1.3　研究思路、框架及方法

1.3.1　研究思路和框架

本书以税收立法为视角探求税收法定对政治、经济及社会演变带来的影响，以期探寻出国民政府财政失衡及经济全面崩溃的根本原因，给当前的税制改革提供有益借鉴。其主要内容如下。

第一部分："西学东渐"与近代税收法定原则思想的引进。清末"新政"直接推动了晚清教育的迅猛发展。留学生通过留学，可以在国外亲身学习和体验西方先进的制度和经验，而他们把这些先进的制度和经验带回中国，掀起了学习和宣传西方文化的潮流，为国内旧体制改革注入了新的思路，为引进新制度创造了条件。这群留学生们，因为经历过了西方财政思想的洗礼，因此也逐渐成为传播西方财政思想的主力军。而清廷一方面要面对现实中严峻的财政危机，另一方面还要面对西方现代财政思想的冲击。以上种种导致了清廷开始了以开辟财源为目的的清理财政工作。1908 年，福建监察御史赵炳麟呈《统一财权整理国政》折，对分税制和预算制提出建议，开始了中国近代税制的尝试与探索。

第二部分：税收立法的确立与近代民族工业的崛起。北洋政府时期税收立法的确立，通过逐步制定税法条例，强化税收立法。在民国初年，财政崩溃。为了维持财政的稳定运行，北洋政府不得已加大了税收立法的力度。一方面，建立规范的规章制度，重点整顿盐税、关税等重点税源；另一方面，不断借助清朝末年税改的成果，直接引用或者修订已有的税法条例。税收立法的规范化，加之"一战"时期西方列强暂时放松了对中国经济的侵略，中国的民族工商业迅速崛起，获得了短暂发展的春天；但当时税收法定的特征与半殖民地半封建社会的政治生态框架不相适应，纳税人还未能真正明确自己的权利和义务。

第三部分：税收立法的改良与近代中国经济发展"黄金时期"的到来。南京国民政府时期全面开征工商新税，利用西方先进的课税原则来完善现代税制建设，其中税收法定是当时税制改革最为基本的原则。如 1939 年著名财经学者唐庆增重点介绍了意大利经济学家柯萨（Cossa）的租税合法、确定、适当、平等原则，认为当时中国之租税皆违反柯萨的租税原则，即使是在西方普遍认为是良税的印花税也不例外，是最违反公平原则的税种，应按照西方的税收原则进行相应改良。通过一系列以税收法定为基本原则的税制改革，使得中国近代税制不断完善，以法律形式确定的税收原则确实减轻了民众的税负，给经济发展带来巨大活力，中国近代经济进入了一个黄金发展时期。

第四部分：税收立法的嬗变与国民政府经济的全面崩溃。民国晚期税收立法原则的嬗变、税法的不断修订背离了税收法定的初衷。本部分也正是本书重点阐述的内容。本部分将通过民国晚期的历史背景及税法的频繁修订来评析税收征收乱象及效果，客观阐述民国晚期税法修订最终导致财政失衡的根本原因。1945～1949 年，国统区的半殖民地半封建经济逐渐衰落崩溃。为了筹集军费的支出以及弥补财政赤字等，国民政府不断搜刮百姓，加重了人民负担，使人民苦不堪言，遭到了人民的反对，最终也将毫无意外地走向失败。

第五部分：经验教训与评析。民国时期是中国逐步走向近代化的重要时期，对中国社会的演变带来了深刻的影响，其税制改革状况尤其值得关注。税收法定是民国时期税制改革所遵循的重要原则，而民国时期的税收制度改革是中国财税史上的重要内容，民国晚期税法的不断修订背离了税收法定的初衷，最终导致财政失衡。我国的税收制度应当积极稳妥地推进改革，税收法定是税制改革的原则和指导思想，税收基本制度只能由法律规定，只有以法律的形式推行税制改革，才能保障税制的合法性及广大人民的根本利益。

本书研究的总体框架如图 1.1 所示。

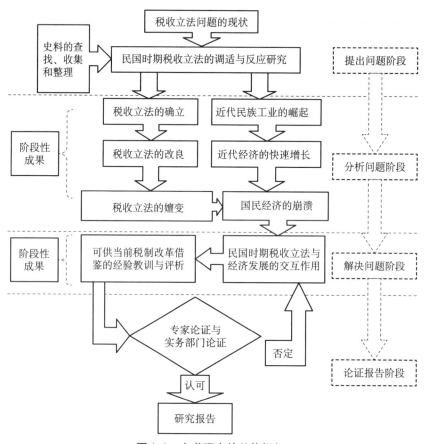

图 1.1　本书研究的总体框架

1.3.2 研究方法

本书一改以往研究税收制度多从制度本身探讨的平面化研究状况，将税收法定的税制改革原则和指导思想与民国时期社会政治、经济以及社会演变结合起来进行研究。

（1）文献研究法。本书特别注重民国时期涉税文书实物和文献资料的收集和整理，以第一手资料为基础，力求充分挖掘实证历史资料和科学解读资料，尽力真实展示民国时期税收立法的史实和揭示内在的规律性。

（2）学科交叉法。运用学科交叉分析的研究方法，与历史学、财政学、经济学和法学等学科相辅相成，结合其他学科的理论研究成果，深化和拓展民国时期税收立法所导致的财政失衡和社会演变的影响研究。

（3）实证分析法。运用实证分析方法，结合民国各时期宏观、微观经济与财税数据，使用统计抽样、实证分析等方法，为得出正确结论提供有力佐证。

1.4 创新与不足

1.4.1 创新之处

（1）研究方法方面。本书将民国各个时期的政治、经济、社会背景与税收制度的演进紧密结合进行综合研究，并加入相关阶段的实证研究，改进以往研究税收制度的视野较为狭窄、税制结合历史和时代背景进行综合论述较少的缺陷，力求对该问题作出比较全面的探究和把握。

（2）观点方面。有些观点认为旧社会税收制度对社会发展和民生起到负面作用，本书综合分析民国各个时期税收制度正反两方面的成败得失，从而进行民国时期税收立法与经济发展的互动评析。

（3）资料的收集和运用方面。在以往的相关数据和资料的收集过程中，往往会出现研究材料的品种单一或者出现缺乏第一手材料等问题。而本书不仅充分运用档案文献、著述、论文资料，还深入挖掘整理项目研究者多年收集的大量民国涉税文书实物资料，力求研究更深入和更直观。

1.4.2 不足之处

民国时期由于政权更迭比较频繁，导致财政、经济方面的法律制度繁多，修订频繁，很难把每种税收制度的发展脉络以及相关法律修订过程整理齐全，所以本书主要是通过营业税、所得税、印花税以及相关的工商杂税来探讨税法的制定与经济发展之间的普遍关联，可能会导致某些观点不能完全概括民国时期税收立法的特征及其与经济发展之间的互动轨迹，特别是有的时期数据的中断影响到实证结果的连续性，可能会影响到有些观点的全面性，这些都将是笔者今后要深入研究的重要方面。

第 2 章

近代中国引进税收立法相关
理论的背景分析

鸦片战争后，中国商品经济得到一定程度的发展，是世界资本主义市场的重要组成部分。然而，受半殖民地半封建社会性质的影响，加上中央政权并不稳固，军事开支、赔款浩繁的状态，财政状况日益困顿。加上西方经济、财政理论和思想的影响，对中国传统的税制批评声音越来越多，税制改革成为晚清政府迫在眉睫的任务。

2.1 近代中国商品经济的发展与经济结构的演变

腐朽不堪的封建统治无法抵御西方列强的侵略，在鸦片战争爆发后，清政府签订了许多丧权辱国的条约，中国逐步演变为半殖民地半封建社会。而此期间，许多外国商品疯狂输出到我国境内。外国商品充斥于中国的大街小巷，洋纱、洋布、洋铁将中国的土纱、土布、土铁取而代之，西方廉价而又优质的商品严重冲击了中国本土的农业和手工业，中国逐步沦为西方列强的商品市场和原料产地。这一时期，中国商品经济发展的总体特征是比较缓慢，相比于西方列强，中国商品经济发展状况十分落后，但和 1840 年前相比较则有了一定的发展。此时中国经济的发展表现在以下两个方面。

2.1.1 主要农产品的商品化程度不断提高

中国的农业种植以粮棉油料为主，因此，粮棉油等几种农产品的商品化程度大致可以反映中国农业商品经济发展的程度。根据研究，粮、棉、大豆、烟叶、茶叶、蚕丝等几种主要农产品的商品值在 1840 年为 24987.2 万元，1894年为 78574.9 万元，1919 年为 217171.9 万元，1894～1919 年增加了 1.76 倍。根据资料显示，我国粮食的商品率 1840 年约为 10%、1895 年约为 16%、1920年约为 22%，我国棉花的商品率 1840 年约为 27%、1894 年约为 33%、1920年约为 42%。①

不难看出，从 1840 年到民国初期，我国农产品的商品量和商品率每个阶段增长速度有快有慢，但总体是在增加的。同时，经济作物和粮食作物种植面积有了缓慢增长。

2.1.2 资本主义商品经济有了重要起步

在鸦片战争过后，外国商品疯狂地涌入中国市场，而中国资本主义萌芽在这股"风暴"下受到了一定程度的摧残。在外国商品大量倾销的冲击之下，中国几千年来自给自足的封建自然经济轰然倒塌。一方面，外国商品的不断进入使得中国的出口贸易额急剧下降。这导致许多小手工业者破产，被迫卷入资本主义的生产模式当中；另一方面，中国的农产品市场又在被外国列强控制。西方列强不断地掠夺茶叶、丝绸等农产品，这就导致农民不得不种植资本主义列强所青睐的农产品，导致农业逐步走向了商品化市场，而破产的农民也被迫成为资本主义劳动力市场的一部分（见表 2.1）。

表 2.1　　　　　1876～1911 年部分年份外糖倾入中国的情况

时间	进口数量（担）	进口价值（两）	出口数量（担）	出口价值（两）
1876～1881 年（平均）	154148	596571	1007572	2662237
1882～1891 年（平均）	155029	748712	1000667	2617646
1892～1901 年（平均）	1706981	8312830	722566	2403042
1902～1911 年（平均）	4658185	22538554	307256	1200921

资料来源：孙翊刚、李渭清：《中国财政史参考资料》，中央广播电视大学出版社 1984 年版，第534 页。

从表 2.1 中可以看出，在进口价值方面，第二个十年比第一个十年增长

---

① 吴承明：《我国半殖民地半封建国内市场》，《历史研究》，1984 年第 2 期，第 110～121 页。

1.25 倍，第三个十年比第一个十年增长近 14 倍，第四个十年比第一个十年增长 30 余倍。而在出口价值方面，第一个十年和第二个十年相差不大，第三个十年相较于第一个十年而言减少了 10%，第四个十年相比于第一个十年来说减少了一半多。由此可以看出，因为我国的进口在不断增加而出口在不断减少，从而导致了我国传统手工业的破产，而农业也进一步走向商品化生产，被迫卷入世界资本主义市场。

而西方列强在鸦片战争之后夺取了中国的商品和劳动力市场后，它们不断地在中国设厂房、开矿山，大力兴办轻重工业。据资料显示，1843 ~ 1894 年这 50 多年间，由西方列强在中国新设的企业就达到了 190 余个，而投入的工业资本近 2000 万元。[①] 它们通过鸦片战争与中国签订的不平等条约，为控制中国经济提供了有利的条件。首先，通过开矿进行在华工业投资。至 1913 年，较大规模的外国工厂就有 166 家。其次，外资商业规模不断扩大。据吴承明先生的统计，1882 年在华外资企业为 440 家，1892 年为 578 家，1913 年则发展为 3805 家。另外，它们还通过在华进行铁路、矿山投资，设立银行等方式控制中国的财经命脉。1903 年中国有铁路 4360 千米，1913 年则为 9744 千米，这些铁路基本上都受外国资本的控制；1894 年前，仅英、德两国在华设有银行 7 家，1895 ~ 1913 年则达到 9 国 13 行，全国 85 个分行。[②]

在经历了第一次鸦片战争和第二次鸦片战争的失败之后，加上太平天国运动也正在猛烈地冲击着清政府的统治，此时清政府的一些官员终于意识到了一丝危机。而一些掌握实权的政府官员们在对西方的技术有了亲身的体验之后，他们认为必须学习西方的科学技术，引进西方先进的机器来生产先进的军事器械，才能够拯救摇摇欲坠的清王朝。外国列强也在不自觉中将先进的科学技术和管理方法带到了中国。以李鸿章、曾国藩等为代表的洋务派相继创办军事工业。从 1861 年曾国藩创办的最早的中国近代兵工厂——安庆军械所开始，至 1890 年张之洞创办的湖北枪炮厂的近 30 年时间里，洋务派共创办了 24 家军用工厂，另外还有福州船政局、湖北枪炮厂等，都是当时洋务派兴办的规模较

---

① 郑学檬等：《简明中国经济通史》，黑龙江人民出版社 1984 年版，第 427 页。

② 孙文学、齐海鹏等：《中国财政史》，东北财经大学出版社 2008 年版，第 264 页。

大、设备齐全的军事工业。① 不仅如此，洋务派也开始将重心转向民用企业，开始了"求富"道路的探索。这些民用企业大多数是官督商办，只有少数是官办或官商合办，因此在税收和垄断等方面享有特权，而且相比于民族资本企业，其在生产和经营方面有着无法比拟的优越条件。其间，创办的民用企业有20多个，重要的有轮船招商局、上海机器织布局等。②

从19世纪70年代起至中日甲午战争结束前，商办的民族企业有百余家，但是其资本和规模都远远落后于洋务派创办的近代民用工业。在中日甲午战争结束后，实业救国已经成为国人的共识，开始涌现出商办的民族资本主义企业。1895年，全国新设立的工厂有15个，发展到1906年建厂52个，资本额达到2290万元。③ 与此同时，中国的金融业有所发展，1897年中国通商银行建立，至1911年全国共建立银行17家。④ 在鸦片战争之后，我国的对外贸易得到长远的发展，而此时，我国的国内市场也已经在逐渐扩大。一种专门从事进出口贸易的新型商业出现了，它们隶属于洋行的批发商，具有很强的买办性质。从资本运作来看，它们已经是资本主义商业。特别是19世纪末20世纪初，由于铁路的修建和内河航线的发展（1885～1911年，中国共修建铁路9253.83千米，平均每年兴建544.34千米；至1900年中国已拥有各式轮船大约480艘）。⑤

随着进出口贸易的快速增长和国内市场的迅速扩大，从商埠到农村的巨大商业网络逐渐形成。洋行把进口商品批发给字号，再由转运商销往各个城镇和农村。同样地，农村小贩把出口商品集中起来，经转运商运至通商口岸，再由行栈卖给洋行，再由洋行把中国的农产品运到世界各地。这样，原有传统商业中的地主商业、牙行和行会商业等得到了有效的组织，形成了一个覆盖100多个行业的半殖民地半封建社会的巨大商业网络。

因此，在鸦片战争之后，一场前所未有的巨变正发生在中国的政治经济结构之中。外国侵略者的入侵冲击了中国几千年的封建统治，摧毁了封建制度，

---

① 龚书铎、方攸翰：《中国近代史纲》，北京大学出版社1993年版，第139页。
② 龚书铎、方攸翰：《中国近代史纲》，北京大学出版社1993年版，第149页。
③ 严中平：《中国近代经济史统计资料选辑》，科学出版社1984年版，第93页。
④ 孙文学、齐海鹏等：《中国财政史》，东北财经大学出版社2008年版，第264页。
⑤ 严中平：《中国近代经济史统计资料选辑》，科学出版社1984年版，第180页。

逐渐培养了买办阶级，而买办阶级取代帝国主义成为统治中国的工具。他们和官僚资产阶级一起统治着垂死的封建社会。中国经济受制于中国社会的状况因此也表现出半殖民地半封建性质。而随着中国传统的自给自足的自然经济的逐步解体，我国的农产品依赖于帝国主义控制的国际市场；外国资本主义控制着中国的经济命脉；民族资本主义虽然一直有所发展，但是因为长期遭受帝国主义和封建主义的不断压迫，从而导致其力量非常薄弱。而在对外贸易当中，中国的主导地位逐渐消失，任凭外国列强掠夺白银和原材料（见表 2.2）。

表 2.2　　　　　　　　1871～1911 年部分年份中国进出口净值　指数：1871～1873 年 =100

时间	出口（百万元）	指数（百万元）	进口（百万元）	指数	出超（＋）或入超（－）
1871～1873 年	110	100.0	106	100.0	＋1
1881～1883 年	108	98.2	126	118.9	－18
1891～1893 年	167	151.8	219	206.6	－52
1901～1903 年	311	282.7	473	446.2	－162
1909～1911 年	570	518.2	702	662.3	－132

资料来源：孙翊刚、李渭清：《中国财政史参考资料》，中央广播电视大学出版社 1984 年版，第 540 页。

然而，相对于腐朽不堪的封建社会而言，经历过鸦片战争的中国社会正在发生着意义深远的变化。在中国，已经悄然地形成了一个整合有序的全国市场。贸易政治环境逐步改善，交通以及航运发展，区域专业化生产和分工逐步形成，商人群体和商人资本逐步壮大，农村商业化、工业化进程逐步加快。[①]

这些都为商品经济的持续发展创造了客观的物质基础，促进了商业活动的繁荣。此外，需要指出的是，从 1870 年到清末有一个相对稳定的发展时期，这也为中国近代商品经济的产生和初步发展创造了有利条件。特别是 1901 年清政府实行"新政"后，设立了商务部，奖励商人，设立商会。商人地位进一步巩固，有力地促进了中国资本主义经济的发展。

---

① 李伯重：《中国全国市场的形成：1500－1840 年》，《清华大学学报》，1999 年第 4 期，第 48～54 页。

2.2 清末清理财政与厘定税种

清末，大量的对外赔款和偿还外债使清政府原有的财政管理体制逐渐瘫痪，无法正常运转。根据英国人赫德的有关调查资料，1895～1910 年的 15 年间，清政府年平均总收入为 8800 万两白银，平均开支超过 10000 万两银子。年平均赤字高达 1300 万两。① 由于中央财政赤字严重，不得不逐步加大对地方政府的摊派，导致中央与地方在财力上的矛盾日益尖锐。地方政府为了维持正常支出，不得不增加税收，举借外债。而厘金制度和"就地筹饷"措施实行后，破坏了原有的财政奏销制度，地方政府已获得财政收支权，并有逐步扩大的趋势。而且中央政府对地方财政收支的控制能力日益下降，国家财政状况极为混乱。

面对严峻的财政危机，加之西方现代财税思想的输入，清廷开始了以开辟财源为目的的清理财政工作。1908 年，福建监察御史赵炳麟呈《统一财权整理国政》折，对分税制和预算制提出建议。奏折中称："一切租税，分作两项，一国税，以备中央政府之用，二地方税，以备地方行政之用。改布政使为度支，每省一员，统司全省财政出入。各省地方进款若干，用款若干，责成度支使每年详细报部，其国税听部指拨，地方税即留为各该省之用。租税界限分明，疆臣无拮据虑，出纳造报确实，部臣有统核之权，如是则各省财政可一。每年责令各衙门分造概算书及预定经费要求书，送度支部办理，如是则各部财政可一。然后通盘算定，事先预筹海陆军经费应如何指定，京外薪俸如何平均，振实业，广教育，应如何补助以收其效。"② 1908 年 12 月颁布的《清理财政章程》就是在赵炳麟的建议基础上制定的。中央设立清理财政处，地方上则设立清理财政局。清理财政处的职责主要以划分国家和地方资金为清理要义，以编制预决算清册为最终目标；清理财政局的职责则主要是协助中央清理财政处开展全国的财政清查工作。同时，度支部还制定了《清理财政明定办法 32 条》，明确规定："严禁乱借外债；统一安排中央各部经费；不准自行收支；严禁乱发纸币；建立严格的报告制度。"可见，清政府希望改革中央和地方的财政管理机构，统筹国

① 马金华：《民国财政研究——中国财政现代化的雏形》，经济科学出版社 2009 年版，第 41 页。
② 王先谦：《东华续录》，公记书庄 1899 年版，第 12 页。

家财政，制定相关规则，使财权回归中央，为今后中央和地方税收体系的划分奠定了组织基础。根据度支部《清理财政章程》的规定，各省级清理财政局开始逐步调查全国财政情况，得出全国各省岁入和岁出的数额。在此基础上，1910 年，清政府开始试行宣统三年（1911 年）的财政预算案，规定以当年农历正月初一至农历十二月底为预算年度周期（见表 2.3）。

表 2.3　　　　　　　　宣统三年（1911 年）预算收支一览

	岁入				岁出				
项目	岁入合计（千两）	占岁入的比重（%）	经常（千两）	临时（千两）	项目	岁出合计（千两）	占岁出的比重（%）	经常（千两）	临时（千两）
岁入合计	296963	100	278966	17977	岁出合计	338650	100	307411	31239
田赋	48102	16.1	41165	1937	行政	27328	8.1	26070	1258
盐茶税	46312	15.6	46312	—	交涉	4001	1.2	3375	626
洋关税	35140	11.8	35140	—	民政	5741	1.7	4416	1325
常关税	7000	2.4	6 991	9	财政	20782	6.2	17904	2878
正杂各税	26164	8.81	26164	—	洋关经费	5757	1.8	5748	9
厘捐	43188	14.5	43188	—	常关经费	1463	0.5	1463	—
官业收入	46601	15.7	46601	—	典礼	800	0.2	746	54
杂收	35245	11.8	19194	16051	教育	3595	1.1	2553	1042
捐输	5652	2.0	5652	—	司法	6835	2.1	6616	219
公债	3560	1.2	3560	—	军政	97498	28.8	83498	14000
—	—	—	—	—	实业支出	1604	0.3	1604	—
—	—	—	—	—	交通	55027	16.2	47222	7805
—	—	—	—	—	工程	4516	1.3	2493	2023
—	—	—	—	—	官业支出	5600	1.6	5600	—
—	—	—	—	—	各省应解	39121	11.6	39121	赔款与洋债
—	—	—	—	—	洋关应解	11263	3.3	11263	—
—	—	—	—	—	常关应解	1256	0.4	1256	—
—	—	—	—	—	边防经费	1240	0.3	1240	1240
—	—	—	—	—	归还公债	4773	1.4	4773	4773

资料来源：根据《清史稿》卷一百二十五《食货六》所载 1911 年预算整理。转引自孙文学、齐海鹏等：《中国财政史》，东北财经大学出版社 2008 年版，第 303 页。

如表2.3所示，当年财政总收入达2.97亿两白银以上，但财政总支出超过3.39亿两白银，属于典型的赤字预算。赤字达4168.7万两白银。如此巨大的财政赤字，无疑提前向清廷发出了一个信号，即政府职能的维系只能通过举借外债、增税来弥补，而外债必须还清，甚至翻倍偿还，对剥削人民是无条件的。所以，最终的受害者还是老百姓，他们不得不默默承受政府的捐上加捐。此外，我们还可以从表2.3中的支出项目得到一些有用的信息。军政开支占总支出的近30%，说明预算中有很大一部分用于军事，以维持清朝政府岌岌可危的统治，这也是清政府清理财政的主要原因；其中，交通费占16.2%，主要用于铁路建设，而这大部分是帝国主义控制的。此外，应解赔款和债务利息也占预算支出的15.3%，说明预算具有很明显的半殖民地性质。因此，这一预算虽然是中国历史上第一个具有资本主义性质的预算，但不可否认的是，它是一个虚假的赤字预算，显示了清政府想要维持其即将灭亡的封建统治的野心。虽然这个愿望非常美好，但是却未能持续多久，就在清政府筹备制定第二年的预算时，终因清政府的灭亡而未能实施。

清理财政是以确立度支部为全国的财政中枢为最终目标的，划分国家税和地方税，建立现代预决算制度，为即将到来的预备宪政作准备。因此，在宣统时期，关于国税和地税划分的原则和标准，以及地方税是否可以进一步划分的讨论越来越多。但是，由于受到西方不同的财税理论和地方分裂势力的影响，虽然各级官员都积极参与讨论了这一话题并且展开了激烈的论证，也提出了不同的划分标准。但是由于涉及中央与地方之间的经济利益矛盾，也导致在划分的标准上没能达成一致，也没有出台具体的划分方案，由此成为我国划分国、地两税之滥觞，但为民国初年国税与地方税的划分提供了充分的理论准备。①

此外，清末财政清理最有效的就是中央财政收入大幅增加。比如山西省，1908年山西税收总额为5871806两白银，支出白银6140252两；1911年，税收总额为8188561两白银，支出白银为8938948两。②

因为国家与地方财权不明确的根本矛盾无法得到有效的解决，空有建立国

---

① 龚汝富：《近代中国国家税和地方税划分之检讨》，《当代财经》，1998年第1期，第4页。
② 萧一山：《清代通史》（四），中华书局1986年版，第1539~1541页。

家预决算制度的想法，但也只是徒具形式，甚至是使得地方的加收摊派更具合法化，中央财权更加涣散。但毋庸置疑的是，晚清财政管理是对建立现代财税体制初步模式的一次巨大进步，为以后的财税体制改革提供了非常有价值的借鉴。

2.3　革除税弊与创办工商新税

商品经济的发展导致晚清税收结构的巨大变化。特别值得一提的是厘金制度的建立和征收。晚清的商品经济发展到了一定程度，这为厘金开征创造了客观条件。加上清政府为了镇压太平天国起义，财政状况已极为困难，厘金制度的建立是有效解决财政困难的权宜之计。厘金作为商业税收的一种，创设于1853年。因其税率较低被称为厘金，其主要包括百货厘、洋药厘、土药厘及盐厘四项。厘金最初在扬州开办，称为捐厘，是为了筹措军饷的一种变相的捐输。由于劝捐的方法和以前不同，即预先请户部颁发部照，随捐随给执照，与以往迟报迟收的征收状况不同，取得的效果更好，收入也比其他地方多。1854年，清廷的副都御史雷以諴开始向朝廷报告，请求在江苏的各府、州、县仿照开办，他在奏疏中称："略仿前总督林则徐一文愿之法（林则徐在新疆办理流屯时，创行'一文愿'的集款办法，出于自愿，集少成多），劝谕米行，捐厘助饷，每米一石捐钱五十文，计一升仅捐半文，于民生毫无关碍，而聚少则多。计自去年九月至今，只此数镇，米行几捐至二万贯。"[①] 于是，雷以諴的抽厘助饷办法经清政府批准后得以推行。不久，厘金制度由江苏扩展到湖南、湖北等省，并立即在全国推广。它成为清政府税收的主要来源，并对其产生了深刻的依赖。在外国列强控制中国盐税、关税的情况下，厘金无疑成为清政府弥补财政赤字的一个好办法。厘金的比重逐渐上升，成为继田赋、盐税、关税之后的第四大税种（见表2.4）。厘金成为清政府的主要税种之一，说明当时的商品化程度为政府开征新税提供了可能。

---

① 罗玉东：《中国厘金史》（上册），商务印书馆1936年版，第16页。

表 2.4　　　　　　　　　　　晚清税收结构变化情况

年份	田赋		盐税		关税		厘金		总额（两）
	数额（两）	比重（%）	数额（两）	比重（%）	数额（两）	比重（%）	数额（两）	比重（%）	
1812	29530000	74	579000	14	4810000	12	—	—	40130000
1841	29431765	76	4958290	13	4207695	11	—	—	38597750
1842	29575722	76	4981845	13	4130455	11	—	—	38688022
1845	30213800	74	5074164	12	5511445	14	—	—	40799409
1849	32813304	77	4985871	12	4704814	11	—	—	42503989
1885	32356768	48	7394228	11	14472766	22	12811708	19	67035470
1886	32805133	48	6735315	11	15144678	22	13218508	19	67903634
1887	32792626	44	6997760	9	20541399	28	14272329	19	74604114
1888	33224347	42	7507128	10	23167892	30	13600733	18	77500100
1889	32082833	43	7716272	10	21823762	29	13739095	18	75361962
1890	33736023	44	7427615	10	21996226	29	13643107	18	76802971
1891	33586544	43	7172430	9	23518021	30	13581042	18	77858037
1892	33280341	43	7403340	9	22689054	30	13641665	18	77014400
1893	33267856	44	7679828	10	21989300	21	13244728	17	76181712
1894	32669086	43	6737469	9	22523605	30	13286816	18	75216976
1903	37187788	38	13050000	13	30530699	32	16252692	17	97022178
1911	48101346	27	46312355	26	42139287	23	43187097	24	179740085

　　资料来源：根据《光绪会计表》《清史稿·食货志六》《清朝续文献通考》《石渠余记》等文献整理。转引自邓绍辉：《晚清财政与中国近代化》，四川人民出版社 1998 年版，第 99 页。

　　然而，厘金开征仅一年的时间就出现了许多问题。据 1854 年 12 月 9 日王茂荫奏称大江南北捐局过多，官私错杂，扬州以下沿江各府州县设有十余局，苛敛行商过客，假公济私，包送违禁货物，甚至聚众敛钱，以钱聚众，普安、薛家港等局竟至互图并吞，大肆争斗，商民无不受害。[①]

　　1861 年 10 月 15 日御史陈廷经奏称："近闻各省厘局，但有抽厘之名，实则抽分抽钱，有加无已，凡水陆通衢以及乡村小径皆设立奉宪抽厘旗号，所有

――――――――――

　　① 罗玉东：《中国厘金史》（上册），商务印书馆 1936 年版，第 27 页。

行商坐贾于发货之地抽之，卖货之地又抽之，以货易钱之时，计其数抽之，以钱换银之时，又计其银数抽之；甚至资本微末之店铺，肩挑步担之生涯，或行人之携带盘缠，或女眷之随身包裹，无不留难搜括，其弊不可胜言，一局之中，支应去其大半，侵渔去其大半，不利于民，无益于国。"[①] 此时，厘金已发展成为官员敛财的工具，到了祸国殃民的地步。但厘金有这么多弊端，为什么清政府还不肯废除呢？原因在于它是当时众多苛捐杂税中一项重要税收，是当时长江流域军饷的重要来源，是镇压太平天国革命运动的主要军费来源。当时仅江苏省的厘金一年就达 400 万两，浙江、湖北等省每年也都有数百万两，加起来全国则有 2000 余万两，这项收入已经比当时的地丁钱的收入还要多。当时几乎只有依赖厘金的收入才能维持湘军的军饷。没有厘金，就不可能支持清军的长期作战需要，也不可能维持清政府的统治。

甲午战争后，巨额外债都由关税担保。而外商在中国享有特权，缴纳内地税（如厘金等），但是由于征收洋货厘金，地方经常与洋商发生冲突。为此，清政府开始与外国列强就这一问题进行协商，并同意通过提高关税、裁撤厘金的办法来解决这一问题，这就是裁厘的最初酝酿。但由于列强对免除厘金这一措施能否真正实施存有疑问，也导致这项计划未能真正实施。[②]

然而，厘金造成的更突出的矛盾是，因为政府逐年增税让广大商人苦不堪言，于是厘金也被认为是近代中国的最大恶税，关于裁厘的声音不绝于耳。一方面，清政府必须缓和这一矛盾，以维持破败的封建统治；另一方面，财政危机日益严峻，而政府通过增加税收来偿还外债和维持日常开支。西方财税理论的传播，已经使清朝的许多改革者认识到了西方新税收的好处，于是积极探索建立新的工商税，以弥补裁厘造成的损失。

2.4　西方税制的传播与税收立法理念的引介

第二次鸦片战争后，中国的惨败和危急的形势迫使中国人警醒，朝野上下开始思考如何摆脱被动挨打的困境和富国强兵的出路。少数忧国忧民的有识

---

① 罗玉东：《中国厘金史》（上册），商务印书馆 1936 年版，第 33～34 页。
② 周育民：《晚清财政与社会变迁》，上海人民出版社 2000 年版，第 330～331 页。

之士隐约感受到了潜在的危机。林则徐作为近代中国睁眼看世界最早的人之一，在其影响之下，产生出一批研究外国史地的著作，这些书在近代史上实为开风气之先的创举。后来林则徐虎门销烟，打击了列强用鸦片打开中国市场大门的势头，侵害了列强在中国的利益，列强用枪炮对清政府施压。再者，由于清军在鸦片战争中的失败，朝廷因此开罪林则徐，将其发配到新疆。林则徐在发配边疆路途中遇到好友魏源。因此，他把在广东收集的资料委托给魏源，委托他编辑一本详细介绍海外国家的书，让中国人开阔眼界。魏源不负厚望，撰写成《海国图志》一书。魏源从好友林则徐转交的材料中了解到中西差异的巨大，他对西方政治制度进行较为详细的介绍，并进一步作了有限的肯定。

冯桂芬作为向西方学习的先驱者，在理念和制度方面开始了省思，他在1861年撰写了《校邠庐抗议》一书，该书涉及政治、军事、文化等领域，指明了向西方学习的时代方向，体现了其开放思想。而其处理中学与西学关系的原则也被概括为"中学为本，西学为用"，成为变法的理论依据。冯桂芬的这些主张，闪烁着近代宪政理念的光芒。郑观应也是中国近代先进的思想家，他走在时代的前列，思想不断更新。他之所以"先进"，是因为他的思想体现了中国社会发展迫切需要的近代化。

甲午战争后，清廷被迫调整政策来维持清朝岌岌可危的统治。为了缓和封建统治者与人民群众之间的矛盾，决定实行所谓的维新变法，实行"新政"。新政包括设学堂、废八股、奖励留学等。

晚清"新政"推动了教育的快速发展。一方面，在中国已经形成了相当数量的学生。1905年前，全国学生人数为258876人，至1912年，这一数字已经飙升为2933387人。[1] 当时许多有识之士逐渐觉醒，开始向西方寻求救国救民真理；随着交通的改善和中外交流的频繁，出国留学越来越受欢迎。另一方面，由于地域限制，向欧美国家学习的成本较高，政府更倾向于向邻国日本学习。明治维新后，日本成为世界强国之一，并成为亚洲向欧美学习先进技术和理念的先锋。受"取径东瀛"思想的影响，仅1896～1905年，中国就派遣了15000名学生到日本学习西学。[2]

---

① 桑兵：《晚清学堂学生与社会变迁》，广西师范大学出版社2007年版，第138～139页。

② 张宪文：《中华民国史》（第一卷），南京大学出版社2006年版，第39页。

大量国内外游学群体的存在，产生了大量的学历证书和出国护照，而这在一定程度上为现代直接税的引入提供了条件。而且这些学生群体的文化素质有了很大提高，特别是通过出国留学，留学生们可以亲身学习和体验到西方先进制度和经验，并带回中国，掀起学习和传播西方文化的潮流，为国内旧制度和体制的改革注新的理念。而这些留学生逐渐成为传播西方财政思想的主力军。

　　与此同时，鸦片战争打开了中国的大门，中外交往日益频繁。大批外国官员、传教士和商人来到中国。他们给中国带来了西方先进的科学技术和制度，同时，也体验了中国的政治、经济和文化特色。他们将他们在中国的所见所闻通过信件和报纸的方式带回国内，越来越多的西方学者关注并研究中国出现的一些现实问题，特别是当时中国的财政危机。例如，早在 1894 年，英国驻上海领事哲美森就曾著《中国度支考》（蔡尔康译），介绍了前三年清朝户部收支情况，并把实际的收支数与其调查数进行相应的比较研究。1907 年清政府实行清理财政政策后，西方学者尤其是财政金融界的专家对中国的财政问题更加关注。英国人瓦伦丁·姬乐尔的《中国：财政陷入困境》一书中专门介绍了中国的财政状况，这在当时的英国产生了巨大的反响。同年，税务司荷兰籍官员阿拉巴德的《理财便览》系统地分析了当时中国所面临的巨额债务问题，并进一步论述了中国必须实行预算理论进行税制改革。[①]

　　大量中外财经著作的引进，使中国人较早地接触到西方的财政理论和税收政策，使得西方税制知识在近代中国得到了充分普及，特别是都关注中国岌岌可危的财政体制，并提出了相应的建设性建议，为执政当局进行税制改革奠定了基础，促进了清末财税体制改革。

---

① 马金华：《民国财政研究——中国财政现代化的雏形》，经济科学出版社 2009 年版，第 20 页。

第 3 章

税收立法的确立与近代中国民族
经济基础的建立（1912～1927 年）

3.1　北洋政府时期的经济发展及财政状况

3.1.1　北洋政府时期的经济发展状况

中华民国成立后，特别是第一次世界大战的爆发，给中国近代经济的发展提供了难得的发展时机。

首先，政府的经济政策是中国近代经济得以发展的制度保障。辛亥革命的成功，结束了中国几千年的封建专制统治，中华民国的成立为中国近代资本主义工商业提供了制度保障。中华民国随后推行的一系列政策和措施有力地促进了近代经济的发展，由此中国经济出现了第一次世界大战期间的空前繁荣。①

其次，第一次世界大战的爆发扩大了世界市场和中国国内市场。第一次世界大战爆发后，外国输入中国的商品逐渐减少，同时也造成了世界市场对中国产品的需求急剧增加。据统计，1913 年英国输入中国的商品总值约为 9700 万两，而 1914 年以后就出现逐步下降，到 1918 年下降到不足 5000 万两，几乎下降了一半。同样地，法国 1918 年的对华商品总值也不到 1913 年的 1/3，德

---

① 赵津：《中国近代经济史》，南开大学出版社 2006 年版，第 22 页。

国同期的对华商品输出则下降得更多，1917～1918 年几乎完全中断了。虽然这一时期美国和日本的对华商品输出有所增加，但是并不能改变中国进口商品总值总体下降的趋势。而相反地，这一时期中国的商品输出却出现了迅速增长，据统计，1919 年的中国出口总值比 1913 年增加了 40%。另外，第一次世界大战后，由于商船的缺乏，远洋运输费用的急剧上涨（比 1913 年或 1914 年高出了 10～20 倍)[①]，导致了进口商品的成本大大提高，从而使得一向具有价格比较优势的外国商品受到了前所未有的挑战，出现了以前主要依靠消费外国商品的中国沿海城市和广大农村转而购买国内商品的现象，进而为国内的企业扩大生产提供了市场，国内市场明显扩大。

最后，技术和管理制度的进步是这一时期经济发展的主要原因。第一次世界大战爆发后，中国工业中的一些发展较早的行业开始竞相更新设备，并进一步进行技术和生产管理方面的改革，而那些起步较晚、生产较为落后的手工工场则逐步向机器工业过渡。第一次世界大战后，以电力的普遍使用为主要特征的技术进步广泛应用于中国近代工业，它们陆续用蒸汽或电力代替了人力。至 20 世纪 20 年代，纺织业和面粉等轻工业普遍以电力织机代替了人力木机，并及时进行技术更新。设备和技术的改进极大地提高了工人的劳动生产率，增加了产量。同时，一些如化学、电力等新兴产业的引进和迅速发展，也为中国的近代工业注入了新鲜血液。此外，为了提高劳动效率，此时的中国工业也开始对旧生产管理体制进行改革，对工人进行必要的技术培训和考核，以适应设备和技术的改革。这样一来，中国的近代工业得以迅速发展起来。此外，投资规模的扩张直接导致了中国近代经济的发展。据统计，1911～1922 年的 10 余年是中国私人资本投资于交通、工矿增长最快的时期，投资的年增长率为 13.94%。[②] 特别是交通在这一时期得到迅速发展（见表 3.1），直接加速了商品的流通，逐渐扩大了商品贸易的规模。

① 郑友揆：《中国的对外贸易和工业发展》，上海社会科学院出版社 1984 年版，第 37 页。
② 刘佛丁：《试论我国民族资本企业的资本积累问题》，《南开学报》，1982 年第 2 期。

表 3.1			1912~1927 年各种铁路车辆增加情况			指数：1912 年 = 100	
年份	机车		客车		货车		
	数量（辆）	指数	数量（辆）	指数	数量（辆）	指数	
1912	600	100	1067	100	8335	100	
1915	629	104.8	1280	120.0	10652	127.8	
1916	638	106.3	1332	124.8	10594	127.1	
1917	648	108.0	1315	123.2	10659	127.9	
1918	653	108.8	1231	115.4	10772	129.2	
1919	707	117.8	1323	124.0	11273	135.2	
1920	789	131.5	1379	129.2	12192	146.3	
1921	884	147.3	1345	126.1	13206	158.4	
1922	992	165.3	1395	130.7	14471	173.6	
1923	1130	188.3	1698	159.1	16768	201.2	
1924	1146	191.0	1789	167.7	16831	201.9	
1925	1131	188.5	1808	169.0	16718	200.6	
1926	831	138.5	1402	131.4	11617	139.4	
1927	807	134.5	1355	127.0	11664	139.9	

资料来源：严中平等：《中国近代经济史统计资料选辑》，科学出版社 1955 年版，第 194 页。

3.1.2 北洋政府时期的财政状况

清政府灭亡后，西方列强需要在中国找到一个全新的完全听命于它们的势力来为它们的利益统治中国，而新成立的袁世凯政府正好也需要西方列强作靠山来维持统治。因此，它们很快达成了一致，西方列强承认了袁世凯政府，并把它当作清政府的替代来统治中国，袁世凯政府则忠实地履行其对帝国主义的职责，继续承认并偿还清政府欠下的巨额债务。对此，袁世凯还曾自白道："临时政府成立以来，外人之对我，虽承认国家之资格而可行使前清之债权，统计上年结欠洋款赔款及本年已过期之洋款赔款，各省历欠之外债，已达英金1200 万镑之多，皆属政府应尽之责。"① 这里的"债权"是指"还债权"，袁政府认为，帝国主义虽已承认其有资格来偿还清政府所欠债务，但其所能偿还

① 胡绳：《帝国主义与中国政治》，人民出版社 1978 年版，第 130 页。

的数额还是十分有限，言外之意，其承认巨额债务的前提是他希望得到帝国主义对其资金上的支持，向它们举借更多的外债。

在整个袁世凯统治时期（1912～1916 年），由于关、盐两税的绝大部分被西方列强所扣留，各省解款又十分有限，政府征收的各项专款，除验契税的收入有所增加外，其余如印花税、契税及烟酒牌照税等都未能征足，且大部分被各省截留，所得税及特种营业执照税等又始终难以开办，因此袁政府只能寄希望于举借外债度日了。其中，1913～1914 年，政府借的外债就达 20 项，折合银 37571 万元，而实际上，扣除到期应付外债本息及实交折扣外，实收仅有18080 余万元，占借款总额的 47.96%。[1] 第一次世界大战爆发后，帝国主义列强忙于战事，无暇顾及中国市场，暂时放松了对华的资本输出。袁政府不能向西方列强举借新的外债，只有加紧压榨国内人民。其间，政府通过增加各项专款的征收和大量发行公债等形式进行敛财，并成立了内国公债局，聘请总税务司的安格联为会计协理对该局的收存款项及偿付本息等进行管理，而外国银行财团则通过承购中国公债成为中国内债的债权人。随后，第一次世界大战爆发，日本、美国又趁机对华展开新的侵略活动。日本向北洋政府提出了丧权辱国的《二十一条》，妄图把中国的政治、军事、领土及财政完全置于日本的控制之下；美国则向其提供了以盐余为担保的新借款，而袁政府为了换取帝国主义对其称帝的支持，不惜出卖国家的利益，基本上对日、美两国的要求都欣然接受。由此，中国的财政逐渐为西方列强所掌控，异常混乱。

袁世凯政府倒台后，由于各派系在各自的后台——帝国主义列强的支持下不断混战，军费支出迅速增长。据统计，仅北洋政府的军费开支 1916 年为15291 万元，1918 年为 20300 万元，1925 年为 60000 万元，1927 年为 70000 万元。[2] 军费开支在全国财政总额中的所占比重大大增加（见表 3.2）。军费的激增使得政府对外债的需求也增加了，而要想借更多的外债就使得政府在财政上更加依附于帝国主义，西方列强完全控制了中国的关税和盐税。关税和盐税原本是北洋政府收入的大宗。但受控于外国列强后，每年的关税收数各不相同，1917～1927 年，少的有如 1918 年的 5960 余万元，多的有如 1926 年的 11920

① 徐义生：《中国近代外债史统计资料》，中华书局 1962 年版，第 113 页。

② 章有义：《中国近代农业史资料》（第二辑），三联书店 1957 年版，第 608 页。

余万元，10 年的总数达 99300 余万元。① 但是，这 10 年的实收总额中用于外债担保的支出就共达 52790 余万元，占实收总数的 60%；用于内债担保的支出共达 11410 余万元，占实收总数的 13%；再加上要除去必要的海关经费，关余已几近作抵了。盐税的征收和支取之权也完全操纵在外国人手中，在满足了西方各国垄断资产阶级的最高利润后，才以盐余的方式交给中国政府，而北洋政府提拨这一项盐余还必须经过银行团的核准。据统计，在整个北洋政府时期，关、盐两项税收的总额，平均每年为白银 1 亿 5700 余万两，而每年必须存储在英、德、法、日、俄五国银行团所属的银行款项就达 1 亿 6676 余万两，偿付外债本息平均每年为 6636 余万两，占存款总额的 38%。②

表 3.2　　　　　　　北洋政府时期军费开支占全年支出总数的百分比　　　　　单位：%

年份	百分比
1913	27
1914	40
1916	34
1919	44
1925	47

注：这些数字不包括军阀秘密向帝国主义订购军械军火费用及收买军队的特别费用，所列数据并不能完全反映军费开支的确切百分比，仅供参考。

资料来源：根据北京军阀政府财政部会计司直接支出的数字整理。转引自孙翊刚、李渭清：《中国财政史参考资料》，中央广播电视大学出版社 1985 年版，第 548 页。

另外，军费的激增也使得政府加紧了对人民的压榨，民众不堪重负。北洋政府统治时期的捐税种类繁多，特别是田赋和盐税尤其苛重。首先，不但田赋附加税增长了，正税也增加了。如河北省定县的附加税 1927 年比 1912 年增加了 353.25%，同期的正税也增加了 63.42%。这一时期还出现了田赋预征的现象。如湖南郴县的田赋在 1924 年已经预征到 1930 年，更离谱的是，四川梓潼的田赋在 1926 年就已经预征到 1957 年，足足预征了 30 多年。③ 其次，1913 年善后借款后，盐税收入基本上都操控在外国人手中，为了筹措经费，各地军

---

① 吴兆莘：《中国税制史》（下册），商务印书馆 1937 年版，第 204 ~ 205 页。

② 徐义生：《中国近代外债史统计资料》，中华书局 1962 年版，第 111 页。

③ 章有义：《中国近代农业史资料》（第二辑），三联书店 1957 年版，第 577 页。

阀便擅自征收盐税的附加税且盐税附加的名目繁多，如 1924 年四川省的盐税附加税就达 26 种之多。据统计，1926 年的盐税正税和附加税比 1913 年高出 4 倍之多，由此造成了盐价飞涨。以河北雄县为例，1914 年每斤盐的价格是银币四分四厘，1927 年就涨到了七分六厘，几乎涨了近一倍。① 此外，各地军阀还通过滥发纸币、军用票、金库券等形式，摊派给各县强迫人民购买，掠夺人民钱财。

3.2 税收立法的确立

3.2.1 税收立法的缘由

由于北洋政府时期财政状况恶化，赤字状况严重，北洋政府决定征收直接税来弥补赤字，如印花税、营业税和所得税。1912～1916 年，国内政治局势相对稳定，关税和盐税征税权回归中央政府，地方政府也恢复了向中央解款制度。但是，由于袁氏政权成立之初，各省独立，地方军阀封建割据，中央政府对地方政府的约束力不强，中央政府岁入不能确保，收入几乎为零。此间军费、债务利息等支出仍不断产生，由此进一步导致中央政府陷入严重的财政危机。为了缓解财政压力，袁氏政权采取了一系列措施，将国家与地方的收入和支出分开，同时开征新税。北洋政府时期力图通过税收立法来加推新税制的引进，主要是出于以下两个方面的考虑。

3.2.1.1 政府财政入不敷出，急需税收改革

北洋政府时期，政府的财政总收入基本上是每年 4 亿～5 亿元，财政总支出则基本上是每年 4 亿～6 亿元。预算赤字为数百万元、数千万元和数亿元不等。② 另外，这一时期财政支出主要用于军费支出和债务利息。统计数据表明，政府的军费支出占年度支出的 39%，债务支出占年度支出平均为 31%，这两项合计达到了全部财政支出的 70%。1912～1926 年，政府的借债收入约为 18 亿元，年均 1.2 亿元，与此同时，政府的年均支出为 5 亿元。1.2 亿元占

---

① 章有义：《中国近代农业史资料》（第二辑），三联书店 1957 年版，第 581～583 页。
② 贾德怀：《民国财政简史》，商务印书馆 1940 年版，第 14 页。

5 亿元的 24%①，事实证明，借债收入实际上等同于债务"借新债还旧债"的转换。结果，实际上大量的军费支出只能来自税收。

财政收入主要来源于税收和借款。税收收入主要有关税、盐税、厘金等。民国初期，税务机关和税收类型基本上沿袭清末制度，税务机关众多，税务行政管理组织错综复杂。许多政府机构均具有税收职能，掌管不同种类的税收征收权力，各税务机关之间存在很大的矛盾。由于当时使用的是沿袭的清末税制，因此即使有许多种税种，也仅分为行为税类和流转税类。按照税收管理机构的不同，可将税收分为中央税和地方税。由于当时税收管理机构的权力下放和税收主权的分歧，导致税目繁多，发生了较多重复征税的现象，并不能有助于系统地扩大税收来源。借款可分为外债和内债。为了解决财政危机，北洋军阀只能继续走在清朝的老路上，依靠借外债生存。

3.2.1.2　私人资本主义经济发展迅速

1912～1927 年，中国的私人资本主义经济进入了高速发展时期。1911 年的辛亥革命建立了中华民国，随后，资产阶级的共和国政府体制促使资产阶级的投资激增，资产阶级对于实业的热情增长迅速。第一次世界大战爆发后，西方国家无法花时间加快对华经济侵略的步伐，私人资本主义经济从而有机会在削弱外部竞争压力的条件下发展。1912～1914 年，大量私人资本开始投资设厂。1914～1921 年，私人资本主义经济得到了飞速的发展。

中国现代资本主义经济的发展也反映在经济组织的多元化上。在北洋政府时期，中国的银行业发展迅速，在此期间也出现了信托公司和交易所等金融机构。20 世纪二三十年代是现代房地产业的黄金时代，导致收入来源复杂，财富多样化，贫富差距不断扩大。总之，资本主义经济的发展带来了一系列新的经济现象和社会问题，这就要求北洋政府思考如何通过税改来解决这些问题。例如，在此期间，交易所税的问世和持有居民土地税的提议与外汇和房地产业的繁荣有关，而所得税和遗产税的兴起则与资本主义经济发展后高收入群体的出现有关。

---

① 马振举：《北洋军阀政府时期的关税与财政》，《南开学报（哲学社会科学版）》，1987 年第 4 期，第 34～40 页。

3.2.2　北洋政府初期税制的弊病

北洋政府初期的税制主要存在以下三个方面的问题。

3.2.2.1　有违税收公平原则

税收公平原则是税收的重要原则之一。北洋政府初期，由于沿袭晚清的税制，税收公平原则未能得到保障。晏才杰对此发表过意见："一则保留重复税之弊，不以纳税物为本位，彼一物不税，此一物则再税，其结果一部人民加重负担而多数人民转得脱免。一则保守比例税之弊，不以纳税力为本位，贫者用此税率，富者亦用此税率，其结果悬殊阶级同一负担，而多数贫民不堪痛苦。"[①] 马寅初以田赋为例，说："中国地租，城市不有，乡间有之。是同一土地，因位置的不同，就分有税无税的区别""中国贫富，素以田地的多少为标准，但是现在经济组织复杂的时候，富人的富，不必限于不动产的田地，如公债票、股票及其他一切有价证券，均是富人的资产。如政府征税，再以田地为标准，则对于此种富人，当然不能征税。是同一富人，有些要税，有些无税，税则不平，未有如此。"[②]

尹文敬也曾就公平原则发表过评论，由于中国现行税制问题，税种不全，"不农不商之富家翁"反而无需纳税，与课税初衷相违背，部分人税负重，而部分人则可以免于纳税。[③] 此处尹文敬所指的富人即是在北洋政府的特殊环境下所产生的利用有价证券等盈利而无需为此缴纳税金的一类人。对这类人的征税空白也反映了当时税收制度的不完整性，从而看出其有违税收公平原则。

3.2.2.2　重复课税，征收混乱

晏才杰在其著作中曾专门指出这点："考吾国税制，沿袭日久，弊窦丛生。同一田赋也，而其分目或曰耗羡，或曰串费，或曰随捐，或曰带征。同一盐税也，而其分目或曰灶课，或曰票课，或曰加价，或曰盐捐。同一茶税也，而其分目或曰茶捐，或曰茶厘，或曰引价，或曰纸价。有名为警费、学费者，

---

① 晏才杰：《租税论》，北京新华学社1922年版，第6～7页。
② 马寅初：《中国财政之根本问题》，《东方杂志》，1924年第21期。
③ 尹文敬：《我国财政困难之原因及其整理之方法》，《东方杂志》，1924年第21期。

似指岁出而言，其实为收入之一种。有名为芦课、渔课者，似为独立之一税，其实并丁粮而统征，阳避加赋之名，阴行增税之实。无所谓旧税，无所谓新税；无所谓国税，无所谓地税；无所谓正款、附捐（附捐有自一次以至三次、四次者）。其种种怪象，由丁粮而盐茶而课厘。一切征权事项，皆系重床叠架、颠倒错乱，于预算案内毫无系统之可言。"① 与发达国家相比，部分发达国家的税率虽高，人民生活依然稳定，而当时的中国税率虽不高，但重复课税现象严重，反映出其税制的混乱无序，政府征收也极其混乱，人民怨声载道。

3.2.2.3 有违税务行政原则

在现代税制当中，税务行政原则要求税收能够满足确实、便利、适法和最少征收费用这四项原则，而在当时的中国，其中任何一条都难以得到充分的满足。这个时期的政府一方面征收效率极为低下，另一方面纳税人纳税成本极高。晏才杰曾痛批当时中国税收征收制：第一，各个地方政府征收方式各不相同，"省与省殊，县与县异"，美其名曰因地制宜，但实则地方政府肆意征收税款，无固定章法；第二，官吏包收税款极不合理。所谓"官吏包收税款"，就是在田赋、厘金等税的征收中，政府规定了税额，并命令官员们完成征税。这样往往造成征税官吏会以此为赚取利益的一种方式，官吏们会额外征收或者设法勒索敲诈。其结果人民负担比应缴纳的税额增加一倍或一倍以上，在国家预先确定的税额基础上，官吏们中饱私囊。由此可见，当时税制并无严格的法律约束，因而征收随意性极大，征收成本极高，有违税收行政原则。

3.2.3 西方财税思想的传播

自鸦片战争以来，大量来自西方的思想潮水般涌入中国这块封建干涸的土地上。初期，尽管从西方引进了一些外来的财税理念，但在清政府晚期封建而又腐败的统治下，宛如东施效颦，此时传统的财税思想仍然占据着相当的优势。西方民主思想在辛亥革命之后也逐渐进入了人们的视野。与此同时，封建传统财税思想逐渐退出历史舞台，被西方财税理论所取代。

中华民国政府成立后的十几年间，西方经济学的整体传播水平有了明显的

---

① 晏才杰：《租税论》，北京新华学社 1922 年版，第 7 ~ 8 页。

提高，辛亥革命之后，在西方经济思想潮流的影响下，专门性质的杂志雨后春笋般大量涌现，同时，各地也都在此影响下纷纷设立了新式的大专院校，大大提高了西方理论的传播速度。1923年夏，中国经济学界第一个学术团体——中国经济学社在上海成立。在这期间，西方财经科学传播的阵地逐渐壮阔了起来。

从著作方面来看，在1919年以后，尤其是1925年以后，出版的经济类著作有着大幅度的增长。据不完全的统计，1912～1919年，中国出版经济专著20余部，而1919～1927年，则达到了133部之高。[①] 把这些专著相比较得出：一是西方经济著作的翻译本数量逐渐增多，并高出日本经济著作的数量。二是国人自撰的著作数量明显高出了同期翻译本的数量。造成此时势的原因，日文的经济著作基本都是由欧美为主的西方经济学中囫囵吞枣得来的，并没有什么创新性质的见解。以至于对日文的经济著作贴上了"都是欧美的二手货"的标签。与此同时，国内"五四运动"的消息也经过各路传播，传遍了世界，欧美留学后回国的经济学家增多，西方的经济理论在此时占领了高等学校中经济论坛以及教学的主流。

在对西方财税科学的大力度传播带来的成就作出肯定的同时，也不能高估西方财税科学的成就。总体上看，西方财税传播广泛，但传播水平不高。虽然属于纯经济理论范畴的书籍数量大幅增加，但数量仍然远远不够，内容陈旧，仅停留在教材的深度层面。这也极大地影响了中国人对西方财政科学的认识水平。再看财政学本身状况，本期国人自撰的多部财政学著作内容相对较为单一且简单，唯陈启修在1924年出版的《财政学总论》勉强可以算是别具一格，他认为此时的日文财政学尚未脱离以翻译为主流，因此在《财政学总论》中直接引用吸收了一些欧洲财政学的成果。如此看来，这一时期的财经著作还是"照本宣科"式的作品。

与此同时，在西方的财税理论关注上，阿道夫·瓦格纳为代表的社会政策学派的财政理论受到国人特别的关注和钟爱。瓦格纳处于德国资本主义迅速发展和社会矛盾日趋尖锐的时期，在这一特殊社会背景下，瓦格纳既反对自由资本主义的经济政策，又拒绝社会主义体制，宣扬阶级调和，主张通过国家这一"超阶级"组织谋求改正收入分配的不公平现象以解决社会问题。他认为，虽然财政原则是税收原则中的第一原则，但有时社会公正原则甚至优先于财政原则。特别是平等原则，而平等原则也是税收原则的核心。总之，为了达到税收平等的原则，"要对非勤劳所得、不劳所得、垄断所得、奢侈品加重课税，计算最低生活费、个人家庭经济情况采取减税措施"①。

中国近代思想界之所以比较"偏爱"瓦格纳的财政思想有以下三个原因：第一，时代因素。瓦格纳处于自由资本主义向垄断资本主义过渡时期，社会矛盾催生出其学说，并从中产生了社会政策，对落后国家产生了示范性的影响。第二，近代财政学特定的传播路径（德国—日本—中国）。日本受瓦格纳财政理论影响很大，中国受其影响也就顺理成章。第三，从接受者的角度看，中国有嫁接瓦格纳财政理论的文化沃土。现代知识分子大多接受过传统儒家文化教育，他们中的许多人向往古代儒家所描绘的和谐社会。②

在西方的财政科学理论体系长驱直入的背景下，国人在本时期内运用西方财税理论来探讨中国税制改革问题方面有了实质性的进步，可以借鉴西方财税科学的系统理论，从理论上深入讨论我国的税制问题。

3.2.4　税收立法改革的萌芽

经过西方文化的洗礼，封建传统的税收制度在中国这片半只脚迈入民主时代的土地上显得越发站不住脚，连年的政府财政赤字以及大量的外债，使得此时的北洋政府内忧外患。在此背景下，促生出了一批有实质见解的财政著作的作者。其中，《租税论》的作者晏才杰认为，税制改革有以下几个原则应当要遵循：第一，改革税制的依据，"要不能外普及公平之原则"。第二，一方面要审视我国国情，另一方面要借鉴西方国家税制改革的成功经验。他特别指出，德国政府奉行瓦格纳的财政思想，"以复税制补单税制之阙，以累进率救

---

① ［日］坂入长太郎：《欧美财政思想史》，中国财政经济出版社1987年版，第308页。
② 《礼记·礼运》："大道之行也，天下为公，选贤与能，讲信修睦。故人不独亲其亲，不独子其子。使老有所终，壮有所用，幼有所长，矜寡孤独废疾者皆有所养，男有分，女有归。货恶其弃于地也，不必藏于己；力恶其不出于身也，不必为己。是故谋闭而不兴，盗窃乱贼而不作，故外户而不闭。是谓大同。"

比例率之穷，使适合于普及公平之原则"，大力推行所得税，圆满完成了税制改革这是值得我国学习的。第三，要"循序渐进"。公众对税制改革反应迟钝。他们总是认为旧税是好税，新税是恶税。因此，税制改革的社会阻力普遍很大。而且，税制改革本身也不可能一蹴而就。因此，他主张先"梳理"税制。而这三项中的后两项是近代中国税制改革的"国情原则"和"循序渐进原则"。当时，大多数人都同意这些观点。

《中国财政整理策》的作者胡己任列举了税制改革的四个"原则"：一是国税与地税分开。划分是根据各税种的性质来划分的，要结合国情，做到国家与地方的均衡发展。二是"须图财政与私经济之调和"。在这里，他提出了一个租税兴革的标准，即"凡租税之有害于企业与国民生活者，应毅然减轻之或径废除之；凡租税之有利于国库而无害于企业与国民生活者，应断然增设或增征之"。三是征税过程务必遵循公平原则。四是要采用一种合适的征收方法。就是要"谋征收方法之统一，杜绝中饱之弊"[①]。上述四点中，第一点是从划分国税和地税的角度梳理混乱的税制，这是民初一部分财政学者的税制改革思路；其余三点是要税制改革遵循税收的国民经济、财政、社会、税务行政诸原则。

遵循税制改革的主要原则，探讨税制改革的目标模式，税系划分理论成为分析的重要工具。现代西方财政中有多种税系划分理论，不同的税系划分方法往往与划分者的基本财政观念有关。税收分直接税和间接税的理论广泛运用。直接税和间接税的划分通常是以税负能否转嫁为依据的。如果税负由纳税人自己承担、没有发生转嫁的税种为直接税，如所得税；反之，则为间接税。

财政学者寿景伟所著《财政学》认为，直接税与间接税相比主要优势如下：一是税负公平，直接税是按照纳税人的实际负担能力来进行征税；二是征税时间及收入数额确实；三是开始时调查成本较高，但之后成本大大降低；四是富有弹性；五是在征收上甚少有妨碍交通及产业之处。而与直接税相比，间接税的优点主要在于：一是可弥补单征直接税所造成的财政收入之不足；二是

---

① 胡己任：《中国财政整理策》，北京民国大学，1927 年，第 343～345 页。

可普及征收；三是征收具有隐蔽性，不易察觉；四是征课比较容易。由于直接税和间接税各有长短，应将其结合起来，完善税制结构。因为直接税最大的优点是公平，而间接税最大的缺点是不公平，理想的税制结构应该是以直接税为主，辅以合适的间接税。①

不过也有不少学者认为此观点依旧有一些细微的瑕疵，认为可以将租税分为直接税、间接税、行为税三种。有学者提出，"第以研究一国税制起见，不如因其时代、审其国情而为便利自决之分类"，根据我国现行税制，划分直接税、间接税和行为税是合理的。② 印花税一部分是间接税，另一部分是直接税。再则行为税中的登录税又多属直接税，但也有例外，因此很难作出明确区分。

对中外税制结构进行比较分析，人们对我国当时税制的本质特征有了更深刻的认识，从而提出更加合理的税制改革建议。政府必须考察人民的负税能力，而不是通过引用其他国家的统计数字直接推断国家的租税负担。依据公平原则，国家课税的标准不是人民的收入水平，而是人民剩余的数额，能力大者纳税多，能力小者纳税少。因此，直接税是一种很好的适应这一要求的税制。③ 在看到了"一战"后西方国家直接税的良好效果后，中国人自然渴望看到直接税也能为中国贫乏的财政注入活力。他们写文章批评民国税政的不公：老百姓税负沉重，富人却少缴税。政府应征收所得税、遗产税和房地产税等直接税。人们认为，这些税种不仅有利于财政积累，更重要的是可以平均百姓的税负。④ 孙中山先生非常重视税制改革，将直接税称为"直接征税"，将"用累进税率的方法征收资本家的所得税和遗产税"称为"二十世纪以后进化而来的社会经济方法"，孙中山推行直接税的主张成为后来推行税制改革的重要依据。

① 寿景伟：《财政学》，商务印书馆 1925 年版，第 99~108 页。
② 晏才杰：《租税论》，北京新华学社 1922 年版，第 3 页。
③ 马影疏：《中国财政之根本问题》，《东方杂志》，1924 年第 21 期，第 25 页。
④ 杨汝梅：《论世界财政改造之新思潮与吾国财政》，《银行周报》，1927 年第 7 期，第 8 页。

3.3　税收立法的初步实施

在北洋政府成立之后，国事纷繁，政事纷呈。与此同时，西方民主思想也深入人心，对传统税制进行改革的呼声也愈演愈烈，税收现代化理论日益繁荣。而在政府建设和民间改革学说两种力量的不断助力之下，北洋政府开始改革税制，并且成效显著。

与清代封建税制相比，北洋政府时期的税制发生了很大变化。但仍保持着半殖民地化、征税主体分散化、税捐类型多样化的特点。两个方面有所体现：一是晚清将海关税的征管权、保管权、提取权置于洋人之手后，北洋政府又将盐税的诸多权利让渡给了以"盐务稽核总所"会办为首的洋员系统。又因为中央税的权限较小，税收不能维持国家统治支出，于是就出现了用借款来维持财政支出的状况。二是中央与地方争夺税收权，各种苛捐杂税纷繁复杂。

1912～1926 年，关税收入共达 91307 万元，但其中仅 1917～1926 年就支出偿付外债 52790 万元[1]，再加上一些地方截留关税，实际中央收入仅京师税务监督署所收税款。从盐税收入来看，1917 年以来，地方截留盐税现象日益严重，国家税收收入日益减少，严重影响了中央财政收入。此时，北洋政府标榜实行"立宪政治"，中央和地方政府要编制国家和地方的预算，在编制预算时，首先要确定国家和地方的财权划分和收入来源。然而，民国成立之初，时局动荡，旧章已废，新体制尚未建立，中央财政陷入困境，实行分税制既必要又困难。为给所谓的"自治行政"装点门面，北洋政府遂于 1913 年末制定了《国家税和地方税草案》，次年复加修订，公布施行，这是中国税收管理体制史上首次正式划分中央税和地方税。

经过这次划分，在现行税种中，田赋、盐课、关税、印花税、常关、统捐、厘金、矿税、契税、牙税、当税、牙捐、当捐、烟税、酒税、茶税、糖税、渔业税及其他杂税杂捐划为国家税；田赋附加税（不得超过正税的30%）、商税、牲畜税、粮米捐、油捐及酱油捐、船捐、杂货捐、店捐、戏捐、

----

[1]　王宏顺：《民国时期税收探析》，《光明日报》，2011 年 1 月 20 日，第 11 版。

车捐、房捐、乐户捐、茶馆捐、饭馆捐、鱼捐、屠捐、肉捐、夫行捐及其他杂税杂捐划为地方税。

在将来新设的税种中，印花税、登录税、通行税、遗产税、营业税、所得税、出产税、纸币发行税等税定为国家税；而营业附加税（不得超过正税的20%）、所得附加税（不得超过正税的15%）、房屋税、国家不课税之营业税、国家不课税之消费税、入市税、使用人税、使用物税等税定为地方税。同时规定，将来施行登录税时，现行契税、牙税等税应行废止；施行营业税时，现行牙捐、当税、当捐等税应行废止；施行出产税时，现行常关、统捐、厘金等税应行废止；施行房屋税时，现行房捐应行废止；施行营业附加税时，现行税种与课税对象有重复的应行废止。

国地税划分的主要原因有两个：一是增加中央财政收入，巩固国家财政基础。"整理财政之道，首在改良税制。改良税制之方，首在厘定两税。前清末季，中央征税悉委各省代征，国家财政之基础已不巩固。军兴以来，旧章既已破坏，新制尚待筹议，中央乏接济之财源，益陷于困难之域。故非厘定税目，而举应属于国家者作为国家税，由中央自为管理征收；应属于地方者作为地方税，由地方管理征收，则国家与地方之财政永无划清之一日。权限不清，即整理不能着手，头绪愈久而愈棼，弊害愈积而愈深，又安有增加岁入之望哉？"① 二是调整收入分配，缩小贫富差距。"本法预定赋税系统之雏形，为将来施行之基础，调和贫富，酌剂盈虚。创新税，即所以去恶税；改旧税，即所以废复税。数年之后，两税之界限，以划分而愈明；赋税之系统，以改正而益备。庶足追各国之成规，而进于完备之境软！第急则治标，欲求事实之易行，足以救目前财政紊乱之病而仍不失为永久之计划者，此本法之主旨也。"②

总的来说，这次划分的结果是一种相对集中的财政体制。田赋等十七项为中央税，商税等十九项为地方税，这样的划分应该说是重内轻外的，主要的税源基本上都收归中央，地方的税源不过一些杂细税种。不过，从税收现代化的角度来看，与传统的高度中央集权的税收体制相比较，这已经是一个很大的进步。主要税法的公布实施及修订情况的步骤如下。

---

①②　章启辉、付志宇：《北洋政府时期税收政策的演变及借鉴》，《湖南大学学报（社会科学版）》，2009 年第 2 期，第 104～108 页。

3.3.1 国家税与地方税的划分

1913 年，北洋政府出台修订的《国家税与地方税法草案》和《国家费目与地方费目暂行标准案》，同时拟定将来开征的税种，"以直接税为主，包括所得税、营业税和印花税"[①]。1914 年草案修改后，北洋政府在各地设立了国家税务厅，恢复了向中央解款制度，并将关税、盐税、印花税归入中央征收。这是中国税收管理史上第一次正式划分国家税收与地方税收。这次草案的提出与划分充分反映了北洋政府的集权意识，将最为重要的税收收入划归为中央政府所有，而一些旁枝末节的苛捐杂税等收入不高的税收划归为地方政府管理。然而，由于当时地方军阀势力强大，中央政府难以与其抗衡，在这种权力不对等的情况下，草案必然会遭到地方政府的反对和抵制。

1916 年以后，北洋政府开始陷入混乱局面，军阀割据，政治混乱，税制改革的进程也一直得不到持续。主要税种的征收效果和社会反响都不理想。首先是印花税，印花税在初期的税收负担较轻，且征收简单，收入稳步增长。军阀混战后期，中央与地方的矛盾凸显。地方政府截留中央资金，中央乱印税票强行摊派，这使得印花税为老百姓所厌恶。其次是营业税，营业税征收失败的主要原因是地方对裁厘的抵触和形势的动荡。最后是所得税，虽然财政部成立了专门机构负责所得税的征收，公布了细则和税目等，但仍未能落实所得税。究其原因，除了征税难等技术性问题外，地方政府各自为政的状况极大地阻碍了直接税改革。

3.3.2 整理田赋与减免税厘

在税收现代化的影响下，北洋政府开始整顿田赋。1914 年设立了全国经界局，次年设立了京兆经界行局，用于整理地籍，清丈土地。财政部责令各省合并性质相同的各类田赋税目，取消一些不合理的税目。各省将清代所发的屯田地券换为新券，以便于统一整理。同时，财政部还规定各省完纳钱粮均以银元计算，并规定了正税和附加之和，附加不得超过正税的三成。此外，允许按

---

① 林美莉：《西洋税制在近代中国的发展》，中央研究院近代史研究所 2005 年版，第 33～35 页。

田赋正额的 10% 作为征收费用，其他项目将取消。调整之后，北洋政府的田赋分为正税和附加。正税主要有地丁、粮、租课和杂课四大类。附加税虽按规定不得超过正赋的三成，但事实上，各地征收的田赋附加名目很多，其收入远远大于正赋。

厘金与苛捐杂税的存在严重阻碍了民族资本主义的发展，因此北洋政府农商部对于厘金和捐税进行调整和减免："凡属有望之品，予以特种便利，务期制造者之负担可以稍轻。"①

在机器仿制洋货物品方面，规定：机械制品西式货物输出外国者，免除一切税厘；机械制品西式货物运销国内者，于经过第一税局（海关、常关或厘金局）纳一次正税后，除京师崇文门落地税外，免除一切税厘；机械制品或货物之正税，或依现行输入税率缴纳，或纳从价 5 分，由纳税者自由选择，但棉制品照清咸丰八年之输入税率及光绪二十八年输入税率差征收。这一规定实施后，有许多企业得受其益。

对于土布、蚕丝等机制西式货物以外的产品，规定：手织棉布，减轻其出口税，并且免除内地税厘、50 里内常关税及沿岸贸易税；由芝罘输出之野蚕丝制品，免除出口税；草帽辫及地席，减轻出口税；纽带、发网及罐头，免除出口税及沿岸贸易税。此外，政府在此基础上又多次修改和减免，如对茶叶出口税，1915 年 2 月规定，在 1914 年 10 月 15 日由袁世凯批准实施"从前每担付一两二钱五分者，尔后减至一两"的基础上，"又减轻其特种制品之税"；1915 年初，再次将减半征税之草帽辫、地席的出口税减少，对其他五种出口品再次明确规定均免税；1918 年 10 月，对减免税厘土布的种类又作了进一步规定；等等。②

对于工业原料的征税，规定：上海制粉工业所用之小麦，至 1922 年 4 月，一律豁免通商各港间之关税；中华民国制糖公司所用之原料粗糖，免除落地税；中国产棉花，一律豁免沿岸贸易税；溥益制糖公司所用原料甜菜任何税厘一律豁免；龙烟铁矿公司所用之煤炭，任何税厘一律豁免。

---

① 《农商部呈大总统遵拟参议院整饬国货建议案办法文》，《农商公报》，1915 年第 6 期。
② 苏全有、张建海：《北洋军阀统治时期的政府行为与工业发展》，《南华大学学报（社会科学版）》，2001 年第 4 期，第 49～52 页。

在矿产税方面，《矿业条例》规定，矿产税按出产地平均市价纳 10‰～15‰不等，这比"前清之税率低至数倍"①。张謇在呈文《密陈矿业条例未便变更呈》中说："前清矿章煤税一项，系照出井产额每吨征银一钱。现在矿业条例颁布，煤税改就市价 15‰征收，以直隶一省计之，减收已逾银洋十万之数。以全国计之，其减收税额可想而知。"②《矿业条例》颁布后，一度遭直隶巡按使朱家宝反对。朱对减少矿业税提出异议，密呈袁世凯建议恢复旧税制。经张謇据理力争，不仅继续照例执行，而且对矿区税再度减轻，从而使领照办矿者"日形踊跃"③。

此外，北洋政府对某些新设的棉纺织厂给予了"免纳机器入口税"的优待政策。如 1920 年创办的天津裕大纱厂、宝成纺织公司设于上海和天津的 3 个纱厂，均有获得这一优待的明确记载。

3.3.3　整顿盐税与争取关税自主

《中国政府善后借款合同》签订后在五国银行集团的干预和操纵下，北洋政府建立了独立的盐税管理体系——盐务稽核系统。根据借款合同的规定，北洋政府在北京设立盐务稽核总所，内设华人总办和洋人会办各一名；在全国各产盐区设立盐务稽核分所，内设华人经理和洋人协理各一名。1914 年 2 月 9 日，北洋政府经过与五国银行集团交涉，颁布了《盐务署稽核总所章程》和《盐务署稽核分所章程》，标志着盐务稽核系统的正式建立。

为了规范和统一盐税的税率和税目，北洋政府于 1913 年 12 月 24 日颁布了《盐税条例》。条例规定：统一税率，盐税率为每百斤 2.5 元；规范税目，废除以前各种名目繁多的盐税课目，盐税"除依本条例征收外，不得另以他种名目征税"④；统一度量衡，将盐称重以司马秤 16 两 8 钱为 1 斤，每百斤为 1 担，每 16 担合计为英制 1 吨。以淮河为界，将全国产盐销盐地区划分为两大区，淮河以北为第一区、淮河以南为第二区。1915 年 1 月 1 日前，第一区

---

① 《矿税之过去与现在》，《东方杂志》，第 16 卷第 4 号。

② 苏全有、张建海：《北洋军阀统治时期的政府行为与工业发展》，《南华大学学报（社会科学版）》，2001 年第 4 期，第 49～52 页。

③ 沈家五：《张謇农商总长任期经济资料选编》，南京大学出版社 1987 年版，第 172～174 页。

④ 宋良曦、林建宇、黄健：《中国盐业史辞典》，上海辞书出版社 2010 年版，第 101 页。

税率暂定为每百斤2元，第二区仍按旧的税率征收。1915年1月1日起，全国统一施行新的税率。

1913年12月29日，北洋政府颁布了《私盐治罪法》，明确规定"凡未经盐务署之特许，而制造贩运售卖，或意图贩运而收藏者，为私盐"①。从法律角度，界定私盐的界限。根据犯罪情节轻重，量化处罚标准。它还规定，盐务官员和缉私警察如果参与走私食盐，也将受到处罚。同日，北洋政府颁布了《缉私条例》，明确了缉私警察的职责，细化了缉私办案程序，使缉私食盐有法可依。后又颁布《缉私官弁奖励惩戒条例》和《地方官协助盐务奖励惩戒条例》，加强对缉私警察和地方官员的缉私考核，明确奖惩办法。

1915年12月，北洋政府颁布了《私盐处置办法》，为防止查获的食盐再次流回市场，规定了被查获的非法食盐的处理办法。北洋政府建立了较为完善的缉私体系，明确了缉私部门和地方官员的缉私责任，在一定程度上打击了食盐走私，挽回了盐税的损失。

1918年3月2日，北洋政府为进一步增加盐税收入，发布了《修正盐税条例》。《修正盐税条例》将税率上调为每百斤3元，同时北洋政府根据之前颁布的《度量衡法》，将度量衡改为司马秤16两为1斤，并再次明确了不得以其他名目征收苛捐杂税的规定。在《修正盐税条例》施行过程中，虽然不同地区的税率、税目并没有真正实现全国统一，但在一定程度上改变了过去各地税率、税目混乱且差别较大的局面。

自第一次鸦片战争以来，中国的关税是按照《中英通商条约》规定的"值百抽五"的税率进行征收。而在辛亥革命后，关税自主的呼声日益高涨。然而，以南北对立为借口，列强提出海关应保持中立。北洋政府成立了海关联合委员会将关税交由总税务司代收并由外国银行保管。

第一次世界大战期间，北洋政府利用协约国希望中国参战的机会，颁布了适用于未与中国签订协定关税条约的国家的《国定关税条例》，这是中国历史上首次实现关税自主。第一次世界大战结束后，北洋政府在华盛顿会议上与与会国缔结条约，规定逐步恢复关税自主权，并逐步将进口税率提高到12.5%。

---

① 宋良曦、林建宇、黄健：《中国盐业史辞典》，上海辞书出版社2010年版，第69页。

北洋军阀政府为争取中国关税自主权也做出了一定的努力。1912 年、1913 年、1914 年，民国北洋政府三次向驻京各国公使提出修订税则的要求；1917 年，中华民国北洋政府在提高关税的条件下，加入协约国，对德国和奥地利宣战。中华民国北洋政府在巴黎和平会议上提出关税自治的要求。1921 年，民国北洋政府在华盛顿会议上再次提出"关税归中国"议案。

　　1925 年 10 月，在北京召开了关税特别会议。在北京举行的 13 国特别会议上，英、美、日等 12 个国家讨论了中国的关税问题，与会的协约国承诺将在 1929 年 1 月 1 日前解除协定关税，恢复中国关税自主，也允许中国于 1929 年实行"固定税率"。然而，在整个北洋政府时期，中国的关税是一种协定关税。此外，根据善后借款合同，关税主要用于保证偿还外债担保，剩余的"关余"作为内债担保，因此关税收入很难被政府使用。在这次会议上，关于中国关税的问题仍然没有得到有效的解决，但是相比较于华盛顿会议，中国在关税主权方面取得了较大的进步。而此次会议为 1927 年南京政府实施"固定税则"准备了条件。不得不说，自北洋军阀政府成立以来，虽然关于恢复中国关税主权没有取得多大进展，但却是为中国关税自主奠定了基础。

3.3.4　尝试创办新税

3.3.4.1　开设印花税

　　民国肇建，北洋政府决定实施酝酿已久的印花税，在清末《印花税则》的基础上制定了《印花税法（草案）》，由财政部报经国务院转呈临时大总统提交参议院议决，并于 1912 年 10 月 21 日正式公布。[①]《印花税法（草案）》是中华民国成立后，按照法定程序颁布的第一部印花税法，它对印花税的范围、数额、罚则等作出了明确规定，确立了印花税的税种本质是轻税重罚。

　　首先，确定了印花税的征税范围和类型。《印花税法（草案）》规定：凡财物成交，所有各种契约、簿据可用为凭证者，均须遵照本法贴用印花方为适法之凭证。把各种契约、簿据划分为两类，其中第一类为发货票、当票及银钱收据等 15 种，第二类为提货单、汇票、公司股票等 11 种，并按照相应的标准

---

① 饶立新、曾耀辉：《中国印花税与印花税票》（第二版），中国税务出版社 2002 年版，第 22 页。

缴纳印花税，有营业性质的各种官业也相应地应缴纳印花税。财物成交行为发生在草案公布之前免贴印花税，但如遇有诉讼时，仍应按照相应标准缴纳印花税。应贴印花之凭证，如不依法贴用，或贴用是未曾盖章、画押者，该凭证于法庭上无合法凭证之效力。印花税票分赭、绿、红、紫和蓝五色，分别代表1分、2分、1角、5角和1元等额度不等的印花。

其次，明确规定了印花税的贴用办法。《印花税法（草案）》第四、第五、第六条规定各种账簿、凭折的贴用办法。契据应由立契据人于授受前贴用，并加盖图章或画押于印花税票与纸面骑缝之间，如系合同两造各缮一纸，应依法各贴印花、盖章、画押，然后交换收执；账簿、凭折则应由立账簿、凭折人于使用前贴在开首向写年份之处，将某年字样，半写于印花税票票面，每本账簿、凭证以一年为限，如过一年仍旧接写，应作为新立账簿、凭证再贴印花。应贴印花之契据、凭折，如不依法贴用或不盖章画押者，对方须即退还，责令照章办理，否则于法庭上无合法凭证之效力。

最后，规定了违反《印花税法（草案）》的相应罚则。按照印花税的"轻税重罚"特性，规定：应贴印花之证件，如不依法贴用或未曾盖章、画押者，按照应贴数额罚贴印花100倍；所贴不足数额者，按照应补贴之数额罚贴印花50倍；揭下已经使用过的印花税票重新使用者，按应贴印花之数罚贴印花300倍；伪造或改造印花税票者，按照刑律中伪造纸币处罚。

1912年，北洋政府颁布《印花税法》十三条及《印花税法实施细则》，在北京试行，然后推广到其他地区。并规定印花税的征税范围包括契约、凭单、账折和其他商业票证，分别适用不同的贴花金额。后来印花税的征税范围又扩大了。1914年12月重修《印花税法》，印花税相关规定多次修改，扩大征税范围，提高税率。因此，印花税的收入大幅度增加，1913年不到6万元，1915年增加到360万余元，这是近代中国政府试图建立直接税制度的初步结果。

印花税实施十年来，出现了许多问题。1924年，财政整理委员会提交《整理印花税意见书》，对修改税法提出了整顿意见。次年又召开了全国印花税专业会议，通过了《整理印花大纲》和《修正印花税法草案》，提高了印花税税率，规范了税收征管。除了在全国范围内征收印花税外，北洋政府及其他地方政府还实施了适用于消费品的印花税征收办法，也就是印花特税。

无论是最初的税法修改，还是征收的机构设置、权力分配等方面，北洋政府对真正意义上从西方引进的印花税寄予厚望。印花税是国家税制中的一种国税（且是《国家税及地方税税法草案》中预备设立新税种之唯一付诸实施的一种）①，尽管征税收入多年来有所增加，但与其他西方国家相比，它还是落后了。面对这一困境，政府一直在想方设法鼓励征收印花税，但长期以来实施效果并不尽如人意。北洋政府已多次修改印花税，但收效甚微（见表 3.3）。1924 年后，一方面，中央置信用于不顾，滥印滥贴印花税票，各省强派勒销，滋事扰民，印花税被视为"苛捐"；另一方面，地方军阀越来越独立。财政部发行的印花税邮票收销后，各省不能据实向中央报告，大部分被各省截留，据统计，中央实收数还不及征收数的 1/4。②

表 3.3			1913～1924 年印花税收入情况		单位：元
年份	收入	年份	收入	年份	收入
1913	57561	1917	2780000	1921	3280000
1914	470000	1918	2741977	1922	3382252
1915	3640000	1919	3280000	1923	3004638
1916	2520000	1920	2990000	1924	3047168

资料来源：杨汝梅：《民国财政论》，商务印书馆 1927 年版，第 39～40 页。

究其原因：首先，开征之初，地方印花税收入提成比例大幅上升，使得摊销勒派印花税票严重。1914 年 11 月，财政部颁布了《印花税提成津贴办法》，以提倡官吏劝导商民购贴印花，该办法规定在印花税收入中，按照销售印花税收入酌提三成，备充办公费。地方印花税比重首次提高到 30%，与前期相比有较大幅度的提高。这样，虽然印花税的销售量增加了，但也导致了地方官员把售卖印花税票作为最终目的，各省财政厅领到印花税票后，摊给各县知事，各知事又摊给各乡镇，层层摊派，只求尽数出售并没有督促实贴，而商民认销后或认而不贴，或转而销售，有的甚至囤积观望或向外地销售。各地为了保护本地税源，只

---

① 马金华：《民国财政研究——中国财政现代化的雏形》，经济科学出版社 2009 年版，第 63 页。
② 黄天华：《中国财政制度史纲》，上海财经大学出版社 2012 年版，第 313 页。

有在所领印花税加盖省名或县名，以示区别，扰乱了正常的征收秩序。①

其次，北洋政府后期军阀混战愈演愈烈，导致中央与地方之间的一系列管理矛盾，即地方政府严重越权是其收缴效果不佳的主要原因。从印花税的实施过程来看，只有在民国初年才比较统一。袁世凯恢复帝制后，各省纷纷打着"反袁"的旗号宣布独立，地方开始拥兵割据，截留印花税款、私印、摊派印花税票印自此开了先河，直至后来愈加严重。南京国民政府成立后，这种混乱局面终于彻底结束。

再次，印花税征管过程中存在诸多管理问题，主要体现在以下几个方面。

（1）税法宣传管理的缺失。印花税的征税面十分广，主要是对交易行为进行课税。在印花税的征管过程中对商事凭证的稽核工作非常困难。因为政府和税务稽查员不能干预商家之间的交易，是否纳税取决于商家自身的诚信。因此，政府不能盲目地用惩罚的力量来恐吓商人。随着时间的推移，商民会对其感到厌倦和抗拒。北洋政府时期的各种印花税制度虽完备，但仍未取得良好的征收效果。这是一个很好的例子，所以关键是要让商人真正了解印花税的税收性质。让他们了解到，印花税的开征不仅是为了增加国家的财政收入，也是一项造福国家和人民的措施。在印花税的介绍和宣传方面，虽然设置了很多的宣传渠道并且配套了相应的组织机构，但是地方上的商户对印花税仍然是一知半解，这就存在一个管理缺失的问题。

（2）政府对印花税稽核人员专业素质训练的缺失。印花税实施后，普通农村小商人的日常账簿没有加盖印花。被稽核人员发现后，他们和强盗一样暴力，和地痞流氓没什么两样。尽管商民知道不贴印花是件违法的事，但面对暴戾的稽核人员他们经常也手足无措，只有通过贿赂他们息事宁人，这进一步助长了他们剥削商人的嚣张气焰，与印花税的原意背道而驰。②

（3）印花税票的印制、发行、销售管理的缺失，即管理不善导致私印私销印花税票严重。特别是1923年4月上海《民国日报》和北京《京报》先后揭露出时任财政部印刷局局长薛大可和库藏司司长胡仁镜向财政总长刘恩源请

---

① 饶立新、曾耀辉：《中国印花税与印花税票》（第二版），中国税务出版社2002年版，第52～53页。

② 铭礼：《印花税研究》，《银行期刊》，1925年第2期。

示加印 1 分、2 分印花税票共 500 万元作为税票周转抵押之用并得以批准。消息传出后，整个国家一片哗然，外界得知印花税是一个巨大的收入来源，有关军政部门先后要求财政部门印制。财政部先增加了印刷，难以拒绝各部门的要求，导致各部门形成了一波印刷风潮，那年的 4~5 月，财政部向各机关和各省发行的印花税票高达 4000 万元，而且大部分都是低价出售的。①

最后，税法本身存在许多不合理的设置。一是税法的任意改变超出了立法程序。印花税法实施后，通过行政命令、规定和法令解释等方法修改颇多，由此超出了税法的范围。因为税收立法并不只是政府用行政命令颁发相应的法律、法规使征税客体产生威慑力就可以的。法律是否合理必须经过一个论证程序，使公众广泛参与立法过程，1925 年 8 月召开的全国印花税专业会议通过了《整理印花大纲》，试图通过立法程序对原印花税法进行修订，但遗憾的是，由于频繁的政治变动，修订后的印花税法草案未能及时实施。二是税率的调整完全是由于国家需要充足的财政。1912 年颁布的《印花税法（草案）》免除了 10 元以下的各种簿据和凭证的印花税。然而，自 1913 年印花税在全国推行以来，效果并不明显，因为当时经济发展缓慢，10 元以下的凭证很多，一些商家容易钻法律漏洞，将 10 元以上的账簿转移到其他账户。因此，1914 年 12 月以后，10 元以下簿据征收一律贴用印花 1 分。1921 年 7 月以后，财政部规定各种单据一律自 1 元以上贴用印花。虽然这一时期税率的提高幅度不大，但由于印花税税源广泛，是为国家筹集资金的有效途径。此外，印花税征收也具有明显的半殖民地性质。自北洋政府征收印花税以来，一直迁就西方列强，对租界内的外商实行免贴印花。② 只对租界内的华商征收印花税，使税源大幅度减少，印花税金额大打折扣。

北洋政府时期，虽然财政混乱，但国家与地方之间的财政划分明显，在赋税方面尤为突出。在这一时期，有许多协定和法令。尽管由于种种客观原因，这些措施并没有完全实施，但与清朝的税制相比，这些措施不仅前进了一步，而且对后来的国家和地方财税划分产生了深刻的影响。

---

① 饶立新、曾耀辉：《中国印花税与印花税票》（第二版），中国税务出版社 2002 年版，第 53~54 页。
② 孙翊刚、董庆铮：《中国赋税史》，中国财政经济出版社 1987 年版，第 336 页。

3.3.4.2 尝试开办营业税

为解决中央财政困难，在改革旧税制的同时，北洋政府还模仿西方国家的税制。财政部税法委员会和财政研讨会计划制定营业税立法。经财政部等有关部门详细讨论研究，决定效法美国征收特种营业税，并于 1914 年颁布《特种营业执照税条例》，列入课税范围的有皮货业、绸缎业、洋布业、洋杂货业、药房业、煤油业、金店银楼业、珠宝古玩业、旅馆业、饭庄酒馆业、海菜业、洋服业、革制品业十三个行业。① 按照规定，特种营业税税率按营业总收入分为三等十三级：营业总收入在 10 万元以上者为一等营业，分为四级，每年分别纳税 1000 元、500 元、375 元和 250 元；营业总收入在 1.5 万元以上至 10 万元以下者为二等营业，分为四级，每年分别纳税 125 元、75 元、50 元和 37.5 元；营业总收入在 1.5 万元以下者为三等营业，分为五级，每年分别纳税 25 元、12 元、7.5 元、2.5 元和 1 元（见表 3.4）。

表 3.4　　　　　　　　　　**1914 年特种营业税税率等级**　　　　　　　　单位：元

等　级		营业总收入	年税金额
一等营业	第一级	400000 元以上	1000
	第二级	200000 ~ 400000	500
	第三级	150000 ~ 200000	375
	第四级	100000 ~ 150000	250
二等营业	第一级	50000 ~ 100000	125
	第二级	30000 ~ 50000	75
	第三级	20000 ~ 30000	50
	第四级	15000 ~ 20000	37.5
三等营业	第一级	10000 ~ 15000	25
	第二级	5000 ~ 10000	12
	第三级	3000 ~ 5000	7.5
	第四级	1000 ~ 3000	2.5
	第五级	1000 元以下	1

资料来源：《特种营业执照税条例》（1914 年 7 月 27 日）。江苏省中华民国工商税收史编写组、中国第二历史档案馆编：《中华民国工商税收史料选编》（第 5 辑上册），南京大学出版社 1999 年版，第 376 页。

---

① 《财政部拟定特种营业税之内容》，《申报》，1914 年 7 月 14 日，第 3 版。

在颁布《特种营业执照税条例》之后，北洋政府财政部于 1915 年 9 月 26 日颁行了《普通商业牌照税条例》，并于 1925 年制订了《普通营业税草案》。根据《普通商业牌照税条例》的规定，除贩卖烟酒及牙当各商外，均应一律遵例缴纳普通商业牌照税，其税率"由该管征收官署视市面衰旺、营业大小"分为八个等级定额征收：一等年征 20 元，二等年征 16 元，三等年征 10 元，四等年征 8 元，五等年征 6 元，六等年征 4 元，七等年征 2 元，八等年征 1 元。[①] 根据《普通营业税草案》的规定，厂商无论是在本国内地还是租界内，都要缴纳营业税。税率标准为：200～500 元之间，年税额为 1 元；500～1000 元之间，年税额为 2 元；1000～3000 元之间，年纳税额为 4 元；3000～6000 元之间，年纳税额为 6 元；6000～8000 元之间，年纳税额为 8 元；8000～10000 元之间，年纳税额为 10 元；10000 元以上，按 30‰缴纳税金。[②] 以上规定在税率设计上主要采用定额税率。

定额税率能够减少一些烦琐手续，"在国家可少调查之烦，在人民得免苛征之扰"[③]，但也存在一些缺陷，未能充分考虑各门店经营规模的差异。如果甲商店营业额 5.5 万元，乙商店营业额 9.5 万元，按照 1914 年的税率标准，两店的应纳税额均为 125 元，但前者的实际税负为 2.27‰，后者的实际税负仅为 1.32‰。如此大的税负差异，显然有悖于税收公平原则。

事实上，在这期间征收的只是营业执照税，而不是针对商业活动（即营业额）征收的。1915 年，由于特种营业牌照税遭社会各界抵制而效果不佳，这就相当于征收失败，于是又创设普通商业牌照税，规定"除了贩卖烟酒及牙行铺等已经领有照贴的商家之外，其余各业一律依其分等缴纳税金"[④]，试图通过降低税率、扩大税基来推动营业税的实施，但由于社会动荡和各方的反对，最终还是失败了。

3.3.4.3　筹办所得税

所得税具有税负公平、普遍纳税、收入确定、征缴灵活方便等优点，被世

---

①　《北洋政府财政部拟开办普通商业牌照税致大总统呈》，《中华民国工商税收史料选编》（第 5 辑上册），1915 年 9 月 26 日，第 383 页。

②　《财政部新拟普通营业税草案》，《银行周报》，1925 年第 9 卷第 40 期，第 29 页。

③　《特种营业执照税之大略》，《中华实业界》，1914 年第 10 期，第 4 页。

④　国民政府财政部：《财政年鉴续编》（上册），商务印书馆 1943 年版。

界公认为一种良性税种。所得税创始于19世纪初的英国，当时正值英法战争时期，英国政府为筹措战费，于是开征了所得税。后来，德国、澳大利亚、俄罗斯、加拿大、美国等国也因为战争需要而开征所得税。由于所得税的强大生命力，推广速度越来越快。如今，所得税已成为大多数国家和地区的主要税种。

中国直到清末才有实行所得税的倡议，但屡议屡辍。清末，朝廷就开征所得税展开了热烈的讨论，为其进入中国做好了舆论准备。1910年，为了改善税制结构、缓解财政压力，清政府度支部仿效西方列强的所得税制度，交由资政院审议。虽然拟定了《所得税章程草案》，但是始终都没有通过。不久辛亥革命爆发，清王朝统治被推翻，引进所得税计划也随之破产。

民国成立后，辛亥革命胜利的果实被代表帝国主义、大军阀、大官僚、大地主利益的袁世凯偷走了。历史进入北洋军阀统治时期。在这期间，中国的政治社会仍然混乱不堪。中央政府没有稳定的财力，但军政开支仍然巨大。政府迫切希望通过所得税和其他新税种开辟新的收入来源，以缓解财政短缺。民国初期，关于新政权将要建立的财政制度曾引起激烈讨论，由于所得税有"国家最良税法"的美称，人们普遍认为所得税的征课对象必须是稍有资历者，没有达到课税标准的贫民可以免征个人所得税者，税负应该由社会中产阶级以上的人来承担。它能调节贫富，公平灵活；它可以作为中央政府的主要收入。[1] 周学熙担任财政总长时，以"公平普及、人人平等纳税"为原则，仿照日本所得税法，于1914年1月颁布《所得税条例（27条）》，并于1915年8月颁布《所得税第一期施行细则（16条）》，但都没有得到实施。袁世凯称帝后，这些税则成了一纸空文。因此，备受世界赞誉的好税，在引入中国时遇到了困难，筹备工作并不顺利。[2] 1920年7月，北洋政府财政部设置了所得税筹备处，并在1921年6月颁布了《所得税条例施行细则》及《所得税分别先后征收税目》，要求全国各地立即开征。当时财政部还测算，开征后，全国税收收入每年将达到500万元。人民肯定有能力纳税。只要地方政府适当筹集资

---

① 胡瑞霖等：《论增税为今日之必要及所得税之优点》，《东方杂志》，1912年第9期，第45~46页。

② 郝庆元：《周学熙与民国初年的税制改革》，《天津社会科学》，1990年第1期，第67页。

金，每个省分担 30 万～40 万元，预算就可以完成。① 但此举立刻招致各地议会及民间商会的反对，它们纷纷致电反对包办式的所得税。《所得税条例》虽然是 1914 年 1 月颁布的，但此时国会已经解散。这项法律没有得到国会的通过，也没有法律形式。不具备法定资格，政府也不能以行政命令强制人民履行纳税义务。因此，财政部不能号召全国开征新税，老百姓也没有必要执行未经国会通过的非法新则。② 为了平息商人的反对，财政部一方面宣布所得税不是新税种，而是民国元年"已定但未征"的税种，以堵住法理上的漏洞；另一方面，提出所得税款将用于教育事业和实务服务，从而赢得人民群众的支持。不过，商民质疑北洋政府所谓的专款专用的意图。他们认为，财政部以扩大教育经费为借口推诿是因为所得税实施不容易，倘若今后实行所得税后有巨额收入，政府肯定会以其他方式挪用。③ 因此，各地商人仍然反对征收所得税。

然而，1914 年是中国所得税立法的开端。当年 1 月，北洋政府共颁布了 27 项《所得税条例》，规定了税收范围、计算方法、税率水平、免税规定、纳税期限、调查方法、决议程序、申报程序和审查机构，为所得税的实施打下了坚实的基础。《所得税条例》颁布后，由于条例的不完善和缺乏实际操作性，在征收所得税方面存在诸多障碍。社会各界普遍反映，所得税征收范围过宽，程序过于复杂。对于商人和民众来说，接受和实施所得税并不容易。1920 年 7 月，北洋政府财政部设置了所得税筹备处，并在 1921 年 6 月颁布了《所得税条例施行细则》及《所得税分别先后征收税目》，率先在北京开征官俸所得税，且多为官吏薪俸扣缴部分，但效果仍不明显。随着财政困难的加剧，官员薪俸难以保证，官俸所得税时征时废，所得税的推行也陷入僵局。清末民初，所得税之所以未能开征，不仅是由于民众的无知、经济落后、社会动荡、政府软弱等客观环境因素造成的，同时也受到所得税法本身及其配套规则的缺陷的制约。所得税制度的内容比较复杂，工商组织不健全，新的会计核算方法没有普及，严重制约了所得税的积极作用，大大削弱了公众对这种好税的认同感。所

---

① 《财政部催办所得税之通令》，《申报》，1920 年 9 月 16 日。
② 濯缨：《吾国所得之沿革制度及其筹办近状》，《银行周报》，1920 年第 4 期，第 56～57 页。
③ 沧水：《所得税之励行》，《申报》，1920 年 11 月 14 日。

得税之所以这么被引进并提出立法，是因为中华民国政府急需弥补财政赤字。据杨荫溥在《民国财政史》中统计，1916年，列入政府预算的财政赤字为4050万元，占全年支出的9%；1925年，财政赤字达到1728万元，占全年支出的27%，但实际赤字远远超过统计数据。虽然政府发行债券和借款来弥补暂时收入，但这不是长久之计，政府不得不筹划开征新税。在税目多、税率高的情况下开征新税，名义上用于教育公益性支出，实际用于军费支出，因此遭到地方和商会的抵制。

此外，从法律角度看，商人和民众反对征收所得税有两个原因：一是质疑所得税征收的违法性和不公平性；二是税收征管技术存在税率不公、使用不确定、登记法不完备、商业设备不完善、详细调查困难等五大弊端。当然，最重要的原因是对政府的普遍不信任。众所周知，北洋政府因为财政困难而征收所得税。然而，政府一再宣称"为民兴教育，为民兴事业"，令民众感觉政府不以诚信待民。在商民全面抵制的情况下，北洋政府最终只能对所属机关官吏的俸给征收所得税，1921年的税收收入为银元10310.67元。此后的征收工作，因军阀混战而时征时废，直到国民政府定都南京才再度开展所得税的规划工作。[1] 北洋政府在准备征收所得税方面效果不佳，关键在于政府本身的论据不足以说服公众。[2] 社会经济发展状况是税制选择的依据，是税制发展改革的源头活水，是决定税制发展改革方向和特点的决定性因素。民国初年设立所得税的失败，使我们认识到，要想成功实施所得税，必须加快经济发展，不断提高人民素质，加强税法宣传教育，并采取相应的配套措施。

3.4　税收立法的效果评析

1912～1926年北洋军阀统治时期，中央政府很难在促进国民经济发展中发挥积极作用。然而在此期间，中国的经济增长是毋庸置疑的，尽管人们很难将经济发展与北洋军阀的黑暗统治联系起来，但北洋政府在中国的经济发展中不是完全没有作为的。在20世纪初期，中国的社会环境发生了变化，反而充

---

① 杨必立：《反对所得税》，《申报》，1920年11月20日。
② 胡善恒：《赋税论》，商务印书馆1935年版，第439页。

分调动了各种社会因素，形成了一支综合的社会力量，促进了这一时期中国经济的缓慢发展。通过税收立法的推进与实际施行，它一方面增加了中央和地方的实际税收，另一方面也促进了国民经济的发展。

3.4.1　税收政策的实施效果

3.4.1.1　中央税收收入情况

由于北洋政府时期各年度均未列预算，这一阶段的税收收入只有按中央政府实收税款计算。根据贾士毅的《民国财政史》和《民国续财政史》统计，北洋政府时期税收收入见表3.5。

表3.5　　　　　　　　　**北洋政府时期税收收入**　　　　　　　单位：万元

年份	田赋	盐税	关税	常关税	货物税（厘金）	印花税	烟酒税	杂税	杂捐	合计
1911（北洋）	270	—	47336	—	—	—	—	129334	505	177445
1913（北洋）	82404	77566	68224	—	32711	—	—	37863	3944	302712
1914（北洋）	79228	84880	79403	—	34186	—	—	57612	4947	340256
1916（北洋）	97554	84771	72346	—	40290	—	—	108649	18564	422174
1917（北洋）	—	81214	61104	—	—	2520	14014	10360	—	169212
1918（北洋）	—	89831	58153	6359	—	2780	12531	5755	—	175409
1919（北洋）	90549	98815	81664	12300	39251	8158	36621	28472	8244	404074
1922（北洋）	—	99238	93815	6908	—	3382	15070	6289	—	224702
1923（北洋）	—	92061	101607	7184	—	3005	—	6289	—	210146

续表

年份	田赋	盐税	关税	常关税	货物税 （厘金）	印花税	烟酒税	杂税	杂捐	合计
1924 （北洋）	—	81433	111352	6682	—	3048	—	—	—	202515
1925 （北洋）	90081	98859	100019	20347	45699	5864	40732	30188	4769	436558
1925 （国民）	3018	8915	275	—	11895	3042	2442	25222	—	54810
1926 （国民）	—	—	—	—	—	—	—	—	—	19093

注：（1）1915 年因为适用会计年度上由原来的农历年改为公历年，资料仅有下半年数据，故缺少该年税收收入总数。（2）北洋政府初期（1913～1916 年）关税收入含有常关税在内，故缺少该项收入。（3）北洋政府初期未开征印花税和烟酒税，故缺少该两项收入。（4）北洋政府中后期(1917～1925 年）田赋收入多为地方截留，故数据不全。（5）北洋政府中后期货物税（厘金）各省制度混乱，名目不一，故数据不全。（6）1925 年有两个税收收入数，前者系北洋政府收入，后者系广东国民政府收入。（7）1926 年收入数为武汉国民政府收入，仅有税收总额，缺少具体税目数据。

从上述税收情况可以看出，北洋政府前期中央财政收入基本高于中后期，主要原因是中后期北洋政府威信下降，地方军阀严重脱离中央，而占中央政府收入最大比重的田赋难以正常收取。而田赋、关税、盐税占税收总额的 3/4 以上，是当时最重要的税种。货物税收入的绝对值和比重逐年提高，烟酒税也呈上升趋势。总的来说，北洋政府的税收制度是一种简单的间接税制度模式。田赋收入即便是具有直接税的性质，但不是现代意义上的直接税。但是，与以往的税制相比，它有了很大的进步，向现代化迈进了一步。

3.4.1.2　地方税收情况

北洋政府时期，由于各省财权各自为政，税种名称不同，管理机构不统一，中央政府很难对地方税的总体情况进行统计。地方财政部门很少统计，现有历史文献只有1915 年、1916 年的实收数和各省某一年度的预算岁入数，从中我们可以看出各地的税收情况（见表3.6）。

表 3.6　　　　　　　　　北洋政府时期各地税收情况　　　　　　　　　单位：元

省（区）	1915 年税收收入	1916 年税收收入	某一年度岁入数
京兆	1134646	1193690	945680（1924 年）
直隶	19948843	—	9670894（1924 年）
奉天	—	—	13401426（1921 年）
吉林	2823777	4779668	8294824（1923 年）
黑龙江	2806098	5184843	6788128（1923 年）
山东	13525430	11552369	10495054（1923 年）
山西	6210561	8594216	7489079（1924 年）
热河	—	—	991554（1923 年）
察哈尔	535777	522442	590738（1923 年）
归绥	978294	—	545207（1923 年）
河南	6760683	8473051	10215346（1923 年）
陕西	4705094	5695720	5673806（1923 年）
湖南	9571599	4800879	6072996（1919 年）
湖北	10801096	12421520	8347444（1923 年）
浙江	16582506	16343981	12199868（1921 年）
江苏	15370185	18585897	17551031（1923 年）
江西	8835943	8254952	8202810
安徽	7305495	9788354	6799829（1924 年）
云南	3139507	2805772	2219988
贵州	2423918	4485266	1573946
四川	—	—	12747834
川边	—	168426	492728（1923 年）
广东	16626092	—	12711737
广西	4379076	—	4109501（1921 年）
福建	6284519	5576249	6023318（1924 年）
新疆	3823739	3782545	2306308（1923 年）
甘肃	3265050	3348646	2958505（1924 年）

　　资料来源：北洋政府财政部档案，藏于中国第二历史档案馆，北京《晨报》民国 14 年（1925 年）
2 月 18 日。转引自付志宇：《中国近代税制流变初探——民国税收问题研究》，中国财政经济出版社
2007 年版，第 102～103 页。

从以上统计数据可以看出，当时的税收收入与地方经济发展水平密切相关。经济发达的省份也是地方收入位居前列的地方，如江苏、浙江等沿海省份以及四川、河南等幅员辽阔、人口众多的省份。排在最后的是人口稀少的地区，如热河、察哈尔等内地省区以及甘肃、新疆等一些民族省区。当然，地方税收收入的多少也与地方政府征管的范围和力度有关，各地征收的税种不同，征收管理水平也不同，因此还需要考虑到其他与经济发展状况没有必然联系的因素，如政策性因素、操作性因素等。

3.4.2 税收立法对民族经济的影响

3.4.2.1 农业

北洋政府统治时期，军阀割据，严重影响了农业生产的发展。即便这样，在这一时期，长江流域各省年产水稻仍达到 2.3 亿余万石。由于农业机械化和大规模的荒地复垦，全国水稻年产量估计在 3 亿万石以上。[1] 1914 年，全国小麦产量为 26585 万石，至 1919 年增加为 58336 万石[2]，足足增长了一倍多。到了 20 世纪 30 年代初，红薯产量翻了一番多。此外，各种经济作物的产量也有所增加。1909～1929 年，棉花、油菜籽和玉米的种植面积分别增长了 7 个、12 个和 5 个百分点。其中，为适应我国棉纺织业的发展、抵御外国棉纺织业的入侵，我国棉花种植业得到了倡导和鼓励。1919～1929 年，棉花种植面积占全国耕地面积由 11% 增加到 18%。[3] 此外，烟草产量也有很大增加，1917～1927 年，鲁、豫、皖三个省烟叶产量由 1300 万磅增至 7000 万磅。[4] 随着近代商品经济的发展，长江下游沿海地区的盐垦业和全国许多地区的农垦业也迅速发展起来。1912～1921 年，东北地区"连续不断来自各省并在满洲定居下来的移民，已经开垦了从前人迹未到过的地方"，在江苏"南自扬子江口之吕四场，北至海州之陈家港，其间 200 英里沿岸之地相继开垦，成立公司"[5]。

---

① 侯厚培：《中国近代经济发展史》，上海大东书局 1929 年版，第 74 页。
② 秦孝仪：《中华民国经济发展史》，近代中国出版社（台北）1983 年版，第 280 页。
③ 秦孝仪：《中华民国经济发展史》，近代中国出版社（台北）1983 年版，第 283 页。
④ 章有义：《中国近代农业史资料》，三联书店 1957 年版，第 202～203 页。
⑤ 章有义：《中国近代农业史资料》，三联书店 1957 年版，第 656～661 页。

富农从农村分化出来，形成了富农经济。这种经济虽然不稳定，但代表了农村经济发展的新趋势。在打破旧的农村经济秩序的同时，可以继续向新农村渗透商品经济。其表现为：一是农产品商品化扩大。为了增加收入，农民提高了经济作物种植比例，农作物流通也进一步加强。二是随着交通运输业的发展，国内市场不断扩大，产品可运往沿江沿海商埠。三是国际市场的需求和便捷的交通运输增加了农产品的出口量。

农业机械化的发展也是农业发展的标志。根据海关历年农机进口量报告，1912 年为 6 万海关两，1916 年为 20 万海关两，1922 年为 70 万海关两。1912～1927 年，总共输入农业机械价值 710 万海关两。[①]

3.4.2.2　工矿业

1911 年以前的中国工业，"除少数兵工厂外，大约有 75 个工矿业（如缫丝厂、轧棉厂、纺纱厂、面粉厂、火柴厂和造纸厂）和 33 个煤矿、金属矿"[②]，而且这些厂矿"均建于 1872～1894 年"[③]。从 1895 年起，华资工矿业数量有了一定增加，但从绝对数量上看，"与 1918～1922 年时期开始生产的新企业相对地大量涌现的情况相比也不算多"[④]，1913～1928 年，中国公司在全国公司企业中的比例由 7% 上升到 22%，到 1928 年，全国工业总产值比 1912 年增长了近 6 倍。

1912～1920 年，工矿业处于稳定发展阶段，我国民族工矿业得到了前所未有的发展，企业数量和资本都有了实质性的稳定增长。据统计，在 1913 年前，全国登记的工矿企业有 698 家，资本为 33082 元，工人有 20 万多人。到 1920 年，全国工矿企业增加到 1759 家，资本额 50062 万元，分别增长了152% 和 51%。工人增加到 56 万多人，增长了 167%。其中纺织业和面粉业发展尤为迅速。1913～1920 年，新设面粉厂 47 个。[⑤] 从 1915 年起，面粉从历年

---

① 章有义：《中国近代农业史资料》，三联书店 1957 年版，第 410 页。

② ［美］费正清、刘广京：《剑桥中国晚清史（1800－1911）》，中国社会科学出版社 1985 年版，第 40 页。

③ ［美］费正清 刘广京：《剑桥中国晚清史（1800－1911）》，中国社会科学出版社 1985 年版，第 44 页。

④ ［美］费正清、刘广京：《剑桥中国晚清史（1800－1911）》，中国社会科学出版社 1985 年版，第 45 页。

⑤ 陈真、姚洛：《中国近代工业史资料》，三联书店 1961 年版，第 55～56 页。

入超变为出超，1915～1920年，出超量由5.79万余担增至344.97万余担，增加了58倍以上。其他轻工业如缫丝、火柴等行业也得到了较大发展。此外，重工业如采矿、运输业等也有相当的发展。在此期间，工业年平均增长率高达13.4%。①

1921～1928年，企业数量仍有较大幅度增长，但企业总资本增长不大。我国工矿业进入缓慢发展阶段。由于进口的急剧减少，棉纺业、火柴业和机械制造业迅速发展；面粉、锑钨矿等行业出口大幅增长，加快了发展；卷烟、水泥等新兴产业依靠国内市场拓展。

3.4.2.3 运输业

辛亥革命结束后，孙中山就提出在维护主权的前提下，利用外资修建自己的铁路。袁世凯及其继任者遵循这一政策，举债修建铁路。虽然这些款项没有完全用于铁路建设，但中国的铁路里程在16年内增长了35.5%。1912年，只有600辆火车机车，而在1925年达到了1131辆；客车也由1067辆增加到1803辆；货车由8735辆增加到16718辆。1912～1927年，中国人修建了3605千米的铁路。在此期间，政府实行铁路国有化、统一管理、联运政策。提高了铁路运输能力。1915～1927年，全国国有铁路营业盈余达54607万元，成为北洋政府一笔可观的财政收入。

与此同时，我国公路运输业也取得了长足的进步。1913年，中国几乎没有公路。1921年，中国只有1185千米的公路，而1928年，达到了2.1万千米。北洋政府统治时期，全国共修筑公路29625千米。随着现代公路的建设，一些官营汽车运输公司成立，1918年，北洋政府设立西北汽车行驶事宜处（简称西北汽车处），1924年在淮阴成立江北路政总局附设长途汽车公司等。铁路里程从1911年的9292千米增加为1920年的10954千米，1923年达11800千米。

在航运业中，虽然我国的航运公司和船舶货运量并不占主导地位，但在规模和数量上仍有较大发展。1915年，中国华侨华人成立了中国邮船公司，首次以万吨级的船舶开辟了中美邮轮横渡太平洋的航线。从船舶数量看，1924

---

① ［美］章长基：《解放前中国工业的发展》，芝加哥，1969年，第71页。

年，不包括远洋不定期航行的公司和船舶共有企业 42 家，船舶 73 艘，总吨位 131107 吨，其发展趋势十分迅猛。此外，在三北轮埠公司、政记轮船公司、东北三江的戊通航业公司等大型航运企业崛起的同时，内河和沿海航运也呈现出明显的增长。

在运输方面，启新公司与各铁路局和招商局均订有减收运费合同，"一般按七八折收费"。政府为启新公司在原料价格和产品销售等方面提供特权和优惠条件。这些优惠政策，在很大程度上降低了企业产品的成本，有效地促进了企业的发展。北洋政府时期军阀混战，但政府高层人士如周学熙等，利用政府给予的一部分权利，为中国近代经济的发展作出了辉煌的贡献。

3.4.2.4　金融业

商业的不断发展，对金融业的要求也随之提高。而在商业的流通中，需要大量资金来运作。辛亥革命后，民国政府就把原大清银行和成立于 1908 年的交通银行改组为中国银行和新的交通银行。

中国银行创建伊始，"实际资本不过 300 万元"。后来又通过招商进行增资扩股，到 1920 年，其资本金达到 1229 万元。此后，总行陆续在各地省市设立分公司。新的交通银行由于拥有铁道、航运、邮政、电报四个系统的存款业务专权，资本实力雄厚。之后，随着我国邮电交通产业的发展，交通银行的实力进一步增强。除上述两大行外，政府还设立了 7 家专业银行，资本金 7000 万元。与此同时，地方银行和私人银行也得到了发展。[①] 在地方上，各式银行纷纷冠名建立。1915～1921 年，中国新设银行 124 家，其中著名的上海商业储蓄银行、中南银行等大银行均在此时建立，我国银行业也进入了一个快速发展的时期。这些银行成立后，并没有完全被地方军阀控制。有一部分银行利用政府提供的充足资金，开展合法存取汇兑信贷业务，调整资本流动，支持地方产业发展，同时实现自身发展。辛亥革命后，私营银行迅速发展。在辛亥革命前的 15 年里全国共新开私营银行 17 家，1912～1927 年的 15 年间，新增加了 186 家私营银行，资本总额从 3600 多万元增加到 1.58 亿元以上。而由于战火连年，军阀们为了扩大战争经费，大量发行各种债券，私营银行也进行投机活

---

① 陆仰渊、方庆秋：《民国社会经济史》，中国经济出版社 1991 年版，第 98 页。

动乘机经营各种债券，这促使了私营银行的发展。

在货币方面，1914 年，北洋政府发行的"袁大头"取代了龙洋，成为主要流通货币，"紊乱的货币流通有所改善"。此外，"一些主要城市出现了各种类型的交易所，从事国债票、股票、公司债券票及各种物品的交易活动"。据估计，1913 年中国总资本价值为 29.9 万元，而到 1920 年则迅速增长为 48.1 万元。其中，工业投资由 2.9 万元增加到 5.6 万元，增长近一倍；交通运输业资本增长了 41%，由 4.8 元增长为 6.8 万元；商业资本增长 42.7%，由 16.6 万元增长为 23.7 万元；金融业资本增长超过了 120%，由 56 万元增长为 126 万元。①

3.4.2.5　商业

民国初年，农、工、手工业品的商业化程度随着经济的发展逐渐加深。随着国内市场的不断扩大，许多新的商业城市相继建成，一些商业中心周围形成了若干规模较大的商业经济区。

1912～1928 年，新式商业集团和民族商业集团的出现，成为中国商业近代化的重要标志。近代新式商业主要出现在中国沿海一些工业发达、交通便利的大城市。广州、上海等地出现了一批主营工业产品的大型百货商店。在其影响下，我国许多商业部门逐渐转向工业品的经营，这使得商品生产工业和商业关系更加密切。在这一过程中，一些工矿企业意识到商业利润高，开始将部分资本投入到商业中，商业资本占比逐步提高。此外，一些资本持有人干脆成立商业资本集团从事商业活动。这些新型商业集团组织严密、分工合理、管理创新、各项规章制度制度化，具有强烈的资本主义时代特征。随着农产品商品化和交通运输业的发展，乡镇商业普遍具有小本经营的色彩。

"农产品的商品化过程，通常是从经济作物和园艺作物的商品性生产及扩大开始，由此推动粮食商品化以及农业区域分工，社会分工的发展。"北洋军阀统治时期，农产品商品化的发展也经历了这个过程。这一时期，全国形成了以若干个通商口岸为中心、铁路干线和部分河流为轴线的商业化农业区。在这些农业区内，"农业或多或少带有职业性生产的性质"。根据吴半

---

① 黄逸平、虞宝棠：《北洋政府时期经济》，上海社会科学院出版社 1995 年版，第 15 页。

农《从工业之程度观察目前中国经济之性质》一文估算，1913年国内产品流通量为9.3亿元，1920年为14.9亿元，1925年为21.6亿元，13年增长了1.3倍。①

虽然北洋政府时期社会动荡，政局不稳定，但在这样一个特殊的社会历史环境下，中国的经济仍然快速发展。政府对中国的经济发展并非完全没作用，特别是在税收立法方面还是比较积极的，充分调动辛亥革命的作用、国际市场变化等各种社会因素，形成合力，共同推动这一时期中国经济快速发展。

---

① 汪敬虞：《中国近代经济史（1895－1927）》，人民出版社2000年版，第897～899页。

第 4 章

税收立法的完善与近代中国经济的
飞速发展（1927~1937 年）

南京国民政府成立后，由于政府采取了一系列积极的财经政策，规范了经济秩序，在南京国民政府前期，我国近代国民经济取得了一定程度的增长。新成立的财政部进一步改进了税收征管制度，税收总量逐年增加，同时，国民政府大力发展我国资本主义工商业，许多经济指标创下了历史新高，开创了国家各个方面全面发展，被誉为"黄金十年"的短暂盛世。

4.1 南京国民政府前期的经济及财政状况

1927 年后，蒋介石在帝国主义的支持下叛变了革命，发动了反革命政变，窃取了政权，建立了国民政府，代表了大地主、大资产阶级的利益，中国进入了国民党新军阀时期，在政治、军事上对人民进行残酷的镇压，同时经济上勾结帝国主义，建立起了蒋、宋、孔、陈四大家族为代表的国家资本主义，集中了巨额财富，控制了全国的财政、经济命脉。

南京国民政府成立后，国民政府分别于 1928 年 6 月和 8 月召开了全国经济和财政会议，颁布了一系列的财政经济政策，如统一财政、划分财政收支体系、整顿税收、统一币制、加强国民经济基础建设及培养财源等，这些政策措施在一定程度上规范了经济秩序，促进了国民经济的发展。据统计，1912~1949 年，平均国民经济增长率为 5.6%，其中，1926~1936 年为 8.3%，

1928～1936 年为 8.4%，这说明了这一时期的国民经济增长率高于平均发展水平。[①] 尤其值得指出的是，这一时期的近代工业取得了前所未有的发展。首先，国民政府没收、接管了北洋政府的企业，建立了国家资本主义，在南京国民政府没有全面实行垄断经济前延续了北洋政府时期私营经济较为自由发展的惯性，民间私人资本取得了一定的发展。其次，机械化程度的不断提高，同时又实行了一些如鼓励投资、改善市场条件等方面的政策法规，棉纺织业、缫丝业、面粉工业等成为重要行业，采矿及军事等重工业发展迅速。与此同时，民族化工业有了明显发展，商业贸易及交通、运输等方面都得到不同程度的发展。

　　然而，与近代工业迅速发展极不相称的是，农村经济在这一时期却每况愈下。归结其原因主要有：（1）土地兼并严重。大量的土地逐步集中在了军阀、地主、官僚及资本家手中，无地可耕的农民越来越多，且地租不断加重。据统计，这一时期的地租（一般指实物地租）常占土地收成的 40%～50%，高的可达 60%～70%。[②] 这样一来就极大地打击了农民耕种的积极性，破坏了农业生产力。（2）大量国外农产品的对华倾销，中国的传统农业受到排挤和冲击。特别是 1933 年，美国为了转嫁本国的农业危机，向国民政府提供 5000 万美元的借款（即美棉麦借款），其中借款的 4/5 作为购买棉花费用，其余作为购买小麦费用，向中国大量倾销农产品，导致国内农产品的价格狂跌，严重打击了中国的农业生产。（3）苛捐杂税的繁重，加上天灾、人祸及沉重的力役也极大破坏了农业生产力。据调查，1927 年后，农业税中的田赋和附加税的比重相比于北洋政府时期不但没有减少反而还变得更加苛重、繁杂。[③]

　　由于 1927～1937 年的 10 年间内战未曾停止过，内战范围的不断扩大及时间上的延续导致军费开支也急剧增加，平均每年军费开支基本上占国家财政支出的 40%～50%，在国民政府的财政支出结构中占第一位（见表 4.1）。

---

　　① ［美］杨格著，陈泽宪、陈霞飞译：《1927－1937 年中国财政经济情况》，中国社会科学出版社 1981 年版，第 347 页。
　　② 朱伯康、施正康：《中国经济史》（下卷），复旦大学出版社 2005 年版，第 602 页。
　　③ 《田赋附加税调查》，商务印书馆 1935 年版，第 276 页。

表 4.1   1927～1936 年南京国民政府军费支出情况

年份	普通岁出实支（百万元）	军务费数额（百万元）	占岁出实支百分比（％）
1927	148.3	131.2	88.4
1928	432.8	209.5	46.0
1929	542.6	245.4	45.2
1930	723.4	311.6	43.1
1931	683.0	303.8	44.5
1932	673.3	320.7	47.6
1933	769.1	372.9	48.5
1934	1179.8	386.6	32.7
1935	1031.9	362.0	35.1
1936	1191.7	555.1	46.5

资料来源：根据国民政府财政部：《财政年鉴》，商务印书馆 1935 年版，第 21、191～194、196 页；《财政年鉴续编》（第三篇），商务印书馆 1945 年版，第 107～111 页，相关数据整理。转引自中央财政金融学院财政教研室：《中国财政简史》，中国财政经济出版社 1980 年版，第 235 页。

庞大的军费开支已经超出了正常的税收承受范围，国民政府为了打内战，唯有通过举借外债才能迅速地筹集到内战的军费。因此，债务费是当时仅次于军费的一项开支（见表 4.2）。其实质还是变相的军费的一种，因为所举借的外债大部分也是用于内战军费，且每年都有不同程度的增长。

表 4.2   1927～1936 年南京国民政府的债务费情况

年份	债务费数额（百万元）	占岁出实支百分比（％）
1927	1.6	1.1
1928	121.3	29.4
1929	159.0	29.5
1930	241.0	33.7
1931	238.8	34.9
1932	169.5	26.3
1933	202.6	26.3
1934	455.8	38.6
1935	358.6	34.8
1936	834.6	46.6

注：1927 年的债务费数额为 160 万元，包括拨还债款、库款基金、库款预扣利息、利息及银行存款。

资料来源：根据国民政府财政部：《财政年鉴》，商务印书馆 1935 年版，第 21、193、196 页；《财政年鉴续编》（第三篇），商务印书馆 1945 年版，第 107～111 页相关数据整理。转引自中央财政金融学院财政教研室：《中国财政简史》，中国财政经济出版社 1980 年版，第 236 页。

军费和债务费这两项的开支占到普通岁出的 3/4 左右，加上庞大的政务费，还有用于国防建设、文化教育及基础设施等项经费（相对而言，除了政务费外，其他各项的支出可谓少得可怜），为了应付这一系列的开支，国民政府唯有通过增加赋税、另立各种巧取名目的税收等办法来增加国家的财政收入，这样一来又把沉重的税收负担转嫁到了广大民众身上。

在南京国民政府的财政收入体系中，1927～1937 年，国民政府 90% 的财政收入来源于税收，而税收中的 95% 左右主要依靠关税、盐税和统税三项收入（见表 4.3）。

表 4.3　　　　　　　　　　1927～1936 年关、盐、统税实收情况

年份	税项收入（百万元）	关税		盐税		统税		三税所占比重（%）
		数额（百万元）	比例（%）	数额（百万元）	比例（%）	数额（百万元）	比例（%）	
1927	46.5	12.5	27.0	20.8	44.7	6.0	12.9	84.6
1928	259.6	179.1	69.1	29.5	11.4	29.7	11.4	91.9
1929	416.2	275.5	59.7	122.1	26.4	40.5	8.8	94.9
1930	535.0*	313.0	58.5	150.5	28.1	53.3	9.9	96.5
1931	615.2*	369.7	60.1	144.2	23.4	88.7	14.4	97.9
1932	583.0*	325.5	55.8	158.1	27.1	79.6	13.7	96.6
1933	659.4*	352.4	53.4	177.4	26.9	105.0	15.9	96.2
1934	417.6	71.2	17.1	206.7	49.5	115.3	27.6	94.2
1935	385.3	24.2	6.2	184.7	47.9	152.4	39.6	93.7
1936	1057.3	635.9	60.1	247.4	23.4	131.3	12.4	95.9

注：带 * 为坐拨征收费及退税未除项。

资料来源：杨荫溥：《民国财政史》，中国财政经济出版社 1985 年版，第 47 页。

其中，关税作为这一时期最主要的财政收入来源，在整个税收体系中的比重和税收总收入都有了较大幅度的增加。这主要是因为 1928 年后，以英、美为首的西方列强，为了支持代表它们利益的蒋介石反动政权，与国民政府签订了新的关税条约，并同意提高关税，尽管这时中国并没有取得真正的关税自主权，但是国民政府的关税收入有了很大幅度的增长。据统计，关税收入由 1927 年的 1.53 亿元增加到 1929 年的 2.76 亿元，1929 年的关税收入占财政收

入的51%，到1934年，关税收入又增加到3.83亿元，占总财政收入的41%（其中比重最高的年份为1932年，占51.75%），与此同时，总的关税收入也比1927年增加了两倍。① 关税收入的增加也反映了帝国主义对中国商品掠夺的加剧；此外，由于海关总税务司仍被英国把持，海关收入也一直由英国汇丰银行保管，仅将"关余"拨给国民政府，因此关税在财政收入中比重提高的同时，帝国主义对国民政府的财政控制也加强了。

盐是人民的生活必需品，但国民政府统治时期却不顾人民利益，任意增加盐税和盐税附加税，其增加的程度是前所未有的。1932年，各省盐税正税平均为每担2.82元，而附加税却平均达到7.217元，而1926年前者为2.577元，后者仅为3.5元。1932年的附加税比1913年正附税总额（1.677元）增长了4倍多。1934年初，盐税附加税竟增加到13元左右，与1913年相比，20年间增长了大约8倍。盐税的不断增加，导致盐税总额从1928年的1.03亿元增加到1934年的1.9亿元，在国民政府财政总收入中的比重也由21.82%增加到24.49%。②

统税是国民政府首创的税收名称。1928年，国民政府以裁减厘金为名而征收内地货物税，其先在卷烟业和面粉业进行试办，1931年后扩大到棉纱、水泥、火柴等行业，后又逐步增加到10余项收入。统税主要是对课税环节征税，采取就场（农产品）和就厂（工业品）征税的办法，由于纳税后的货物不再征税可通行全国，所以称为统税。统税对粗制品实行比较高的税率，对精制品则实行较低的税率，这样一来就有利于外国工业品的竞争，从而打击了民族工业。③ 实行统税后，国民政府的财政收入大大增加，1931年的统税已占国家财政总收入的7.4%，1935年又增加到12.17%，统税的总收入也从1931年的0.53亿元增加到1936年的1.17亿元，增长了一倍多。④ 而实际上，国民政府征收统税后，并未真正施行"裁厘"措施，中央厘金局虽然取消了，但是各地的关卡照样存在，照样收税，因此，统税实质是为老百姓精心设置的一个骗局。

---

① ④　周伯棣：《民元以来我国之中央财政》，《民国经济史》之《银行周报30年纪念刊》，第168页。

② 　章有义：《中国近代农业史资料》（第三辑），三联书店1957年版，第104～107页。

③ 　凌耀伦、熊甫、裴倜：《中国近代经济史》，重庆出版社1982年版，第426页。

由此可见，关、盐、统三项税收在 1927～1937 年增加的速度非常之快，同时也反映了国民政府对人民压榨的加剧，因为这些税收最终还是由人民来承担的。此外，国民政府还向广大农民征收繁重的田赋和附加税。1927 年后，农业税中的田赋和附加税的比重相比于北洋政府时期不但没有减少反而还变得更加苛重繁杂。[①] 据统计，1936 年全国 15 个省的田赋附加达 7650 余万元。[②] 而相对于田赋附加而言，国民政府征收的各种苛捐杂税更为繁重、苛细。在 1934 年 7 月实行废除苛捐杂税，其中第一批废除的江苏就有 228 种，税额达 330 余万元；江西有 300 种，税额为 170 余万元；广东则更为严重，有 275 种，税额达 480 余万元。20 个省份所列举各种苛捐杂税项目共计达 3600 多种。[③] 另外，国民政府还逐年增加内债的发行，据统计，1927 年发行的内债为 0.7 亿元，1936 年则增至 6.2 亿元，10 年累计发行 26 亿元。[④] 可想而知，如此沉重的税负必然会置广大民众生活于水深火热之中。

4.2　国民政府两次全国财政工作会议

4.2.1　第一次全国财政工作会议

　　1928 年 8 月，南京国民政府财政部召开第一次全国财政工作会议，通过了《统一财政案》。其目的主要有三个方面：第一，树立国民政府威信，巩固其政权统治；第二，填补财政漏洞空缺，弥补流失的税金以解财政困乏；第三，改革与规范财政税收制度。此次全国财政工作会议为期十天，与会者就诸如财务、税收、债务、预算和裁兵等主题进行了热烈的讨论。经过审议和解决后，会议制定了一系列新的财政原则与措施方法，包括有关废两改元、统一财务、划分国家与地方税、裁厘改统、整理旧税和推行实施新税与关税自主等方面。此次会议对南京国民政府的财政政策起到了重大的影响，取得了显著的成就，主要体现在以下三个方面。

---

① 《田赋附加税调查》，商务印书馆 1935 年版，第 276 页。
② 国民政府财政部：《财政年鉴续编》（第 13 篇），商务印书馆 1945 年版，第 112～113 页。
③ 《申报年鉴》，1935 年正补编合订本，第 402 页。
④ 千家驹：《旧中国发行公债史的研究》，《历史研究》，1955 年第 2 期。

4.2.1.1 统一财权及划分国地税收

自古以来，在中国传统中，财权通常由中央政府严格控制，地方政府没有法律认可的独立资金来源。但近代以来，中央政权逐渐衰落，地方督抚和地方军阀的权力不断扩大，关税、盐税等大部分国家税种逐渐由地方政府征收。如何集中国家财政、增强中央财政实力，成为第一次全国财政工作会议的焦点。

财政部提出的《统一财政案》经大会审议通过，其建议从"规章""行政""用人""收支"四个方面促进统一融资以统一财政、解决中央政府的财政危机。具体措施如下：（1）在国家税收范围内财务条例和就业管理将退还给财政部进行核定与处理。在审批过程中，每个省的中央税收也应按照财政部的规定进行处理。所有合格的中央税收人员的任命均由财政部评估、任命和解雇。（2）中央财政收入全部由财政部收入，中央财政支出也由财政部统一支付。（3）每个省的实际数量由会员列表报告，作为评价标准。（4）由会员进行编制预算的准备，确定增加收入与减少支出的具体数目。

在周密的讨论过后，大会决议通过了赋税司司长贾士毅提出的《划分国家收支地方收支标准案》。该案对国家税和地方税作了明确划分：国家税以盐税、关税与统税这三项税种为主体，同时包括烟酒税、卷烟税、煤油税及将来创办的所得税、遗产税等。地方税以田赋、契税和营业税这三项税种为主体，同时包括牙税、当税、商税、船捐、房捐、屠宰税及将来创办的地税等。① 标准案的颁布缓解了中央政府与地方财政之间的一些矛盾。这些划归为地方税的部分税种为地方的发展提供了有力的经济支持，也部分解决了地方政府的财政困难。

此次会议尚未处理的问题：未能解决省级以下政府的税收划分问题，未能顾及县级市级政府的财政需求，引发了县级政府"财权"与"事权"不统一的问题。县级财政一方面需要维持日常的财政开支，完成上级政府所委派的各项事宜；另一方面却缺乏独立的税收来源，无法填补财政支出的空缺。因此，这次会议也导致了后续的各项地方性苛捐杂税的出现，给20世纪30年代的中

---

① 章启辉、付志宇：《南京国民政府时期税收政策演变的思考》，《湖南师范大学社会科学学报》，2009 年第 38 期，第 125～127 页。

国地方自治埋下了隐患。

4.2.1.2　整理旧税

　　税收是国家财政收入的重要来源。无论是统一财政，还是国家和地方税的划分，都离不开税制改革。北洋政府时期，特别是第一次世界大战期间，中国资本主义工商业经济进入了快速发展时代。虽然关税和盐税不断提高，但在征收过程中仍存在诸多问题，不能满足政府日益增长的财政需求。在第一次全国财政工作会议上，代表们积极就如何理顺关税和盐税提出建议。关税最大的问题是不能被外国人控制，严重影响了国民经济的发展。经热烈讨论，会议最终通过了关税自主政策：（1）拟由财政部令饬国定税则委员会编订国定税则，于 1928 年 8 月 31 日前编制就绪，呈由财政部转请国民政府核定，至迟于 10 月 1 日公布；（2）依照北京关税会议议定时间，自 1929 年 1 月 1 日起实行关税自主；（3）宣告关税自主以后，华洋职员之待遇一律平等，税关上一切行政须整齐、严肃、合理。盐税最大的弊病是税率紊乱，造成税负分配不均。正如盐务署在提案中指出："是以盐税之在今日，不患税率日重，而患税率之不均。欲矫其弊，当自划一税率始。"[1] 经大会审查通过了整理盐税办法，其主要内容有：（1）各省限于一月内造报近三年盐税正税、附税及附加各项捐费实收数表；（2）由财政部咨请各省政府声明所有各项盐税附加税作为临时性质，以后须逐渐减少，待财政充裕时一律取消；（3）各地正税税率因与产区远近有关，待考察情形后再行厘定。经此整理之后，关税和盐税在南京国民政府税收收入结构中的地位更加稳固。

　　烟酒税、印花税也是财政会议着力整理的对象。自 1915 年实行烟酒公开销售以来，由于缺乏统一的权力，没有准确的产销统计，没有明确的征收办法标准，老百姓深感苦恼，税收也没有提高。会议为此拟定了整顿烟酒税的步骤，其主要分为三步：第一步，调查烟酒所在地的产销数量，以定比额范围；第二步，调查烟酒实际价格，以定税率标准；第三步，训练税收人才，实行论价收税，改良包商及委办制度，计划待办有成效以后，再由财政部规定公卖

---

　　[1]　江苏省中华民国工商税收史编写组、中国第二历史档案馆：《中华民国工商税收史料选编》（第一辑上册），1996 年，第 1104 页。

法，实现烟酒公卖政策。印花税是清末从西方引进的一种现代税收制度。由于法律法规不同，引发了各种纠纷，造成了征收困难。为增加收入，会议决议整顿印花税，其办法主要有：税票均由中央颁发，将以前各省自印税票一律废止；税法按照现行规定办理，各省单行税则一律废止；责成各省局长培养合格人才，积极宣传和劝说群众养成纳税习惯；对故意隐瞒的人和协助不力的官员严加惩处。财政会议对烟酒税、印花税等旧税的整理，既消除了征管过程中积累的弊端，又有利于国民收入的增加。

而厘金是被裁撤的对象。作为清末遗留下来的通过性税种，厘金因其剥削而饱受诟病。厘金名为国家收入，但长期受地方政府控制，在地方财政收入中占有重要地位。如果草率取消厘金，肯定会影响到地方财政，因此，许多地方甚至表示坚决反对。此次财政会议上，代表们围绕裁厘及其抵补问题展开讨论。赋税司司长贾士毅主张先将厘金收归中央，待时机成熟再行裁撤。鉴于裁厘问题的复杂性，刘大钧提议设立"裁厘委员会"专门负责实行裁厘事宜。此两项提案均得到众多代表的赞同，并经大会决议通过了《裁厘委员会大纲》。根据会议决议，裁厘委员会于1928年7月15日召开成立大会，商定裁厘时间及抵补税项。由于政局的影响，直到1931年以后，厘金才逐渐从历史舞台上走下。而在这个过程中，第一次全国财政会议确立的原则和方法无疑起到了非常重要的推动作用。

4.2.1.3 推行新税

在梳理旧税种的同时，不少代表对所得税、遗产税、营业税等西方现代税制的实施提出了建议和方案。与西方国家的税制结构不同，我国的各种税种都是间接消费税。据刘纪文分析，"以我国一般人民经济力之贫弱，消费品数量，除生活必需品者外，有减无增，消费税之收入，亦难期发达，影响于国家财政者甚大"[①]。为改变此种状况，刘纪文提出施行所得税，并逐步建立以所得税为主体的税收体系的建议："待所得税收入逐渐增加以后，即可以其为国家之主要赋税，而将其他妨碍人民生活之消费税，次第废止。"[②] 贾士毅也主

---

① 柯伟明：《南京国民政府第一次全国财政会议新探》，《广东社会科学》，2016年第2期，第116~124页。

② 《施行所得税案》，《申报》，1928年7月6日，第12版。

张推行所得税和遗产税："近代赋税制度有两大原则：曰均平，曰普遍……如何而能均平、普遍，则所得税、遗产税而已。"[①] 贾士毅为此专门拟订了《所得税条例》《所得税施行细则》《遗产税暂行条例》《遗产税施行细则》等章则，对所得税和遗产税的征收对象、税率标准、计税方法和征税程序等作出了明确规定。审查组对这些税法进行了讨论和修改，并提交大会决议，为所得税和遗产税的实施提供了重要参考。

营业税是此次财政会议讨论的热点，其重要性在于抵补地方裁厘损失。裁厘损失有中央和地方之别，关税和特种消费税可抵补中央损失，至于地方损失如何抵补问题，浙江省财政厅代表提议该省"首先实行裁厘并开办营业税以资抵补"[②]。经讨论后，大会确立了各省市地方举办营业税的原则：（1）将牙税、当税扩充为营业税，废除牙、当两税名目；（2）各省举办营业税时，由财政厅自行拟定课税种类及征收方法，呈由财政部核准备案；（3）已由中央征收的各种物税不得再征营业税。会后召开的裁厘委员会会议决议通过了《各省征收营业税办法大纲》，对营业税的课税对象、税率和课税标准、课税程序等作了明确规定。经此筹议之后，有的省份开始筹划征收营业税事宜。浙江省财政厅厅长陈其采及委员庄崧甫计划取消全省各地统捐局，在省会设立营业税总局，在各县设立营业税分局，废除苛捐杂税。但受政局影响，各省市裁厘及开征营业税进程被迫一再搁置。至 1931 年 1 月以后，各省市才相继制订征收章则，设立征收机关，逐步建立起地方性的营业税征收和管理制度。

4.2.2　第二次全国财政工作会议

1934 年 5 月，南京国民政府召开第二次全国财政工作会议。其目的主要有三个方面：第一，解决第一次全国财政会议的遗留问题；第二，救济农村经济，废除苛捐杂税、减轻田赋附加税，缓解农民过重的税收压力；第三，改革税制，建立以直接税为基础的税制，健全税收征管体系。各方代表积极参加了

① 江苏省中华民国工商税收史编写组、中国第二历史档案馆：《中华民国工商税收史料选编》（第一辑上册），1996 年，第 1106 页。

② 《浙省首先实行裁厘并开办营业税以资抵补案》，《全国财政会议日刊》（第三号），1928 年第 3 期，第 27 页。

会议，在财政部的筹划下，此次会议中提出了许多减轻税收负担和改善税收的建议，通过了一系列决议，对于整理地方税收起到了重要作用。同时，此次会议也为中央政府为地方税收政策的制定提供了重要的参考。会后，多项税收政策逐步落实，特别是对于苛捐杂税以及田赋附加等不合理税收进行了调整，减轻了田赋附加，废除了苛捐杂税。但是，第二次全国财政工作会议并没有改变最初的财政体制，没有也不可能从根本上平衡中央和地方财政实力，甚至影响地方税收整合的影响。时任财政部长的孔祥熙在主题报告《救济中国经济危机》中认为，农民负担重的主要原因是地方附加税太多，"中国现在的农民负担实在也太重了……裁厘之后，没有适当的替代税，地方当局遂增加田赋附加，以为弥补。现在合计此种附加，有至卅余种"①。针对地方附加税过多的问题，孔祥熙认为整顿地方财政是重中之重。

1935 年 5 月 13 日，政府提出了《所得税暂行条例（草案）》，并于同年 7 月 21 日颁布。会后，财政部长孔祥熙指派赋税司司长高秉坊等负责筹办所得税事宜。

第二次全国财政工作会议的召开，引起了社会各界的广泛关注。有人期待，这次会议制定的办法，能够减轻人民群众负担，改善财政收支状况，"至少能够注意培养税源，免除田赋附加及一切苛捐杂税，并能于最短期间整理财务行政，使全国今后都能量入为出"②。有人认为，"第二届全国财政会议，是现时漫夜晦冥中的一丝曙光，我们固然希望政府勇敢地实行，更望其聪明地辨别各地阻碍实行之借口，也望其坚决地整理财务行政，以便实行之彻底"③。当然，也有许多批评和质疑。事实上，经过热烈讨论，第二次全国财政会议取得了不少成果，并通过了多项关于清理地方税的决议。

第二次全国财政工作会议的主要成果在于减轻田赋附加及废除苛捐杂税。财政工作会议上，各方代表就降低田赋附加的具体措施进行了热烈讨论。有人主张，田赋附加超过正税者削减，已取消者不得移作他用；有人主张，划一田赋附加部分，附税不超过正税总额；有人主张，田赋只分省正税、县附税两

---

① 孔祥熙：《救济中国经济危机》，《中央日报》，1934201201。
② 《全国财政会议》，《前途》，第 2 卷第 6 期，1934 年，第 1 页。
③ 《第二届全国财政会议闭幕以后》，《大学杂志》，1934 年第 5 期，第 3 页。

项，应删除所有其他条目；有人主张，附加超过限制者，五年递减。经过各代表热烈讨论，会议决议通过了财政部提出的"减轻田赋附加之标准"办法，其中规定"田赋附加不得超过正税总额""各县区乡镇之临时亩捐摊派应严加禁止""附加带征期满或原标的已不复存在者，应即予废除"。

经过讨论与审查后，全国财政会议决议通过了苛捐杂税的范围，包括：妨害社会公共利益；妨害中央收入之来源；复税；妨害交通；为一地方之利益对其他地方货物之输入为不公平之课税；各地物品通过税。财政会议同时决议通过了废除苛捐杂税的四项程序，其中规定"不合法税捐各款，统自民国二十三年七月一日起至二十三年十二月底止，分期一律废除"。当然，废除苛捐杂税必定是一项长期的工作，既需专人负责办理，也需社会公众的支持和监督。为配合废除苛捐杂税，财政会议审查通过了行政院交议的"废除苛捐杂税进行办法案"，拟由财政部设整理地方捐税委员会，并在各省市设捐税监理委员会。

评价第二次全国财政会议的成果，不仅要看通过了哪些决议，还要看这些决议是否得到了实际执行。财政会议闭幕后，行政院于 6 月 5 日召开会议，决议"永远不许各地田赋再增附加，永远不许再立不合法之税捐"。这意味着第二次全国财政会议的最重要决议上升为国家政策。按照中央政令，大多数省市开始整理地方税收，形成一场废除苛捐杂税及减轻田赋附加运动。福建省财政厅制定捐税调查表，通令各县政府及税务局详细填报，决定首先废除苛捐杂税27 项。山东省政府训令，所有各县列入地方预算的各项苛捐，应自 7 月 26 日实行取消。至 1934 年 9 月，已报告裁撤苛捐杂税及拟有步骤之地方，计有福建、广东、山西、浙江、陕西、贵州、河南、安徽、北平、威海等省市。

各地减轻田赋附加及废除苛捐杂税运动取得了显著成效。据各省市报告，至 1934 年 12 月，废除苛捐杂税及田赋附加者，有江苏、浙江、北平等 23 省市，共废除税目 3000 余种，已废除之税款额数 2800 余万元，即将废除者 900余万元，合计 3000 余万元。[①] 统计显示，1934～1937 年，各省市减轻田赋附加达 38742459 元，其中浙江 4387763 元，山东 4632931 元，河南 7946510 元，四川 7579259 元；废除苛捐杂税达 67691435 元，其中江苏 4042977 元，湖南

---

① 《行政院长汪兆铭呈国民政府》（1934 年 12 月 15 日），"国民政府"档案，典藏号：001 - 012410 - 00011 - 017，第 57～58 页。

3159782 元，江西 3936790 元，广东 32117644 元；两项合计达 106433894 元。①
这反映出第二次全国财政会议的决议在许多地方得到了执行，在一定程度上减
轻了人民群众的负担，为工商业和农村经济的恢复创造了条件。在第二次全国
财政会议召开之际，广东、广西、山西、四川、贵州、云南等地仍处于独立或
半独立状态，这些地方大多对中央关于降低田赋附加、取消苛捐杂税的法令持
敌对态度，或者阳奉阴违。因此，地方税的清理过程和效果受到影响。贵州分
三期废除苛捐杂税，其中第一期废除 39 种，年额仅 1.66 万元②，第三期废除
44 种，年额仅 3.49 万元③。1935 年 2 月新省政府成立以后，四川开征整理田
赋，决定各县田赋一年一征，但正税之外，又附征临时军费三倍，征解费一
成，"此不特与财政会议之法令相背，其于培养税源，宽恤民生，亦相乖谬
也"④。陈济棠统治下的广东虽也分批废除苛捐杂税，但实质上是出于维护地
方统治的需要，且所废税额不多。直至 1936 年 7 月陈济棠下野后，新任广东
财政厅厅长宋子良才遵照中央政令大幅度地废除苛捐杂税。显然，地方军事割
据是影响全国财政会议决议顺利实施的重要因素。

4.3　南京国民政府主要税法的修订与完善

4.3.1　所得税

梁启超先生在《中国财政改革私案》中提出，我国应废除旧税种，并且
应当开征十个新税种，而所得税应当是第一个开征的税种。他称所得税是财政
学家们认为有最好征税规则的税种。在各国都在推行所得税的时候我们在将来
也要推行。但是就目前的情形，还不能推行所得税。⑤ 时任财政部长孔祥熙
说："征收所得税的初衷不是税收的多少，而是税制的改革。因此，纳税人要

---

　　① 《高秉坊有关废除苛杂减轻田赋附加实施情况的记述》（1939 年 5 月），《中华民国工商税收史
料选编》（第 5 辑上册），第 730 页。

　　② 《贵州省第一期废除各县地方苛捐杂税表》，《财政日刊》，1934 年第 2022 期，第 5～7 页。

　　③ 《呈一件为呈送本省第三期废除各县地方苛捐杂税一览表祈鉴核由》，《财政公报》，1935 年第
86 期，第 4 页。

　　④ 段仲榕：《四川田赋之理整》，《申报》，1935 年 6 月 24 日，第 13 版。

　　⑤ 梁启超：《中国改革财政私案，饮冰室合集文集之八》，中华书局 1989 年版，第 15 页。

忠实诚信，不弄虚作假，以表爱国救国的诚意。"① 就当时的社会经济条件而言，国民政府开征所得税的环境并不成熟，但由于财政上面临的巨大压力，财政部仍旧开始了所得税的诸多筹备，具体的颁行进程如下。

4.3.1.1　国民政府《所得捐征收条例》的颁行（1927～1928 年）

1927 年 4 月 18 日，南京国民政府成立。1928 年 12 月 29 日，张学良宣布"东北易帜"，国民政府形式上实现正式统一。国民政府成立之初，不合理的税制仍然没有改变。中央财政依靠以国际贸易为基础的关税收入、以手工业和国内商业为基础的盐税和统税收入和以金融市场为基础的债款收入，地方政府财政则主要依靠以农业为基础的田赋收入和以手工业及国内商业为基础的营业税收入等。中央税制和地方税制都是以间接税为中心的租税制度。时任财政部长孔祥熙认为，这种税制"实非完善税制，不足以支应近代之财政支出"②。在国民政府的中央税收中，关税、盐税和统税三种消费税性质的收入占总收入的 80% 以上。消费税税负不公，穷人的消费所纳税等同于富人的消费纳税，这违反了现代税收的原则，存在诸多弊端。在中国，富人只是少数，穷人占大多数。消费税的开征不仅加深了他们的贫困，而且限制了人民的消费能力，并且消费税性质的税收收入也有限。同时，间接税制度不够灵活，不足以增加战时和其他特殊时期所需的财政资源，"即在国家的生存上也含有很大的危险"③。因此，中国要想进入良性循环，税制必须从间接税转向直接税为主。但是新的轮子转不起来，旧的税制是不会废除的。④ 国民政府成立后，许多有识之士认识到改革我国税制、推进直接税的必要性。而直接税实施中最重要的便是所得税的实施。国民政府初期，时任财政部长古应芬在制定国地税收入标准的原案第三条中，就将所得税列为国家将来新收入的第一项。古应芬在随后提出的所得税暂行条例意见书中对该税大加推崇："所得税主义，渐成现代赋税制度中坚，英美既提倡于先，法意复推行于后，今东南已定，百度维新，宜采各邦成规，修正条例，切实施行；近世列邦税法，咸取社会政策，不但求国

---

① 孔祥熙：《孔祥熙谈政府开征所得税之本意》，《经济旬刊》，1936 年。
② 孔祥熙：《对党政训练班讲词》（1939 年 3 月），《孔庸之先生演讲集》，第 222 页。
③ 孔祥熙：《所得税的特点及政府筹办的情形》（1936 年 9 月），《孔庸之先生演讲集》，第 169 页。
④ 崔敬伯：《推行所得税的人事问题》，国立北平研究院经济研究会，1937 年，第 2 页。

计之欲，亦且期民生之丰，则吾国施行所得税法，实不容稍缓。"①

　　1927 年，国民党第 103 次中央政治会议也曾议决关于举办所得税事项，但由于当时战争频繁，政局不稳，政府只有初步的计划，但未能立即付诸实施。国民政府在拟议举办所得税的同时，为准备党员抚恤金，国民党中央党部决定举办公务员所得捐。国民党第二届中央第 101 次常务会议在 1927 年 6 月 24 日修正通过《所得捐征收条例》，共六条，于同年 8 月 18 日颁布。条例规定，向国民党各级党部人员和国民政府中央及地方各级机关工作人员征收所得捐，按月征收率共分 9 档：所得在 50 元及以下免征；51～100 元征 1%；101～200 元征 2%；201～300 元征 3%；301～400 元征 4%；401～500 元征 5%；501～600 元征 6%；601～700 元征 7%；701～800 元征 8%。国民政府及其直辖各机关由中央党部秘书处会计科直接承担所得捐征收职责，省政府、特别市政府及其直辖各机关由所属省党部或特别市党部征收后汇解至中央党部会计科，县政府及其直辖各机关由县党部征收，并逐级汇解至中央党部会计科。经国民党中央常务委员会议决，所得捐从 1928 年 4 月起开始征收（《所得捐征收条例》的具体内容见表 4.4）。国民党第三届中央第 12 次常务会议于 1928 年 5 月 16 日通过《所得捐征收细则》，共十八条，具体规定了所得捐征收与报缴手续等。所得捐共实施 9 年，至 1937 年，每月收入 17 万元左右，每年约 200 万元。②

表 4.4　　　　　国民政府颁布《所得捐征收条例》的主要内容

征收对象	税率等级	征收机关
国民党中央党部人员和国民政府中央机关工作人员	按月征收率共分 9 档：所得在 50 元及以下免征；51～100 元征 1%；101～200 元征 2%；201～300 元征 3%；301～400 元征 4%；401～500 元征 5%；501～600 元征 6%；601～700 元征 7%；701～800 元征 8%	由中央党部秘书处会计科直接承担所得捐征收职责
国民政府地方党部人员及地方各级机关工作人员		省政府、特别市政府及其直辖各机关由所属省党部或特别市党部征收后汇解至中央党部会计科，县政府及其直辖各机关由县党部征收，并逐级汇解至中央党部会计科

　　注：国民政府于 1927 年 8 月颁布《所得捐征收条例》，共六条。

---

① 金鑫：《中华民国工商税收史（直接税卷）》，中国财政经济出版社 1996 年版，第 12 页。
② 金鑫：《中华民国工商税收史（直接税卷）》，中国财政经济出版社 1996 年版，第 13～14 页。

所得捐由国民党中央党部举办，其目的是筹备党员抚恤金，征收范围很广，所有的公务人员都要缴纳。它具有强制性和固定征税的性质，是薪给报酬所得税的前身，可以说是政府征收所得税的一种过渡性办法。所得捐与民国北洋政府在 1921 年开征的官俸所得税有类似之处，而且都实际征收到税捐，这为所得税的开征充分地积累了经验。官俸所得是所得税当中最容易征收的项目，因为征收对象和数额比较确定，而且工资发放时工资发放单位可以代扣代缴，所以征收比较方便。也正是同一原因，导致当今个税中工资薪金所得占比很大。

4.3.1.2 国民政府《所得税条例草案》遭搁置（1928～1929 年）

为推进财税制度改革，正式举办所得税，国民政府财政部拟订了所得税条例意见书，条例二十八条、施行细则十七条，连同推行步骤等数项草案，提交于 1928 年 7 月召开的第一次全国财政会议讨论。经会议议决同意适时开办，并议定未来施行时由所得税委员会核议，但决而未行。[①]

1914 年 1 月，北洋政府颁布《所得税条例》，并于 1921 年颁布《所得税分别先后征收税目》及《所得税条例施行细则》，国民政府的《所得税条例草案》和施行细则草案是以其作基础，在以下方面作了修改：一是将法人所得课税税率从 20% 减为 12%；二是将第二种所得免税额从 500 元提高到 1000元；三是施行细则草案亦仿照前《所得税分别先后征收税目》明确推行步骤，将各项所得划分为先行课税、暂缓课税和从缓课税三种类型，并将第二种所得分为经营农工商业利益所得、地上房屋所得、股票及债务利息所得、资本红利所得、各项薪给报酬所得、国家及地方官吏俸给和年金及给予金所得、不属于前列各项所得等七项，根据实际情况和时势发展作了较为详细的划分。

1928 年 7 月，全国财政会议通过了《划分国家收入地方收入标准》，国民政府于同年 11 月 20 日通令照办。该收入标准第三条"将来新收入之划分"中，将所得税划分为将来国家收入的第一项。[②] 1929 年 1 月，国民政府财政部将 1928 年拟订的《所得税条例草案》重新作了修正。主要修正之处是：将国

---

① 朱偰：《所得税发达史》，正中书局 1947 年版，第 133 页。

② 孔庆泰：《国民党政府政治制度档案资料选编》，安徽教育出版社 1994 年版，第 207～208 页。

债利息列为征税范围；法人所得课税改为全额累进税率，以盈利占资本总额比率为课税标准使用不同的全额累进税率，全年盈利不及资本总额 10% 的免税，盈利占资本总额 10% 以上最低档课 10%，占比越大税率递增，且没有最高税率的限制；第二种所得免税额提高为 2000 元，仍采用超额累进税率，全年所得在 2001 元以上最低课 5% 税率，依次递增，也没有最高税率的限制。

在所得税条例与实行细则草案重新修正并考虑实施之际，却遭到财政部聘请的以甘末尔等为首的美国财政金融专家组成的设计委员会的反对。他们认为，所得税的性质和私人账目的现状，特别是行政效率低下，决定了我国目前不具备实施所得税的条件。当我国具备实施所得税的条件时，当然可以采用所得税。但在开征之初，必须谨慎采取部分试点或试点的方式。后来，甘末尔又提出《税收政策意见书》，坚持其主张。1929 年所得税开征的失败受到甘末尔意见的不少影响，成为所得税开征的阻力之一。[①] 虽然该委员会的见解并不全面，没考虑到许多西方国家推行所得税时亦不具备完全的开征条件，而所得税的推行是一个渐进的过程，但这些"外来和尚"对当局影响很大，这已成为所得税征收动议被搁置的重要原因之一。但也应看到，造成所得税开征障碍的最根本原因，是征收所得税的条件不是很好，执行起来很困难。[②]

所得税的立法进程基本是由财政部主导。1927 年，国民党中央党部因为急需党员抚恤金的款项，于是创新设立政府机关服务人员所得捐，采用累进税率进行征收。国民党第二届中央第 101 次常务会议在 1927 年 6 月 24 日修正通过《所得捐征收条例》，共六条，于同年 8 月 18 日颁布。在第一次全国财政会议上，财政部将起草的税法草案提交讨论，旨在检验民意，乘机造势。最初开征所得税是打算作为中央税弥补裁厘的损失。因此，国民政府在北洋政府《所得税条例》基础上修订了草案和实施细则，还专门聘请美国财政金融专家考察施行的可能性，所获得的意见是"不宜轻易尝试别国新途"[③]，所得税开征因此又遭停滞。

---

① 潘序伦、李文杰：《所得税原理及实务》，商务印书馆 1937 年版，第 106～107 页。

② 蔡问寰：《所得税的开征及其前途》，时代论坛，1936 年第 1 期。

③ 陈勇勤：《所得税与国民党政府财政——从崔敬伯的财税理论谈起》，《学术研究》，1996 年第 2 期，第 4 页。

国民党中政会第 16 次会议在 1936 年 6 月 17 日召开，会议主要讨论是否开征所得税。会议批准了开征所得税和所得税八条原则：所得税是中央税，并且就三种所得对应的免税者免征所得税，所得税以累进税率为主，而所得税应纳税款的决定采用申报、调查和审查这三种程序等。本次会议还决定在本年度就把所得税列入下年的预算中，并且按照 500 万元计算。中政会决议以财政部草案为方案，体现了以所得税增强中央财权的制度设计方向。

1936 年 7 月 7 日，立法院召开第 67 次会议，本次会议审议《所得税暂行条例》。国民政府在 1936 年 7 月 21 日公布《所得税暂行条例》。1937 年 1 月 1 日，营利事业和存款利息收入也将全面征收所得税。税法的颁布，标志着所得税的立法程序已基本完成。而与暂行条例同日实施的《所得税细则》也由财政部直接税筹备处直接指定，并且与暂行条例相配套。在征税机构方面，直接税筹备处在 1936 年 7 月成立，由高秉坊任筹备处主任、直接税署署长。国民政府之所以设立直接税征收机构，是为了准备全面开征所得税和遗产税。后来因为不征收遗产税，将直接税筹备处改为所得税事务处，并在各省市同时设立办事处。税法颁布后，国民政府外交部立即照会各国使馆，转饬在华侨民照章纳税，希望实现国内外平等，国家实现完整的所得税征税权利。但是，各国的大使要么拒绝要么推辞，外侨缴纳所得税问题一时陷入泥潭。

4.3.1.3　《所得税暂行条例》的设计宗旨与阶段性特点

1. 立法宗旨

推行所得税，是为了达到革新税制、整理财源的目的。国民政府财政部在 1935 年 5 月 13 日呈请行政院审议的创办所得税原则及所得税条例草案报告中指出："谨查近代租税制度，均侧重于直接税之推行，而直接税中之主要税源，尤以所得税为最。考所得税之优点，在其税率公允，足以平衡贫富之负担，税源普及，足以支柱国库之收入。我国自前清末季，即有创办所得税之议，民国以来，关于所得税之进行，亦均时有拟议，顾屡倡屡辍，迄未观成，始终为税法之研讨，未逞作实际之推进。际兹革新税制，整理财源之时，此种税制之实行，允不宜缓。惟是我国以经济情形，人事组织及调查统计等关系，推行所得税，势不能不首先注意及现实状态，制定一种切合实际、简易可行之所得税制度，以养成国人纳税之习惯为目的。然后循序渐进，跻于完备，以实验求改革，由单纯而演进，庶几事实理论，两能兼顾。兹谨参酌各国以往之成规，体察国内经济之实况，拟具所得税原则、所得税暂行条例草案各一件，附具说明，依照立法程序，送请核定，分别呈转，早于公布，以利进行。"① 从中可以看出，国民政府初期所得税的立法宗旨为促进税制改革，整理财源，税制力求切合国情，简单便利，注重实效，循序渐进，尽早实行。

2. 阶段性特点

国民政府吸取以往创办新税种的经验教训，对所得税的立法十分慎重，以期便于推行，利国而不扰民。国民政府颁布的《所得税暂行条例》及《所得税暂行条例施行细则》有以下阶段性特点。

第一，采用分类所得税制，征收范围较窄。世界上经济较发达国家一般采用综合所得税制，这种税制有利于对全部所得进行课税，真正实现所得多的多征、所得少的少征或不征的所得税公平合理原则，但前提必须能够基本核实纳税人全部所得。而当时中国经济社会仍不发达，且一直没有成功举办过任何所得税，显然不具备实行综合所得税制的条件。因此，国民政府为了顺利推行所得税，采取了较为切合实际又简便易行的分类所得税制。应税所得的认定采用住所主义兼经济所属主义，凡住在中国境内的人民，所得在国内支付者，所得来源不问出自本国还是外国，均应征收所得税；公务人员、自由职业者及从事其他职业者的薪给报酬所得，均应照章报缴所得税，没有国籍、职务或业务的分别。②《所得税暂行条例》按性质将所得分为营利事业所得、薪给报酬所得、证券存款所得三类。第一类营利事业所得又分为甲项公司、商号、行栈、工厂或个人资本在 2000 元以上营利所得，乙项官商合办营利事业所得，丙项一时营利事业所得三项。第二类薪给报酬所得包括公务人员、自由职业者及从事其他职业者薪给报酬所得。第三类证券存款所得含公债、公司债、股票及存款利息所得。从所得税课税范围来看，仅就列举的营利事业所得、薪给报酬所得及证券存款所得三类征收，而且规定营利事业资本要在 2000 元以上才列入课税范围，课税范围较窄，目的是在开征所得税初期便于推行。

第二，税率较低。1936 年颁布的《所得税暂行条例》规定的税率总体来

---

① 金鑫：《中华民国工商税收史（直接税卷）》，中国财政经济出版社 1996 年版，第 20 页。
② 潘序伦、李文杰：《所得税原理及实务》，商务印书馆 1937 年版，第 110～111 页。

说偏低。如营利事业所得中，第一类甲、乙两项营利事业所得征税税率采用全额累进制，所得额按资本额计算的税率为：所得占资本实额 5% 未满 10% 的征 3%，所得占资本实额 10% 未满 15% 的征 4%，所得占资本实额 15% 未满 20% 的征 6%，所得占资本实额 20% 未满 25% 的征 8%，所得占资本实额 25% 以上的一律征 10%，即最高税率为 10%，大大低于其他发达国家（英国1931～1932 年工商及其他所得普通所得税税率为 25%；附加所得税税率最低为 5.5%，最高为 41.25%)[1]，也远低于我国现行的企业所得税基本税率 25%。第二类薪给报酬所得税税率采用超额累进制，税率最低档每月平均所得自 30 元至 60 元者，每 20 元课税 5 分，即 5%；最高档每月平均所得超过 800 元以上时，其超过额每 10 元课税 1.2 元，每超过 100 元的部分，每 10 元增课 2 角，至每 10 元课税 2 元为最高限度，即 20% 为最高税率。而我国现行工资、薪金所得税最低税率也是 5%，最高税率则达到 45%。第三类公债、公司债、股票及存款利息所得税税率采取比例制，无论所得是多少均按 5% 课税，而现行利息、股息、红利所得适用税率为 20%，为民国时的 4 倍。在所得税推行初期，税率设定较低对顺利推行来说比较得当，有利于减少推行阻力，其他先行推行所得税的国家也大都在开办初期采取低税率的办法，然后随着经济的发展和社会的认同程度提高而逐渐提高所得税税率。如美国开办所得税之初，所得 600 美元以上至 1 万美元以下税率仅为 3%，所得 1 万美元以上税率也只有 5%。到 1931～1932 年，工商及其他所得普通所得税税率一般为 8%，附加所得税税率最高则达到 55%。[2]

第三，减免税项目较多。所得税开征之初，《所得税暂行条例》和《所得税暂行条例施行细则》以及其他法令规定所得减免的项目达十余项。《所得税暂行条例》规定，第一类营利所得资本不及 2000 元或所得占资本实额未满 5% 者免税；第一类中的一时营利所得能按资本额计算其比率的同样免税，不能按资本额计算比率，其所得未满 100 元者亦免税；不以营利为目的的法人所得免税。第二类薪给报酬所得免征的有：每月平均不及 30 元；军警官佐士兵及公务员因公伤亡获得的抚恤金；小学教员的薪给；残废者、劳工及无力生活

---

① ［日］汐见三郎、宁柏青：《各国所得税制度论》，商务印书馆 1936 年版，第 38、43～44 页。
② ［日］汐见三郎、宁柏青：《各国所得税制度论》，商务印书馆 1936 年版，第 80～83 页。

者的抚恤金、养老金及赡养费。第三类证券存款所得免征的有：各级政府机关存款；公务员及劳工的法定储蓄金；教育、慈善机构或团体的基金存款；教育储金每年所得息金未达100元的部分。

《所得税暂行条例施行细则》规定：驻中华民国境内各国外交官的所得免予征税；在中华民国境内居住未满一年的外国人，其所得来源不出自民国境内者免予征税。以上规定适用于外国对于中华民国有同一待遇者。国民政府对所得税法令作出的解释中亦有免税条款：各种合作社其组织如确依《合作社法》成立，经审核其性质、组织、成分、业务范围确不以营利为目的，经向当地主管税务机关呈验登记证后，可酌情决定征免。收取金、银类的手续费、炼铸费，原含有政策贴补代兑机关费用的性质，应免予课税。[①]

第四，征管方法力求简便易行。所得税的征管包括基本情况报告和纳税申报、调查与审查、税款征收、惩罚与奖励等方面，亦基本遵循简便易行的原则，但有些规定也存在不太妥当的地方。

（1）基本情况报告和纳税申报。《所得税暂行条例施行细则》中规定：股份有限公司或股份两合公司发行股份时，应将股份总额、股票种类、每股金额、营业年度报明当地主管征收机关；已发行的股票应由该公司于1936年10月1日起1个月内将前项应报事项报明当地主管征收机关。公司、商号、行栈、工厂及营利的个人，应于1936年10月1日起1个月内将姓名、住址、营业资本或股本实额报明当地主管征收机关。按照《所得税暂行条例》的规定，所得税的申报征收采用报告法（又称申报法）和课源法（又称扣缴法）。第一类甲、乙两项营利事业所得税采用报告法，丙项一时营利事业所得税有支付所得机关的采用课源法，无支付机关的采用报告法。第二类薪给报酬所得税中公务人员薪给所得采用课源法，自由职业者及从事其他各业者自营业务所得采用申报法，由雇主支付的所得采用课源法。第三类证券存款所得税一律采用课源法。第一类甲、乙两项营利所得，应由纳税义务者于每年结算后3个月内，填具所得额报告表，将所得额依规定格式报告主管国税机关。因合并、解散、歇业、清理经结算后仍有所得者，应于结算日起20日内向当地征收机关申报其

所得额。破产宣告后经清理仍有所得者，破产管理人依前项规定申报其所得额。营业年度变更时，执行业务的负责人应于结算日起20日内申报其所得额。第一类内项一时营利事业所得，应由扣缴所得税者或自缴所得税者于结算后1个月内将所得额依规定格式报告主管征收机关。第一类营利事业所得的申报人在申报时，应提出财产目录、损益计算书、资产负债表或其他足以证明其所得额的账簿文据。第二类公务人员薪给报酬所得，应由扣缴所得税者和自缴所得税者，按照纳税期限，将所得额依规定格式报告主管征收机关。第三类证券存款所得，应由扣缴所得税者或自缴所得税者，于付给或领取利息后1个月内，将所得额依规定格式报告于主管征收机关。主管征收机关对纳税人所得额的报告，发现有虚伪、隐匿或逾限未报者，可径行决定其所得额。公务人员薪给报酬所得税款，由直接支付机关长官按月代为扣缴。公债及存款利息所得税款，由付息机关业务负责人在结算息金申报时代为扣缴。①

《所得税暂行条例》及《所得税暂行条例施行细则》规定，纳税义务人不依照期限报告或怠于报告的，主管征收机关课以20元以下罚金；隐匿不报或虚伪报告的，除课20元以下罚金外，移请法院课以漏税额2倍以上5倍以下罚金；情节重大的并课一年以下有期徒刑或拘役。申报人对于明知不实的所得额故意申报的，除依以上规定处罚外，其有触犯《刑法》伪造文书罪情形的，主管征收机关应报请法院法理。

（2）调查与审查。《所得税暂行条例》规定，在所得税申报征收过程中有调查及审查程序，这对所得税这种相对复杂的税种来说是客观需要的。主管征收机关在纳税义务者报告各类所得额后，可随时派员调查。主管税务机关决定各类所得额及其应纳税额后，应通知纳税义务者。纳税义务者接到通知后，如有不服，可在20日内说明理由，连同证明文件请求当地主管征收机关重新调查，主管征收机关应即另行派员复查。经复查决定后，纳税义务者应即依法纳税。在市、县或其他征收区域设置所得税审查委员会，委员会设委员3～7人，为无给职（即不是专职），由财政部在当地公务员、公正人士及职业团体职员中聘任，任期3年。委员会开会时，主管征收机关长官或其代表应列席。纳税

---

① 潘序伦、李文杰：《所得税原理及实务》，商务印书馆1937年版，第135～141页。

义务者接到复查决定通知后仍不服，可在 10 日内向所得税审查委员会申请审查。主管征收机关对于申请审查的税款，应存放当地殷实银行，待审查委员会决定后，依决定退税或补税，若退税应将退税款的利息一并退还。纳税义务者对审查委员会的决定不服时，可提起行政诉愿或诉讼。扣缴所得税者、自缴所得税或代缴所得税者，对于调查、复查、审查人员要求提示的凭证不得加以拒绝。征收所得税机关人员对于纳税人的所得额、纳税额及其证明关系文据，应绝对保守秘密。违者经主管长官查实或于受害人告发经查实后，主管长官应予以撤职或其他惩戒处分，并报请法院处理。纳税人如遇有营业上不便使调查所得委员闻知者，依照规定于中央特设所得税主管机关或特派员时，可请求其专司调查。① 以上各项规定形成了较严密的所得税内外部监控体系和法律救助体系。

（3）税款征收。关于各类所得税的纳税期限，《所得税暂行条例施行细则》规定：第一类甲、乙两项纳税期限，应依各业每年的结算期，于每年 3 月 1 日起至 5 月末止或 8 月 1 日起至 10 月末止一次缴纳；丙项所得税于结算申报时缴纳。第二类所得税按月缴纳。第三类所得税于结算申报日起 20 日内缴纳。因合并、解散、歇业、清理经结算后仍有所得者与破产宣告经清理后仍有所得者以及营业年度变更者，应于结算申报日起 20 日内缴纳。《所得税暂行条例》规定，纳税义务人或所得税扣缴人不依照期限缴纳税款的，主管征收机关可移请法院追缴并依下列规定处罚：欠缴税额全部或一部分逾 3 个月的课以所欠金额 30% 以下罚金；欠缴税额全部或一部分逾 6 个月的课以所欠金额 60% 以下罚金；欠缴税额全部或一部分逾 9 个月的课以所欠金额 1 倍以下罚金。该项处罚规定有个明显的缺陷，即所得税欠缴人若欠一年以上，不论欠缴时间多长只能处罚欠缴税款 1 倍以下，对欠缴时间长者处罚力度太小，不如现行税法对欠缴税款采取按比例加收滞纳金的办法合理，因为现行办法能使欠缴税款越长者受到的惩罚越重，有利于追缴欠税。所得税缴纳方法为：属于第一类甲、乙两项的由业务负责人自行缴纳；第一类如有支付所得的机关，由该机关业务负责人代为扣缴；如无支付机关，由纳税义务人或其代理人自行缴纳。属于第二类

---

① 张志樑：《所得税暂行条例详解》，商务印书馆 1937 年版，第 95～104 页。

的由直接支付薪给报酬的机关长官或雇主代为扣缴；无支付机关或雇主的自行缴纳。属于第三类的由付息机关的业务负责人代为扣缴。[①]

（4）经征与经收分开。中国以往税款征收都是税款经征与税款的收款为同一机构，对税收的入库和适用缺乏制度上的监督制约，极易出现贪占挪用税款的现象，征税人员收纳转解税款也很烦琐。而国民政府举办所得税为解决以往的诸多弊端，对此作了改进，将经征和经收分开。经收机关分为财政部所得税事务处、省或隶属于行政院的直辖市所得税办事处、重点县所得税区分处（区分处下酌设查征所）三级，负责接受纳税申报、税额调查。核定与下发纳税通知书等税款的收纳和解库工作主要由银行承担。1936 年 10 月 31 日，由财政部所得税事务处与中央银行业务局、国库局签订《首届所得税款暂行办法》，确定中央银行经收所得税税款，未设立中央银行的地方则委托中国银行、交通银行以及三等邮局以上邮务机关代收。后进一步规定，所得税税款由财政部所得税事务处委托国家银行或邮政储金汇业局征收，当地无以上机关的可指定其他银行、商号或处所代为征收。[②] 国民政府将所得税经征与经收分开，可谓是中国税收制度的一大改进，为现代税款征收模式的形成奠定了基础。

国民政府所得税开办之初的法规尽管看起来较为简单，但比较切合推行初期和当时的经济社会实际，而且对征纳各方的行为以及程序作出了比较明确的规定，为顺利开办所得税和正式立法打下了较好基础。

4.3.2　印花税

国民政府时期，对印花税进行了多次的完善。先是 1934 年针对收入分成进行划分，并取消了以往对物征税项目，以 35 类凭证为征税对象。抗战爆发后，为筹集战事经费于 1937 年施行《非常时期征收印花税暂行办法》。1940 ~ 1945 年，印花税收入共 460700 万元，占直接税比重为 17.86%，为抗战胜利作出了巨大的贡献。抗战胜利后，国民政府根据通货膨胀多次对《印花税法》进行了修订，印花税在税目、税率等方面都有所完善。而中国现代印花税制度

①　胡毓杰：《我国创办所得税之理论与实施》，经济书局 1937 年版，第 44 ~ 53 页。
②　潘序伦、李文杰：《所得税原理及实务》，商务印书馆 1937 年版，第 136 ~ 137 页。

的框架正是在这一系列措施中逐步建立起来的。①

1927 年南京国民政府成立后，财政部决定继续征收印花税，并由该部赋税司掌管，各省基本沿用旧制征收印花税。为了适应新形势的需要，统一印花税制，国民政府决定参照 1925 年召开的全国印花税专业会议中修订印花税法的意见及各省单行税则来重新修订印花税法规，草拟了《国民政府财政部印花税暂行条例（草案）》，并于 1927 年 11 月由财政部公布实施，同时宣布废除原北洋政府公布的印花税有关法令法规。

《国民政府财政部印花税暂行条例（草案）》明确规定："凡本条例所列各种契约、簿据及人事凭证以及第四类特种物品，均须遵照本条例贴用印花为合法之凭证。"该条例还规定了四类应贴印花的凭证和物品名称及税率，具体如下。

第一类凭证 15 种。其税率分为以下三项。

（1）发货票、寄存货物文契之凭据、租赁各种物品之凭据、抵押货物字据、承种地亩字据以及当额在 4 元以上之当票、延聘或雇佣人员之契约等 7 种凭证按件贴花 1 分。

（2）铺户所出各项货物凭单、租赁及承顶各种铺底之凭据、预定买卖货物之单据、租赁土地房屋之字据及房票、各项包单及银钱收据等 6 种，按分级定额税率贴花凭证，金额在 1 元以上未满 10 元者，贴印花 1 分，10 元以上者贴印花 2 分。

（3）按定时定额税率贴花的账折两种。支取银钱货物之凭折，每个每年贴花 1 角，各种贸易所用之账簿，每册每年贴花 1 角，且以上两种簿折，如逾期使用的，应另新立账折，重贴印花。

第二类应贴印花的凭证有提货单、保险单、汇票、银行钱庄所用支票及性质与此类似的票据、遗产及析产字据等 14 种。这 14 种字据 1～50000 元按照累进制税率贴用 1～1.5 元不等的印花税票，是在北洋政府时期颁布的《印花税法（草案）》中的第二类 11 种按照累进制印花税率贴用印花的凭证基础范围的一个增加。第三类应贴印花的凭证主要是各种人事凭证及各种营业执照或

① 付志宇、敖涛：《近代中国直接税的发展及其借鉴》，《财政科学》，2016 年第 5 期，第 154～159 页。

许可证，共计45种，并相应地规定了具体的征税额度，其对人事凭证等的征税范围有了明显的扩大。第四类是对洋酒、奥加可（即火酒）、汽水及爆竹等物品征收的特种印花税，其征税的对象主要是属奢侈品，所以征税的额度比较大，如洋酒按照价值的30%贴用印花税票，而对爆竹的征税这一时期并未真正全面实施，属缓办范围，在原开征的几个省份试征不久后，因其税收不多便即行停征了。

此外，还对以上四类凭证的纳税义务人进行了明确的规定。《国民政府财政部印花税暂行条例》第五条、第七条和第八条对违反印花税法的处罚情况进行了规定：凡应贴印花之各件，不贴用印花或贴用时未盖章画押者，每件处以100元以下10元以上之罚金，贴用不足额者，每件处以50元以下5元以上之罚金，均酌量情形办理；业经贴用之印花，不准揭下再贴，违者处以100元以下10元以上之罚金；伪造或改造印花税票者，按照刑律伪造纸币例处罚。

由此可见，《国民政府财政部印花税暂行条例》也基本上是对原有的印花税制的沿袭，并稍加整理。

1928年12月，东北易帜，南北统一于国民政府，形势的变化使得印花税制也应作相应的修订，因此，自1929年起，财政部就着手于重新拟订印花税法的起草问题。1931年5月，国民政府在南京召开国民大会，通过了《制定印花税法案》，指出《国民政府财政部印花税暂行条例（草案）》已不适时宜，决定交由国民政府速令立法院限期修订、颁布《印花税法》。1932年7月后，印花税划归统税署接管，不久又改为税务署，税务署随即派定专家10人着手修订事宜。经调查，征求多方意见，并根据具体情况，在参考各国印花税制和1930年拟订的印花税法草案的基础上，提出印花税则11条。这11条原则成为后来修订印花税法的根据，具体如下。

（1）民事或商事上关于财产权的创设、继承、变更、转移、证明等行为之凭证，均征印花税。但不凭以发生效力或无营业及权利义务关系者免贴。

（2）个人或团体有所请求、陈述，向官署呈递的文件，以及官署或学校印个人、团体关系所发的公证文书，均应征收印花税。但为征收税捐而发或者已贴司法印花者免贴。

（3）官营业以照纳印花税为原则。

（4）为奖励储蓄、便利游行及扶植农工起见，对于除有奖储蓄外的储蓄事业及农工、旅行所有的凭证，得酌量减免。

（5）凭证的效力或权利较为重大者，或使用时间较长者，课税从重，效力或权利较为轻微者，或使用时间短促者，课税从轻。

（6）常有行为之凭证采用简而易行之定额税，稀见行为之凭证采用易于计算的累进税。

（7）凭证种类名称采用概括式，注重其性质以作为课税的标准，性质不同者不得比附。

（8）何种凭证应由何人负责纳税，均明白规定。

（9）罚金最低额与最高额的差距不宜过长，并须视漏税之多寡定罚金之多寡。

（10）同一当事人多次漏税应并科，不得逐件处罚。

（11）详密规定判处及执行罚金之手续。

根据上述 11 项原则，财政部拟订了《印花税法（草案）》，并按照立法程序报经行政院、中央政治会议及立法院审议通过，在 1934 年 12 月由国民政府公布，同时，财政部又于 1935 年 7 月公布了《印花税法执行细则》，并规定于 1935 年 9 月起全国一律施行。

新颁布的《印花税法》较原《印花税暂行条例》有较大完善，是我国印花税制的重大改进。首先是取消了对物征税的项目。这主要是由于 1931 年实行裁厘加税后，原应征印花特税的物品多纳入了统税系统，《印花税暂行条例》所列举的 74 种课税凭证减少了 39 种，仅对 23 种商事凭证、6 种人事凭证以及 6 种许可凭证征税。其次是适用税率的改进。规定了使用定额税率的 22 种凭证为 2 分到 2 元不等的税额，分级定额税率的 3 种凭证为 1 分到 3 分不等的税额以及比例税率的 10 种凭证，并分别对课征凭证的性质、贴花负责人、税率以及征免问题在税率表的附注栏中予以说明，这些规定比较细致、明确，使征纳双方易于掌握，克服了过去的烦琐、纷乱等弊端。再次是确定了免税范围。此次颁布的《印花税法》第三条对免税范围作了明确规定，并在《印花税法施行细则》中进行了必要补充，同时，对一般的征税原则作了明确规定或解释。最后是改进了罚则。新颁布的《印花税》中对于罚则的规定，改变了《暂行条例》按一定罚金幅度的金额规定，而采取按应纳税额的倍数幅度来处罚，这样一来就减轻了税额小的纳税人负担，使税法更趋公平合理。①

4.3.3 盐税

盐税改革是南京国民政府税制改革的重要内容之一。在解决地方政府盐税截留问题上取得了一些基本成效，在一定程度上满足了政府日益增长的财政收入需求。

4.3.3.1 整治地方政府的盐税截留问题

1928 年 7 月，第一次全国财政会议讨论通过了《统一全国盐税收入案》和《统一各省盐务机关征收人员任免权案》，把统一盐税提上议事日程。1929 年 6 月 17 日，国民政府向各省政府和军事机关发出批示，要求盐税由中央核办，地方不得截留。此后，南京国民政府逐步启动了统一盐税征管权利的计划。1927～1928 年初，南京国民政府征收盐税的权利仅仅局限于苏浙皖三省，其他省份仍然各自为营。但是到 1929 年，国民政府已经控制了除四川、云南、贵州、陕西、甘肃、山西、热河、察哈尔、绥远、东三省及宁夏以外的各省盐税。1929 年 9 月，国民政府所辖各省盐税的 60% 已上缴中央。② 各省截留盐税的行为已受到了很大程度的遏制。

1935 年前后，中国西北的甘肃、宁夏、青海三省在中央政府每年补贴数十万元的条件下，将盐税的征税权上交中央，其中，宁夏省每年收到 70 多万元。③ 1936 年 2 月，中央收回贵州省的盐税征税权。④ 中原大战以后，山西省（河东及晋北地区）的盐税，除外债摊款及磅亏附加解交中央外，其余均拨归山西省作为军费。⑤ 四川省的盐税征税权因为蒋介石借入川"剿共"的机会收回中央，而广东和广西两省的盐税征税权也由蒋介石借平息两广事变的机会收

---

① 饶立新、曾耀辉：《中国印花税与印花税票》（第二版），中国税务出版社 2002 年版，第 56～70 页。

② 秦孝仪：《革命文献》（第 73 辑），1977 年，第 231～232 页。

③ 《宁夏盐税归中央统一征收》，《盐务汇刊》，第 80 期"转载"，第 65 页。

④ 《中央收回黔省盐税》，《盐务汇刊》，第 84 期"转载"，第 77 页。

⑤ 《呈为奉令饬拟河东区实施新法改制方案因情形特殊施行困难谨具呈陈明恳请暂缓拟议事案》，中国第二历史档案馆藏档案，二六六（2）/478。

回中央。

数据显示，各省截留盐税的数额明显逐年下降。1932 年，被各省截留的盐税占中央盐税总收入的30%，1933 年为24%，1934 年为13%，到1935 年、1936 年，账目上已经没有这项数据。① 国民政府在治理各省截留中央盐税问题上取得了成功。

4.3.3.2 整顿地方滥征盐附加税

1928 年 8 月，国民政府下令调查各省附加税名称和数目。② 1929 年，国民政府下令由中央政府来统筹征收各省盐税，并且清查各省有无附税作抵借款及预填准单情事，开始整理、制止各省自行征收盐斤附加税。1930 年 12 月，国民政府财政部又训令各省：盐附捐限于 1931 年 3 月 1 日以前均由财政部统一核收统筹整理。③ 对各省原有盐附税用途无着，地方财政难以为继者，国民政府制定了收回附税后由国库拨补省款的办法。

到 1931 年 3 月，除河南、山东两区本无附税；晋北、河东附税是年也已停征；辽宁附税虽由稽核分所代征，税款系由东北政务委员会提用；长芦、口北、重庆 3 处，奉令不必接收，以及川南、川北情形复杂一时不能接收外，其他地区盐附加税均由稽核所统一征收，与原有的中央附加税合并，称为中央附税。

由于形势的变化，中央政府收到的附加税很难全部汇总整理。为了便于政府的管理，1932 年以统一税率为契机，确定了每种税种的名称，规定生产区缴纳的中央附加税和场税列为正常税，销售区缴纳的中央附加税和岸税列为销售税，地方政府仍征收的附加税统称为附加税。1935 年 4 月，国民政府财政部向各区下发命令，凡以地方政府名义征收的附加费，一律由中央征收，并以刑罚作为约束。对于各省原来附加税指定用途筹集补充资金有困难的，应当另行制定补助办法。按照这一原则，除少数地方没有照办之外，各省的附加税逐

---

① ［美］阿瑟·恩·杨格著，陈泽宪、陈霞飞译：《1927－1937 年中国财政经济情况》，中国社会科学出版社 1981 年版，第 60 页。

② 《财政部八月份工作报告》（1928 年 11 月），中国第二历史档案馆藏档案，二（2）/937。

③ 江苏省中华民国工商税收史编写组、中国第二历史档案馆：《中华民国工商税收史料选编第二辑》（上册），南京大学出版社 1999 年版，第 481～482 页。

步削减合并。到 1937 年，各地仍分别征收的地方附加费有：河南的督销费，晋北的食户捐等。

4.3.3.3　调整盐税税率

统一盐税征管权的同时，南京国民政府也在不断加强中央对盐税税率的修改和制定实施之权的控制。民国时期的盐税实行等差税法，各个省份与地区之间存在差异，因而存在轻税地区盐往重税地区倾销的现象，必然产生国税损失。为解决这一问题，南京国民政府开始着手统一盐税税率。早在 1928 年第一次全国财政会议上，就有过这样的讨论。但是，南京国民政府的划一税率还包含着另一种含义，即以划一、调整、平均的名义，提高税率，增加税收和收入。

经过几次调整，到 1935 年底，全国盐税税率已减少到 90 种左右。1936 年，全国盐税税率又进一步整齐划一。盐税对人们的日常生活和国民政府的现代化进程产生了严重的负面影响。由于南京国民政府对盐税增收的期望有增无减，乃至无视新盐法的低税则，对新盐法进行修正。1936 年 12 月 8 日，行政院提议"将盐法第二十四条及第二十五条内'公斤'字样改为'市斤'"，1937 年 2 月 25 日，由经济、财政两专门委员会联席会议审查通过，4 月 19 日，国民政府正式下令按前述办法修正新盐法。

总的来说，南京政府对盐税进行了一系列调整和改革，在保持和增加中央权力方面取得了显著成效。然而，南京政府对盐税收入过度追求，严重影响了人民生活和国家现代化进程。

4.3.4　营业税

营业税根据征税范围的不同，可分为一般营业税（以一般商品为征税对象）和特殊营业税（对特定商品征税），是南京国民政府主要的税收来源。

南京国民政府成立后，为了彻底改变军阀时代税制混乱的局面，财政部部长宋子文决定对财政税收进行改革。1928 年 7 月，第一次全国财政会议重新划分国家与地方财政收支，将营业税划为"将来之地方收入"。1931 年 1 月，南京国民政府正式宣布裁撤厘金，同时由地方开征营业税以资抵补；同年 6 月，《营业税法》颁布实施，许多地方制定了营业税征收条例，开始征收营业税。

实际运行中，民国营业税在各省市的开征遇到了很大的困难。由于营业税立法更加灵活，弹性较大，各个地区之间存在差异，执行不一，从而导致税收负担不均。实际上，在"裁厘"并开始征收营业税之后，各省市政府都面临了不同程度的财政困难。在中央政府的财政补贴非常有限的情况下，各省市政府为了缓解其收支压力，只有大幅度提高营业税税率，或通过隐性手段恢复旧税，才能缓解财政危机。南京政府的初衷是希望各省能根据自身经济和发展的实际情况，制定出更适合自己的营业税法规，以有助于其税则更好地推行。但是，在战争和纷乱割据的历史背景下，营业税的实际施行存在着种种困难与混乱，各个地区营业税负担的不平衡也加剧了各地商人与民众的不满。

北洋政府在营业税方面的尝试是失败的。一方面，在于其本身并不是对营业行为进行征税；另一方面，它并没有真正实施。在1931年裁厘以后，各省财政收入不足，产生亏损。为弥补收入，财政部将《各省征收营业税大纲》呈送行政院，经行政院核准后通行各省开征。同年6月，国民政府出台了《营业税法》，规定营业税为地方税，征收细则可由各省自行决定因此，各省之间在征收范围、税率、征收方式等方面存在较大差异，造成税制混乱、人民抗议的后果。此后，国民政府曾多次修正《营业税法》以解决存在的问题。1942年起，国民政府的省级财政纳入国家财政体系，各省的税收由中央接管征收。因此，营业税当时由直接税处接办。究其原因，"因营业税与营利事业所得税同以工商业为主要课征对象，营业税之查征，又为征收所得税之先锋，两者关系甚密，故由其接办，不特征收方便"①。营业税因此也成为直接税体系中一个重要部分。

1927年4月，南京国民政府成立以后，财政部于当年6月召开财政会议。会议讨论了赋税司长贾士毅起草的《营业税条例草案》。该草案规定，在中华民国境内经营制造业、印刷出版业、保险业、典当质押业等均应缴纳营业税；营业税以资本额为课税标准，税率为1‰～3‰。② 显然，与北洋政府时期的定额税率相比，该草案采用了比例税率。对于这种以资本额为课税标准的比例税

---

① 包超时：《中央接管营业税之经过及一年来整顿之概况》，《直接税月报》，1942年，第4~6页。
② 《行将施行之营业税法规汇志》，《银行周报》，1929年第13期，第25页。

率，时人曾提出过一些质疑："吾国如不欲施行营业税则已，否则当以课征纯益为原则，尤宜酌采累进之原则，兼顾社会之政策，庶期于不妨害民生之范围，且得期担负之公平。"[①] 由于我国会计制度的滞后，营业税难以按纯收益计征，且成本较高。因此，累进税率的建议并没有被政府完全接受。1928 年 7月，南京国民政府财政部召开第一次全国财政会议，决议将营业税划为地方税。同年，财政部召开全国裁厘委员会会议，拟订了《各省征收营业税办法大纲》。该办法大纲对营业税的税率和课税标准有明确规定，物品贩卖业、制造业、印刷业、饭店业、旅馆业、娱乐场业、照相业按售出金额征收 1‰～2‰；牙行业按所收牙费金额征 2‰；包作业按承包金额征 0.5‰；租赁物品按所收租赁金额征 1‰；运送业按所收运送金额征 1‰；钱庄业、典当业、堆栈业按资本金额征 1‰。[②] 与前订条例草案不同，该办法大纲规定营业税征收可采用多种课税标准，但在税率规定上两者均采用比例税率。由于受当时政治和军事形势影响，裁厘计划未能如期实行，该办法大纲被一再搁置。至 1930 年底，南京国民政府财政部宣布自 1931 年 1 月 1 日起正式裁撤厘金。为开征营业税以抵补地方裁厘损失，财政部呈请行政院公布了《各省征收营业税大纲》。该大纲第四条规定，"营业税征收标准，以照营业收入数目计算为原则""至多不得超过千分之二"[③]。后因该大纲过于简略，财政部又拟订《补充办法》。该办法规定："凡以营业收入额为课税标准者，照大纲第四条办理，其以资本额为课税标准者，最高不得超过千分之二十。"[④] 同年 6 月，立法院正式颁布了中国历史上第一部《营业税法》。根据税法规定，营业税采用营业额、资本额和纯收益额三种课税标准，分别税率征收：营业额税率为 2‰～10‰；资本额税率为 4‰～20‰；纯收益额税率分为 20‰～50‰、50‰～75‰、75‰～100‰三个等级。[⑤] 由表 4.5 可见，与北洋政府时期的定额税率不同，南京国民政府在营业税立法过程中采用比例税率，即根据各商店经营规模（营

① 薛遗生：《评贾拟国府营业税条例草案》（下），《银行周报》，1929 年第 13 期，第 19 页。

② 《裁厘会议纪要》，《银行周报》，1928 年第 12 期，第 27～28 页。

③ 《各省征收营业税大纲》，《工商半月刊》，1931 年第 3 期，第 12 页。

④ 《各省征收营业税大纲补充办法》，《工商半月刊》，1931 年第 3 期，第 12～13 页。

⑤ 《行政院转奉国府办法营业税法训令》，1931 年 6 月 20 日，中国第二历史档案馆编：《中华民国史档案资料汇编》[第 5 辑第 1 编（2）]，江苏古籍出版社 1994 年版，第 426～428 页。

业总收入额、资本额）或获利（纯收益）大小，按照一定比例进行征税。这是因为这一时期营业税已经由"国家税"变为"地方税"，由"特种税"变为"普通税"，如何实现税负在地区和行业之间的公平分配，是营业税顺利实施的关键。与定额税率相比，比例税率能够反映不同纳税单位之间的差异，在一定程度上可以克服定额税率造成的税负分配不均，更符合税收公平原则。

表 4.5　　　　　　　　　　　　1927～1931 年营业税税率

时间	营业税法规	课税标准	税率
1927 年 6 月	《营业税条例草案》	资本额	1‰～3‰
1928 年 7 月	《各省征收营业税办法大纲》	售出金额 牙费金额 承包金额 租赁金额 运送金额	1‰～2‰ 2‰ 0.5‰ 1‰ 1‰
1931 年 1 月	《各省征收营业税大纲》 《营业税补充办法》	营业额 资本额	≤2‰ ≤20‰
1931 年 6 月	《营业税法》	营业额 资本额 收益额	2‰～10‰ 4‰～20‰ 20‰～100‰

资料来源：《各省征收营业税大纲》《各省征收营业税大纲补充办法》，《财政公报》，1931 年第 46 期，第 15～16 页；《营业税法》，《新闻周报》，1931 年第 8 卷第 24 期，附录，第 3 页。

4.3.5　关税

南京政府成立之初，只有一小部分关税可以任其支配。主要是江海关的关税收入。其余关税收入仍属于北洋政府和南方一些地方政府。北伐成功后，时任财政部长宋子文开始与各国就关税自主权进行谈判。

1928 年 7 月 1 日，宋子文与美国公使马慕瑞首先在北京签订了"互惠友好协定"，随后，英、法、德、比、意等国相继与南京政府签订了类似的协定。[1] 在列强之中，只有日本不同意中国关税自主，理由是中国没有履行北京关税会议时作出的废除厘金的承诺。为此，宋子文进行了长期努力，1930 年 5 月，中日两国政府签订了《中日关税协定》。协定规定：由日本进口的棉货

----

① 秦孝仪：《革命文献》（第 73 辑），中央文物供应社 1977 年版，第 103 页。

类、鱼蚜及海产品、麦粉三类货物在三年以内，杂品在一年以内，维持原有5%税率不变；中国向日本出口的夏布、绸缎、绣货也在三年内保持旧有税率；在上述条件下，日本政府同意中国政府三年后关税自主。

1929年2月1日开始实施的关税自主，名义上是由中国政府决定自己的关税税率，其实不过是列强早就安排好的税率，以自主的形式公布出来。在1929年的税则中，出口税没有变化，进口税则以值百抽五为基础，采取1925年北京关税会议上英、美、日三国修正的七级税率，加上已在煤油、卷烟上实施的二·五附税及特税，化散为整。① 共分七级十四类780目，最高税率27.5%。② 除对正税规定如上以外，税则还对附税和常关税作如下规定：（1）洋货进口二·五附税与奢侈品税以及洋、土货子口附税概行免征；（2）土货出口二·五附税与复进口一二·五附税应仍照征；（3）机制洋式货物，除照向章规定之税则完纳出口正税外，应仍照征二·五附税一道；（4）五内常关，应征附税，其税率概照新征常规，折半征收；（5）凡已报由常关征收之货物不得再征同一税项。此外，在税率实行自主的同时，宋子文也对税务行政进行了改革。他首先重新规定了总税务司的职能，要求"海关只应格遵政府命令，掌管征税工作，而摆脱一切政治性的、超过本职之外的职权和联系"③。1931年1月1日，配合即将开始的裁厘，海关进口税发生了第二次重大的变化。同年6月1日，出口税则发生了南京政府建立后的第一次重大变动。就进口税则而言，宋子文为"增进税收计""对于进口货一部分（大半为奢侈品）之税率稍为增加"④。其税目为16类647目，同时，将货价标准年度从1930年改为1925年，以提高进口税的计价基数，其税率除《中日关税协定》附表甲所列货品外，皆按货品性质分别厘定。综计全部税则货品，较之实行海关金单位时，税率增加者451项、减低者150项、未变动者232项，增加者主要为一些国内也制造的产品。

---

① 中央党部经济计划委员会：《十年来之中国经济建设》，《财政》，南京古旧书店1990年影印，第10～13页。

② 《抗战前财政工作概述》，《中央周报》，第468期。

③ ［美］阿瑟·恩·杨格著，陈泽宪、陈霞飞译：《1927—1937年中国财政经济情况》，中国社会科学出版社1981年版，第41页。

④ 秦孝仪：《革命文献》（第73辑），中央文物供应社出版1977年版，第275页。

1932 年 4 月，又对此税则进行了一些小的修改，增加了糖品税率。8 月，增加了人造丝、绸缎、酒、玩具、游戏品税率。① 累计这几次修改，使进口税最高达值百抽五十。② 除了对于关税税率的各项调整之外，宋子文对部分关税税项和关税机构也进行了裁撤。被裁撤的关税机构是 50 里内常关。被裁撤的关税税项有复进口税、内地子口税、常关税及船钞，累计达 19454000 元之多。他还说明，此举目的是以求有利于工商。他认为，在国内随着税务机关数量的增加和税率的提高将限制贸易量，从而减少税收，同时取消不必要的机构，适当降低税率，将刺激工商贸易，这最有利于增加税收。他说，这种反向关系是一种"诚不我欺"的财政法则。这种正确思想导致正确决策的情况，在整个南京政府时期是极为罕见的。

1933 年 5 月，《中日关税协定》期满，宋子文在进口税问题上摆脱了掣肘，直接把最高税率提高到 80%，对出口税没有作调整保持不变。而在 1933 年新税则公布后，日方认为这是宋子文抗日计划的一部分，对南京政府施加了巨大的政治压力。③ 由于蒋汪联合政府急于同日本和解，以便腾出手来从事"安内"，宋子文被作为障碍排挤出政府。第二年，关税进口税率就作了对日本极为有利的修改。④

在 1934 年修订的"国定税则"中，其分类与税则仍与 1933 年的税则相同，税率分为 14 级，为 5% ~ 80% 不等，但是各货的税率都作了调整。修订后的关税无疑更加有利于外国布料的进口，增加了国产棉布的成本，致使其对国内棉纤维行业造成了双重打击。从这些关税的总体变化来看，尤其是棉花和纺织工业等主要国内工业的变化，可以看出国内工业得不到很好的保护，对于各个资本主义国家对中国倾销商品的行为并无有效的抵制。这个结果与国民政府所宣扬的"关税自主"是为了"维持实业"大不相同。

通过关税改革，国民政府可以获得关税的自主权，拥有了自行确定税率并

① 《十年来之中国经济建设》，《关税》，第 1 ~ 13 页。
② 孔祥熙：《十年来的中国金融与财政》，《关务》；中国文化建设协会：《十年来之中国》，1937 年。
③ ［美］帕克斯·M. 小科布尔著，蔡静仪译：《江浙财阀与国民政府（一九二七——一九三七年）》，南开大学出版社 1987 年版，第 85 ~ 90 页。
④ ［美］阿瑟·恩·杨格著，陈泽宪、陈霞飞译：《1927 - 1937 年中国财政经济情况》，中国社会科学出版社 1981 年版，第 53 ~ 54 页。

自由管理税收的权力，以及基本管理和控制海关的行政权力。尽管国民政府的关税改革没有也无法从根本上破坏当时帝国主义对于中国的统治，但它至少可以客观地削弱其在中国的特权。就当时的历史条件而言，关税改革在一定程度上具有积极的历史意义。

4.3.6　遗产税

南京国民政府时期，曾设立直接税筹备处专门处理所得税和遗产税的相关事宜。但前期限于国内困难以及"七七事变"的影响，正在进行立法的《遗产税原则》9 项及《遗产税条例草案》30 条未及审议，只得搁置。直至 1940 年，因为筹集战费所需，国民政府颁布《遗产税暂行条例施行条例》，于 7 月 1 日开征。从国民政府 9 年来的遗产税征收比重上来看，虽然其在直接税中的比重并不高，但遗产税的倡办符合现代税制改革的趋势，特别是直接税制度的建立，对增加财政收入、调节收入分配、促进社会公平发挥了重要作用。

4.4　近代中国经济发展"黄金时期"的到来

从 20 世纪开始，我国就不断地从传统国家向现代化国家转型。1927～1937 年的国民政府时期是转型的一个重要阶段。在这个时期，国民政府大力发展我国资本主义工商业，许多的经济指标创下了历史新高。

历史上著名的"黄金十年"就是指 1927～1937 年国民政府定都南京的这十年，开创了国家各个方面的全面发展，被誉为"黄金十年"的短暂盛世。1929～1941 年，国家 GDP 年平均增长率为 3.9%，人均 GDP 年增长率为 1.8%。

4.4.1　关税自主

1928 年 7 月，宋子文在北京与美国驻华公使马慕瑞签订《中美关税新约》，同年 10 月，我国向全世界宣布关税自主，同年 11 月，美国承认了中国的关税自主，美国是第一个承认中国关税自主的国家。继美国之后，各国相继承认中国关税自主，只有日本极力反对。同年 12 月，我国第一次公布海关进口税的相关税则，确定了 7 级的海关进口税的税率。

从 1930 年 2 月 1 日开始，国民党领导的国民政府提出了海关金单位的概念，即宣布海关进口税将征收具有稳定价值的海关金单位。具体规定为：1 个海关金单位代表 0.1866 公毫的纯金。就这样，不管是庚子赔款还是外债的本息，中国都可以直接使用海关进口税（即关金券）来偿还，而不需要再使用银两并换算成各国金币还债。这也意味着，国际银价的变化对中国财政影响的降低。

1930 年底，国民政府公布了新的海关进口税的相关税则，大幅提高了税率，原来 22.5% 的最高税率增加到 50%。1931 年，国民政府取消了厘金，中国将关税自主权收回，做到了真正意义上的关税自主：1929 年 4% 的进口税税率在 1930 年提高至 10%，又在 1934 年提高至 25%。1933 年 5 月，国民政府制定了新的海关进口税税则，最高税率从 50% 增至 80%，此举遭到日本的强烈反对。1934 年 6 月，国民政府又制定了新的海关进口税税则，降低了金属器具、机器工具等的进口税率。[①] 这段时间，国民政府努力争夺我国的关税自主权，多次与外国政府就中国关税自主的相关事情进行谈判，并结合当时的国情组织了四次关税改革，大幅提高了当时中国的海关进口税收入，进而使得国家财政收入大幅提高，有效地解决了国民政府当时捉襟见肘的困境。国家关税的自主不仅解决了国民政府的收入问题，也促进了民族工商业的发展。

4.4.2 民族工商业发展

1928 年，国民政府制定了《中华民国权度标准方案》，将国家的权度标准跟上了国际的步伐，与国际权度标准接轨。在这个时期，我国丝织、染织、纺织等轻工业在国民政府的鼓励下稳定发展，并为一批新兴行业的发展奠定了基础，如电器工业、酒精工业、酸碱工业等。

1931～1936 年这段时间，我国民族工业平均增长率达到了 9.3%。在那个充满动乱的时期，虽然国家面临着各种内忧外患，但是我国经济依旧保持稳定发展。在不考虑东北的情况下，我国全国的工业增长率达到了 8%，社会经济

---

① 易继苍、张祥晶：《1927－1937 年南京国民政府的关税改革》，《许昌师专学报》，2002 年第 6 期，第 99～103 页。

也在蓬勃发展。在 1936 年，我国工业以及农业产值突破了近代以来的最高标准，为国家现代化建设奠定了基础。在这段我国工商业迅速发展的时期里，我国电力行业年平均增长率达到了 9.4%、煤矿行业年平均增长率达到了 7%①；水泥行业年平均增长率达到了 9.6%；钢铁行业年平均增长率达到了 40%。1927～1936 年，我国交通增长率从 8.4% 提高至 17.1%，工业增长率提高了 5.6%。但是，我们应该认识到，主要是机制面粉业、纺织业、火柴业这三大行业为"黄金十年"的盛世奠定了坚实基础，这三大行业中的每个行业都在高速增长。而再看对国家强大更为重要的钢铁制造业、机械制造业等现代工业，这些现代工业虽然重要，但是发展缓慢，在我国农业社会到工业社会的过渡发展阶段更是如此。所以，在这段时间里，我国的经济发展主要还是靠着农业和手工业，农业和手工业当时占着我国 GDP 的绝大部分，中国现代工业在当时仅占 GDP 的一成左右。②

在这段时间里，我国的大部分现代工业还是买办性质的，这些工业企业主要是由外国资本家控制，其中大多数还是由日资控制。到 1936 年，外国资本家对我国现代工业的投资达到了 29.2 亿元，再考虑我国当时的铁路行业和航运行业，我国现代工业的外国资本总额约有 64.34 亿元，其中很大一部分为日本资本家对我国东北地区的现代工业投资。如果不考虑东北的情况，那么当时我国现代工业的外国资本总额大约为 28.43 亿元。③ 经过外国资本家对我国工业的大量投资以后，外国资本当时在我国工业中几乎占据了垄断地位，我国当时的生铁产量、钢产量、机械采煤量、发电量分别有 95%、83%、66%、55% 的部分被外国资本家控制着。④

相关资料显示，1936 年，我国除东北以外的其他地区的工矿业中，有 78.4% 为外国资本，只有 5.4% 和 16.2% 的部分分别为国家资本和民族资本家。⑤同一时间，我国包括东北的全部地区的铁矿产量的 99.2%、生铁产量的 96.8% 以及煤炭产量的 29% 都被日本资本控制。而且我国的工业在分布上是

---

① 周濬宁：《中国近代经济史新论》，南京大学出版社 1991 年版，第 251～255 页。

② 《日本侵华终结"黄金十年"》，《环球时报》，2006 年 6 月 8 日，第 13 版。

③ 李新总主编、中国社会科学院近代史研究所中华民国史研究室编：《中华民国史》（第八卷），中华书局 2011 年版，第 826～864 页。

④⑤ 吴承明：《我国半殖民地半封建国内市场》，《历史研究》，1984 年第 2 期，第 110～121 页。

畸形、不平衡的，工业产业集中在少数城市，工业的畸形分布也就导致了在1938年国民政府失去武汉后，国民党统治地区的钢产量、电力产量、水泥产量、化学产量、棉纱产量、面粉产量大幅度减少，分别仅有战前产量的3%、14%、5%、1%、1%、2%。[①] 1934年1月，国民政府在四届四中全会上作出了将国家经济中心向西转移的决定。1935年10月，蒋介石公布了有关国民经济建设运动的文告。同年11月，国民政府在此基础上发起了"国民经济建设运动"。1936年6月，国民政府建立了国民经济建设委员会。1936年，在国民政府的鼓励下，国民经济建设得到了大幅度发展，也直接促进了我国资本主义的发展。相关资料显示，当时我国的工农业生产总值达到了306.12亿元，其中工矿业产值占总产值的比例达到了35%，农业产值占总产值的比例则为65%。[②] 这体现出了我国工矿业产值比例上升、农业产值比例下降的趋势，也标志着我国资本主义经济的发展。

4.4.3　交通建设

交通建设是经济发展必不可少的一环，直接影响到国民经济发展的速度与质量，是经济的命脉。

4.4.3.1　铁路建设

国防和当时内战的需要，也促使国民政府把交通建设放在经济建设的第一位。在孙文先生提出的实业计划中，交通建设也是其中的重要部分。在国民政府成立之初，孙文先生宣布训政时期的重要任务之一就是要把交通建设搞好，其中的铁路建设更是重中之重。于是乎，国民政府便创立了铁道部，并任命孙科为铁道部部长。但是，国民政府在第一时期的铁路建设的成果并不理想，直到1931年9月，我国全部地区的铁路总长度仅有15000公里。而且当时，我国的大部分铁路建在关外，在关内地区建造的铁路很少，这也导致了当时铁路路线分布不系统、不均衡的情况。1931年9月以后，我国铁路建设的第二次高潮拉开了帷幕。

---

① 严中平等：《中国近代经济史统计资料选辑》，科学出版社1955年版，第194页。
② 李新总主编、中国社会科学院近代史研究所中华民国史研究室编：《中华民国史》（第八卷），中华书局2011年版，第826～864页。

1931年，国民政府制定了《十年工业计划》。同年5月，蒋介石制定了交通建设五年计划，计划中表示到1937年我国将建设完成85000公里的铁路。在不考虑外国资本的情况下，我国自己控制的铁路有9594公里，其中的1718公里即占总铁路长度18%的铁路在东北地区。东北地区的铁路在"九一八"事变后全部落到日本人的手中。1932年，国民政府制定《铁道法》，宣布了"国营铁道于不损主权及利权范围内得借外资"的原则。①

1934年，国民政府制定了公营铁道、民营铁路的相关条例，鼓励民营企业加入国家铁路的建设行列。国民政府为准备建设铁路所要花费的庞大资金，进行了整理旧债、举借新债等一系列措施。在准备资金的同时，国民政府也作出了修补旧路、建设新路的决定。其中，旧路的修补主要包括铁路重轨的抽换、铁路桥梁的加固、调度电话的增设、防空设施的补建等。1937年，国民政府将这项任务基本完成，我国各地区铁路的载重能力、运输能力得到了大幅度提高，大大增加我国铁路行业的营业收入。在旧路的扩建方面，国民政府也取得了不小的成就。比如，陇海铁路成功向东西方向扩建，1932年向东扩建至连云港，1934年向西扩建至西安，1935年扩建成功并投入使用。在第一时期就已经开始筹备的粤汉路中段株韶段于1933年开始动工，5月开始通车。在这段时间里，建设的新铁路主要包括：省营的杭江路及同蒲路、商办的江南路和淮南路、中央与地方合营的浙赣路、为军事需要建筑的苏嘉路、沪宁路与津浦路之间的长江渡轮工程等。②

1936年2月，蒋介石下令加速建设全国的铁路与公路。同年8月，"粤汉铁路"正式完工通车。到了1937年，我国全部地区的铁路总长度达到了21761公里，其中45%由东北控制，52.2%由国民政府掌控，剩余的2.8%则由英、法资本控制。③

4.4.3.2 公路建设

与铁路建设相比，公路建筑所需要花费的资金较少、建筑较快，所以公路建设被定为"目前便利运输交通之最先急务"。在这个时期，公路建设的主要

---

①② 吴承明：《中国资本主义与国内市场》，中国社会科学出版社1985年版，第127～133页。

③ 赵德馨：《中国近现代经济史（1842－1949）》，河南人民出版社2003年版，第227页。

任务是建设联络公路，将各省的公路线路连通起来，为国防事业及国家经济发展奠定交通基础。

1928 年，我国全部地区公路的总长度达到了 29127 公里。公路建设被国民政府列为国家经济建设要政。1928 年，国家交通部公布了全国公路建设的相关计划，即建设以兰州为公路中心，分为国道、省道、县道 3 种，总长度为 41550 公里的全国公路，计划在 10 年内完成。同年 11 月，国民政府设立了铁道部，并将原来由交通部主管的公路建设交由铁道部主管。1932 年 5 月，国民政府命令全国经济委员会筹备处监督建设苏、浙、皖三省的联络公路。同年 11 月，铁道部将三省联络公路扩建成七省联络公路。当初，全国经济委员会刚刚开始监督建设豫、鄂、皖、赣、苏、湘、浙七省联络公路时，七省真正意义上的联络公路仅有 7700 公里左右。1932 年 12 月，全国经济委员会创立了公路处，专门负责监督建设各省公路的联络工程。1933 年，铁道部完成了豫、皖、苏、鄂、赣、浙、湘七省联络公路。到 1934 年，铁道部共成功建筑了公路 13676 公里。1934 年，全国经济委员会主持了西兰公路、西汉公路的修建，之后又陆陆续续地主持了四川至云南、绥远至新疆、甘肃至新疆等联络公路的修建，公路建设为日后大西北的开发奠定了基础。1934 年，全国经济委员会成功将陕、甘、青、闽 4 省及闽粤赣边公路纳入七省联络公路网。到 1936 年，全国各地区成功建设的联络公路总长度达到了 21000 公里，可互通公路的长度达到了 30000 公里。除此之外，蒋介石还为备战需要而特别建设了联络公路，这些联络公路联络了蜀、黔、湘三省。1934 年 8 月，蒋介石准备计划东南公路的修建。同年 10 月，蒋介石先后到洛阳、潼关、西安、兰州等地视察，为东南公路的建设做准备。1935～1936 年，国民政府陆陆续续修筑了全长约为 700 公里的西兰公路、全长约为 250 公里的西汉公路、全长约为 150 公里的汉宁公路。1936 年底，我国各地区公路总长度达到了 108117 公里，这意味着我国联络公路网已经基本形成。在这些年里，国民政府建设公路的总长度达到了 8 万公里，为我国社会经济发展奠定了基础。①

---

① ［美］帕克斯·M. 小科布尔著，蔡静仪译：《江浙财阀与国民政府（一九二七——一九三七年）》，南开大学出版社 1987 年版。

4.4.3.3　航空建设

在这个时期，国民政府不仅对旧航线进行了一系列的修复、整理，还开辟了许多新的航线，如沪平线、沪粤线、沪蜀线、平粤线。1933 年，粤、桂、闽、黔、滇五省地方政府合资建立了西南航空公司，开辟了广龙线、广琼线，为西南地区的发展和国防事业奠定了基础。

综合来看，在这段时间，国民政府在交通建设方面取得了许多佳绩。资料显示，1927～1933 年这段时间，我国各地区邮路的总长数由 462237 公里增加到了 498532 公里；铁路干线的总数由 914 个增加到了 938 个；公路干线的总长数由 29356 公里增加到了 72251 公里。交通建设为国家的国防事业以及社会经济发展提供了可靠保障。[①]

4.4.4　科技教育

南京国民政府建立后，为了满足社会经济发展的需要，国民政府越来越强调科技、教育的发展。在"黄金十年"期间，蒋介石大力推进实用科学的发展，将实用科学作为科技、教育发展的重点。在国民政府的鼓励下，越来越多的人加入了科学教育事业的建设，越来越多的科学研究机构被创立起来。比如，1928 年中央研究院成立；1930 年成立中央工业试验所；1931～1937 年，更是有诸如中央农业实验所、中央棉产改进所等科学研究机构陆陆续续成立起来。这些科学研究机构的相继成立，也伴随着一个又一个科研人员出现，这些科研人员以及他们身后的科学研究机构都极力推动着科技、教育事业的发展。

4.5　税制改革对经济发展的促进

税收是国家收入的重要来源，是维持政府正常运转、促进各项现代化工程建设的财政保障。对于 1927～1937 年正处于半殖民地半封建社会的中国而言，民生凋敝、财政困乏，税制改革可以为其向现代化发展提供财政支持，满足政

---

① 吴太昌：《略论中国封建社会经济结构对资本主义发展的影响》，《中国经济史研究》，1990 年第 1 期，第 40 页。

府与人民现代化发展的要求。中国税收现代化过程即是从中国传统税制向现代税制的转变过程。南京国民政府成立后，宋子文被任命为财政部长。他总结了其他国家在税制建设上的经验教训，借鉴了其关于税制建设的优秀成果，并结合当时中国的国情，组织召开了国家经济会议、财政会议，在会议上提出了许多相关财政、经济方面的改革建议，极力推动了中国当时社会经济的发展。

4.5.1 税制改革对于工业化的促进

近代中国的一个特点即是实现了从传统的农业国家向现代工业化国家的过渡。南京中央政府自成立初期，就起草了一系列工业建设有关的政策。但政府成立初期时，其内部政策以及外交措施薄弱，对于工业建设并没有起到有效作用。1931年"九·一八"事变发生后，相关资料显示，由于东北地区在日本侵略者的入侵下沦陷，我国关税收入大幅度减少，国家每年的关税收入减少了2亿元左右，约占国家每年税收收入总额的30%。[①] 这也导致了南京中央政府变得更加重视各项规划工作。于是乎，税制改革的推进也被提上日程。

在国家面临着如此窘状时，社会各个阶层的有志之士都在努力寻找改变中国、拯救中国的方法。1930年12月，胡适先生在《新月》杂志上就当时中国的状况发表了文章《我们走哪条路》。严峻的农村问题导致农村经济严重恶化，不断蔓延的饥荒、饥饿与贫困之下，"乡村的复兴"成为社会流行的声音。其中，晏阳初先生赞助的"中国公民教育促进会"以河北省定县为试点，积极开展了公民教育，以激发人们的智慧，促进农村建设。河南乡村学校成立后，由梁漱溟率领的乡村建设学校于1931年在山东省成立了乡村建设研究所，旨在建立一个新的促进乡村社会的社会组织，重组和建设县政府建设试验区。

知识分子们也进行了艰苦的探索和努力，以期希望改造和建设农村地区，但由于他们未能将发展农村的关键问题把握好，所以农民们并没有能够在这些知识分子的帮助下真正意义上走出贫穷的困境。在此期间，国民经济快速发展，但总体生产力落后，人们不能有效抵抗自然灾害带来的损失，而当时国家面临的内忧外患更是加剧了国民的财政困境。同时，随着人口的增长，大规模

---

① 易继苍、张祥晶：《1927—1937年南京国民政府的关税改革》，《许昌师专学报》，2002年第6期，第99~103页。

流动的趋势也极大地改变了中国的人口分布。

南京政府对于工业建设的重要性也有了更好的认识。工业化带来的工业材料财富的增加为政府提供了丰富的税收来源，反过来也促进了中央政府建立和完善相应的财政和税收制度，进一步推动了税制改革的进程。南京中央政府有选择地实践了孙中山的工业建设思想，对国家资本与整体经济进行了初步的发展，并在一定程度上保护了国家利益和资产阶级。这段时期的工业建设与发展为抗日战争积累了一定的重要基础。

南京政府在金融和经济方面做了以下工作：第一，整合金融体系，将金融体系和财政政策统一，对税制进行改革，主要包括对关税、盐税、统税三税制进行改革，取消不利于资本主义经济发展的厘金制度。第二，发布国家关税自主的宣告，与其他国家进行谈判，做到关税自主。第三，对国家的货币制度进行一系列改革措施，将单位由两改为元，统一国家的货币，同时控制国家的白银流动。第四，组织国民经济建设运动。只要将以上四个方面的工作做好，那么国家的财政便得以统一了，国家便可以有更多的税收和收入，以至于可以进一步扩大国家市场与海外贸易的规模，促进国家工农业经济的发展。收回部分海关主权，让国家有权利控制海关进口的税制以及税率，也为民族工商企业的发展提供了保障。但是，在那个时期，国家社会经济的发展并不是一帆风顺的。在国民政府的领导下，国家社会经济呈现上升、下降到再上升的发展趋势。例如，在实施新的财政和经济政策之后，经济水平在 1927 ~ 1937 年有了显著提高，但是在诸如全球经济危机、日本侵略战争、国共内战、自然灾害等内忧外患的影响下，我国当时的社会经济没能保持稳步上升的步伐。于是乎，国民政府为了促进经济发展，对国家经济政策作出了一系列调整，组织了货币改革运动以及国民经济建设运动，并取得了比较理想的结果，也为后来的全国抗日战争提供了可靠的物质保障。

在社会发展方面，1927 ~ 1937 年，政治变革和经济发展对城市和农村地区以及其社会结构都产生了重大影响。一方面，越来越多的城市向着现代化的方向发展，出现了很多现代社会的特征，但是广大的农村地区仍然占据大部分，这说明当时的社会已经出现多元化的特征，基本形成了我们国家独有的社会功能、结构以及管理形式。另一方面，从社会结构的角度来看，除了资产阶级和工人阶级这两个最基本的阶级之外，知识分子也逐渐在城市中扩大，出现了工人、农民、知识分子和其他社会政治组织，以及国民党和中国共产党以外的第三方。

4.5.2 税制改革对市场环境的改善

南京国民政府税制改革，推动了当时我们国家税收制度的发展。而国民政府将国家关税自主权收回、对盐税进行改革以及建立起现代化的统税制度等一系列行为，为我国资本主义经济发展奠定了坚实基础。

4.5.2.1 海关进口税税制改革

第一，国民政府对海关进口税税制的相关改革有效地提高了政府财政收入。国民政府不断地为收回国家关税自主权而做出努力。从国民政府所取得的一系列效果来看，国家关税自主权的收回不仅很大程度上增加了政府的收入，也促进了当时受到外国资本压迫的国家工商业的发展，这无疑是当时面临着财政窘境的国民政府的救命稻草。在1928~1936年这段时间，国家财政收入大幅度提高，关税收入呈现明显的增长趋势。1929~1933年，国家的关税收入较之前有着巨大提高，关税收入占国家税收总收入的比例达到了50%~60%，其占国民政府财政总收入的比例更是达到了40%。由于关税收入的提高，国民政府财政总收入由1929年的24396.6万元增长到1931年的38492.5万元。与此同时，关税收入的不断提高也为国民政府调整盐业提供了资金保障。①

第二，国民政府对海关进口税税制的相关改革改善了我国进出口贸易的环境。关税自主权重新收回后，我国进出口贸易的环境才得以改变。国民政府对海关进口税税制的相关改革主要包括提高某些货物的进口税率、降低本国货物的出口税率，鼓励本国企业出口贸易，促进了国家民族工商业的发展。

第三，国民政府对海关进口税税制的相关改革为国家民族工业的发展提供了保障。关税自主权重新收回后，国民政府可以结合我国国情，制定合适的海关进口税税则，促进国家民族工商业的发展。关税自主的实现，使得我国长期

---

① ［美］阿瑟·恩·杨格著，陈泽宪、陈霞飞译：《1927－1937年中国财政经济情况》，中国社会科学出版社1981年版，第55、483~485页。

的进口替代型进出口贸易模式发生了改变；出口税的减免以及人造丝海关进口税税率的提高，使得我国江浙地区的丝绸企业的库存得以减少；棉纺织品海关进口税税率的上升，使得国家棉纱企业的产量逐步上升。国家诸如水泥产业、人造丝纺织业等轻工业产品的产量逐年增加，提高了我国进出口贸易顺差，促进了我国经济的发展。

4.5.2.2 厘金制度的取消与统税的征收

第一，厘金制度的取消，降低了交易成本并促进了自由市场形成。厘金制度对物课税，税目繁多，提高了各种货物的运输销售成本。厘金制度的取消，简化了税目，降低了许多商品的运输成本、销售成本，促进了商品流通，有利于国家资本主义经济的发展，是我国税制发展史上浓墨重彩的一笔。

第二，统税的征收，为国家社会经济发展奠定了坚实基础。统税对国家的民族工商业具有引导生产的作用。厘金制度的取消与统税的征收，很大程度上降低了民族工商业的税负成本，使得民族工商业在市场上的地位与竞争力都大大提高，我国国民经济平均增长率在 1936 年达到了 8.496%，是 1949 年新中国成立以前国民经济平均增长率的最高值。[①]

4.5.2.3 盐税税制的改革

国民政府对盐税税制进行了一系列改革，取消了食盐专卖、专商引岸的制度，鼓励食盐的自由贸易，结合我国当时的实际情况对盐税税目进行了多次调整，推动了盐务管理向法制化、近代化方向发展；同时，国民政府对盐税税制的改革，加强了国家盐务管理，提高了政府的财政收入，为国家社会经济发展提供了保障。

综上所述，1927～1937 年税制改革与经济发展的相互促进虽然存在某些不足或发展的有限性，但总体上推动了近代中国经济"黄金时期"的出现。

---

① 周海燕：《民国十年（1927－1937）经济发展中的政府主导与市场互动研究》，江西财经大学，2015 年，第 85 页。

第 5 章

税收立法的转变与国民经济的
艰难发展（1937～1945 年）

5.1 抗战全面爆发后全国经济发展的中断

5.1.1 日本对沦陷区经济的掠夺

1937 年 7 月 7 日，日本侵略军突袭卢沟桥，发动全面侵华战争，致使中国华北、华东、华中以及华南等中国经济最发达、工业最集中的广大地区沦于日寇的铁蹄下。在日本侵略军的狂轰滥炸下，占领区来不及内迁的工业，大多毁于日军的炮火。据统计，战时关内被毁工厂为 2370 家，损失总额达 53440 余万元。①

之后，对所剩无几、残缺不全的占领区的工矿业，日本帝国主义通过军事管理、委任经营、中日合办、收买等方式，进行有计划的残暴压榨。而不管是哪一种方式，其本质都是要把沦陷区变成日本军事和经济发展的附庸，也正因为这种暗地里的掠夺，使得关内的工业发展遭到了严重的破坏，走上了日本帝国主义的殖民地道路。除此之外，作为供养军队必备的农业也遭到了残忍的对待。发动全面侵华战争以后，在日军疯狂的军事进攻及"三光"政策摧残下，无数农民或遭到屠杀，或死于炮火，许多村庄变成焦土，大量农田遭到严重破

---

① 董长芝、马东玉：《民国财政经济史》，辽宁师范大学出版社 1997 年版，第 461 页。

坏，各地粮食被劫殆尽，各种牲畜几乎绝迹，中国农村经济遭到惨重损失。据统计，关内耕地共有 11.4 亿亩，而遭到破坏的则达 6 亿亩，占 50% 以上；关内耕牛共有 2300 万头，而损失则达 800 万头，占 35%。[①] 对于一些好不容易保住的耕地，日本帝国主义又开始用独裁的手段强迫其改变用途，或用于日本移民建房，或用于建设军火仓库、修建堡垒和封锁沟等，使得产量进一步下降。对于幸存的农民，日本侵略者不仅疯狂压榨他们的劳动力，而且对于其辛苦收获的农产品，赋予沉重的税负。如河北兴隆在 1940 年的时候每亩地产粮不足 80 斤，却被征去了 72 斤。针对我国刚刚发展起来的金融和贸易，日本侵略者通过设立大量银行垄断金融业、发行大量伪币制造通货膨胀、实行贸易统制控制物资转移、开展大量走私活动破坏贸易秩序等手段将我国稚嫩的金融业和贸易推向了深渊，老百姓的生活也因此而痛苦不堪。

原本就被占领的台湾、东北等地区，在"七七事变"后，日本为了满足开展更多侵略的需要，加强了对其的控制和经济掠夺。采取"以中国之生产资源，获日本之财富"的手段，将经济财富都转移到日本军队、日本企业家的手里，对当地经济的发展造成了巨大的破坏。据 1939 年统计，台湾全岛超过 50 万元资本的煤矿有 13 家，被日本财阀控制的有 11 家，总资本额达 1453.5 万元。台湾最大的两家煤矿——基隆煤矿和台湾矿业会社，均为三井财团所有，资本额为 730 万元，产煤量占全岛总量的 54%，并取得产煤量 60% 的贩卖权。[②] 东北工业完全处于日本的垄断之下，我国的民族资本基本没有存在的余地。据统计，在 1942 年的民营公司内，日本私人资本占 97%，中国私人资本只占 3%。[③] 由此可知，原来沦陷的这些地区在全面抗战爆发后，以更快的速度在被殖民化，经济已经完全没有了主权，被日本侵略者掏空殆尽。

对中国丰富的资源和庞大市场的垂涎，是日本帝国主义悍然发动侵华战争的重要因素。这也决定了在全面抗战爆发后，日本必然会对沦陷区进行更过分的经济掠夺，而现实也正验证了这一点。不管是前期直接的军事抢劫手段还是后期的经济统制手段，不管是前期在炮火中直接消失的资源还是后期被一点点

---

① 赵金鹏、刘冠生：《中国近代经济史》，人民出版社 2012 年版，第 231 页。
② 杜恂诚：《日本在旧中国的投资》，上海社会科学院出版社 1986 年版，第 155 页。
③ 董长芝、马东玉：《民国财政经济史》，辽宁师范大学出版社 1997 年版，第 449 页。

分割走的财富，逐渐沦为日本经济附庸的沦陷区经济方向已经偏离了正确轨道，民族经济发展被迫中断。

5.1.2　国统区的经济衰退

1937 年全面抗日战争爆发后，由于国民党政府事前毫无准备，民族工业遭受了严重的损失。以代表我国私人资本的纺织工业为例，抗战前约有纱锭300 万个、布机 2.5 万余台；开战后，华商 96 家纱厂中损失了 60 家，纱锭损失 180 万个、布机损失 1.8 万台。面粉业，抗战前共有 110 家，其中上海、江苏、山东、河北等省几乎占全国产量的 80%；开战后，面粉厂损失在 50% 以上，产量减少在 60% 以上。此外，火柴业共损失 53%、缫丝业共损失 50%、造纸业损失 80%、盐酸业损失 80%、制碱业损失 82%。据中央工厂检查处调查，1935 年全国共有合乎工厂法规定的工厂 6344 家，被毁掉了 840 家，损失资金达 7.4 亿元。农村损失更是惊人，据 1939 年 1 月农本局的调查，耕地被毁 40 余亿亩，耕牛死亡 800 余万头，主要农产品的损失，少则达 19%，多则达 80%。[①]

这种情况说明，国民政府要坚持长期抗战并夺取胜利，必须将经济建设的重心转移到大后方。所谓抗战的大后方，通常是指云南、贵州、广西、四川、西康等西南五省和陕西、甘肃、宁夏、青海、新疆等西北五省及重庆一市。为支持长期抗战，一部分有远见卓识的爱国资本家，早在抗战刚刚爆发之时，就开始提出将战区工厂向后方转移。但是，由于国民党政府没有准备，迁移工作开始较迟，许多工厂无法迁出，上海大小工厂 5000 多家，迁移到内地去的不过 152 家，连同无锡、镇江、南京各地迁出的工厂，也不过 200 家左右。同时，在工厂迁移过程中缺乏计划，浪费了金钱和时间，有不少工厂在搬迁途中因运输困难和敌机的轰炸，很多机器设备或者丢失，或者被炸毁。[②] 而对于其所遭受的破产损失，民族资本家用各种办法将其转嫁到工人的身上，如任意延长工作时间和提高劳动强度，不少工厂甚至长年每日劳动 10～12 小时，而且没有休息日。除此之外，工人工资也有很多拖欠不发、克扣的情况，这些让生

---

① 于素云、张俊华等：《中国近代经济史》，辽宁人民出版社 1983 年版，第 409 页。
② 于素云、张俊华等：《中国近代经济史》，辽宁人民出版社 1983 年版，第 410 页。

活在物价上涨环境中的工人阶级的生活状况十分艰苦。但是，出于怕失业的心情，处于弱势地位的工人们都敢怒不敢言，因为对他们来说更为痛苦的是工厂收益不好倒闭。

　　除此之外，农村经济也更加衰落，农民生活更加痛苦，土地兼并和集中的现象更加严重。抗战爆发后，特别是 1939 年 9 月以后，由于上海、香港等沿海地区内流的资金激增，这些游资，除一部分集中于从事外汇、黄金、外国证券的投机买卖和进行商品物资的囤积居奇以外，另一部分则集中于土地的买卖，把土地作为投机的对象。拥有游资的人认为，投资购买土地不仅安全保险，资金不受通货膨胀的影响，而且有了土地就能占有粮食，在市场投机中居于有利的地位。由于土地投机盛行，引起了土地价格的猛涨，这种上涨不是农业生产发展的表现，而是把土地当作待价而沽的奇货，这只能促使农业生产衰落。土地投机使土地如同交易所中的证券一样，迅速地从一个投机者手中转到另一个投机者手中。例如，1943 年成都附近的土地，有的 1 个月之内换了 8 个地权所有者。同时，土地兼并和集中的现象，在比较安全的地区更加严重，如 1940 年四川省的 79.07% 的土地掌握在 8.6% 的地主手里，而且土地越肥沃的地区地权集中的程度越大，成都一带 90% 的土地集中于 1.1% 的地主手中。随着地权的集中，土地使用的情况也发生了变化，无数贫苦佃农被迫离开农村，无数自耕农及半自耕农沦为破产农民，加上国民党政府的抓丁拉夫，农民为了躲避兵役灾难纷纷外逃，农村劳力大量减少。[1]

　　国民党以控制经济稳定为由，在抗战时期实行农产品专卖与统购统销政策，对农村经济的发展有很大的影响。如 1939 年 2 月《中美桐油借款》成立，规定以桐油作为偿债物资，丝、茶、猪鬃等也作为偿债物资。因此，国民党政府就以偿还外债为借口，对丝、茶、桐油、猪鬃等外销物资和糖等实行统制。统制机构本身并无能力全部收购这些物资，却又不准商人收购。另外，收购价格也极其低下。如政府规定的棉花收购价格，使棉农亏本 1/3～1/2，这大大打击了棉农生产的积极性。实践也证明，统购统销政策使得农业生产普遍下降。如我国重要产棉区之一的陕西关中各县，1936 年产棉 110 万担，1938 年

---

　　① 孙健：《中国经济通史》，中国人民大学出版社 2016 年版，第 1233 页。

101 万担，1940 年 100 万担，1941 年只有 78 万担。①

国统区虽然是保住的属于我们中华民族的区域，但是由于日军在"七七事变"爆发时的军事攻击，工农业仍然损失惨重。且由于国民党的失误，在搬迁过程中又失去了一些民族资本。待国统区终于稳定下来，却由于国民党反动政权始终代表的是地主阶级和大资产阶级联盟，其所采取的经济政策从根本上是在剥削工人和农民，也让工农业的发展有了衰退迹象。

5.2　抗战全面爆发后的财政状况

由上述可知，广大的沦陷区成为日本帝国主义的政治奴役和经济掠夺的对象，农村经济逐步凋敝，民族资本急剧破产。然而，这一时期军费的猛增使国民政府的财政支出迅猛增长，军费开支占全国财政支出总额由 10 年内战的 40%～50% 上升到抗战时期的 60%～70%，最高时期还达到了 87.3%（见表 5.1）。

表 5.1　　　　　　　　1937～1945 年国民政府的军费开支情况

年份	财政总支出（百万元）	军费（百万元）	军费占总支出（%）
1937	2091	1388	66.4
1938	1169	698	59.7
1939	2797	1601	53.7
1940	5288	3912	74.0
1941	10003	6617	66.2
1942	24511	15216	62.1
1943	58816	42939	73.0
1944	171689	131080	76.3
1945	1215089	1060737	87.3

资料来源：根据国民政府财政部：《财政年鉴三编》（第三篇），商务印书馆 1948 年版，第 131～150 页相关数据整理。转引自中央财政金融学院财政教研室：《中国财政简史》，中国财政经济出版社 1980 年版，第 254 页。

值得庆幸的是，由于 1938 年 9 月起，国民政府停付了以盐税为担保的外

---

① 孙健：《中国经济通史》，中国人民大学出版社 2016 年版，第 1233 页。

债本息，1939 年起又停付了用关税为担保的外债本息；另外，苏联、英国、美国对华提供了条件比较优厚的贷款用以支持中国的抗战，不但没有利息和担保方面的规定，还对偿还的期限没有规定；加上由于恶性通货膨胀，国民政府用已经大大贬值的法币来偿还原来发行的内债，这样一来，虽然内债如期偿还，但是相对于政府而言，这些内债已经不是沉重的负担了。因此，整个抗战时期的债务支出总体上呈下降趋势。其中，最高支出的年份是 1939 年，其债务支出占总支出的 27.93%，以后逐渐下降，至 1943 年降到了总支出的 9.65%。[①] 另外，抗战时期，政务费支出也在总支出比重中呈逐年下降趋势（见表 5.2）。这主要是由于国民政府大大压缩了一些与抗战无直接关系的实业费、教育费和事业费等项开支，且这些公职人员及士兵的工资并没有随着物价的上涨而作相应的调整。据统计，1937～1945 年，公职人员的实际收入降低了 85%。[②] 由此，政务费的支出虽然从 1937 年的占财政总支出的 21.26% 降到了 1942 年的 11.24%，但却使得广大公职人员的生活极度贫困，结果造成了政府行政效率极度低下、吏治腐败、军队纪律松弛、军纪败坏、士气低落、战斗力极为低下。

表 5.2　　　　　　　　　　国民政府 1937～1944 年的政务支出情况

年份	国库总支出（百万元）	政务费（百万元）	政务费所占比重（%）
1937	2091	445	21.26
1938	1169	254	21.74
1939	2797	442	15.79
1940	5288	854	16.15
1941	10003	1764	17.63
1942	24456	2749	11.24
1943	54711	6959	12.72
1944	151767	27470	18.10

资料来源：杨培新：《旧中国的通货膨胀》，生活·读书·新知三联书店 1963 年版，第 29～31 页。

军费开支急剧增长的同时，抗日战争的爆发使得我国工商业比较发达的沿

---

① 孙文学、齐海鹏等：《中国财政史》，东北财经大学出版社 2008 年版，第 394 页。

② 张公权：《中国通货膨胀史》，文史资料出版社 1986 年版。转引自孙文学、齐海鹏等：《中国财政史》，东北财经大学出版社 2008 年版，第 394 页。

江、沿海地区相继沦陷，导致关、盐及统税三项收入大大减少。1936年的关、盐、统税三项的实际收入为10亿零1400多万元，到1937年实际只有4亿1000万元，1939年也只有4亿3000万元左右，比1936年减少了大概3/5。据估计，1937～1945年中被日军掠夺的关税总计在226亿元以上。[①] 抗日战争期间，我国各年关税的总和还不到30亿元。[②] 此外，重要的产盐区及统税中税源比较集中的大城市也相继沦陷，国民政府能够征收的税源十分有限。

一方面，国民政府想方设法通过变通税收政策达到敛财的目的。首先，自1942年1月1日起，把食盐改为专卖停止征税，这项政策一直延续到1945年1月；同时，又于1943年10月起开征食盐战时附加税，起初每担食盐征收300元，即每斤3元，1945年1月后增长到每担1000元，同年的3月增长到6000元，即每斤60元；自1944年3月起，又随盐附征每斤10元的国军副食费。这样一来，每斤食盐除了专卖盐价及正规盐税外，还必须承担附加税70元。[③] 据统计，国民政府的食盐、盐税及食盐战时附加税三项收入，在1942～1945年的4年间共收入722亿3900万元，而全国总税收也只有1458亿零900万元，食盐、盐税及食盐战时附加税三项收入占了总税收的49.5%。此外，还对糖、烟及火柴三类产品实行专卖。在抗战时期物资奇缺的年代，谁掌握了物资谁就操控了市场，以蒋介石为首的四大家族凭借其政权控制了大量重要的日用必需品，囤积居奇，在抗战时期大发黑心财。其次，国民政府又将统税扩大为货物税，把统税和烟酒税进行合并，改称货物出厂税或货物取缔税，这项收入通过扩大征税范围、改变课征标准（由原来的从量计征改为从价计征）、部分货物税征实等方式，使其收入大幅增长，除征实部分外（征实部分不列入财政收入之中），年平均占税收总收入的1/4左右。另外，国民政府于抗战前后举办直接税，开始征收所得税、过分利得税及遗产税，并把这三项税收及印花税归并到直接税体系中，直属于财政部的所得税处。1940年6月直接税署成立后，又划归为直接税署兼办，并于1942年1月把原属于地方税收的营业税并入了直接税系统。直接税系统的这5项收入相当可观。1942年共收入

① 国民政府财政部：《财政年鉴三编》（第六篇），商务印书馆1948年版，第1页。
② 中央财政金融学院财政教研室：《中国财政简史》，中国财政经济出版社1980年版，第236页。
③ 中央财政金融学院财政教研室：《中国财政简史》，中国财政经济出版社1980年版，第256页。

11 亿 2500 万元，占该年度税收总收入（28 亿零 700 万元）的 40%，1943 年共收入 38 亿元，也占到了当年税收总收入（121 亿 6900 万元）的 31.2%。① 当时，直接税系统的各种税收绝大部分是对工商业者征收，由于通货膨胀日益严重，商户账面的盈利已经不够买回原有的原料或货物，因此基本维持营业尚属困难，还要缴纳各种税项，这对于日趋凋敝的民族工商业者及中小商业者来说毫无出路，逐渐面临破产境地。这一时期，国民政府还通过"三征政策"，即田赋征实、粮食征购和征借，对广大的农村进行最为严重的掠夺。

另一方面，为了缓解巨大的财政赤字问题，国民政府增发大量纸币，由此导致了通货膨胀，全国的经济形势日益恶化。1938 年，国民政府调整了货币准备金制度，开始增发纸币，1939 年后又发行法币，由中央银行、中国银行、中国农民银行及交通银行四大银行大量发行货币。据统计，1939 年全国税收仅占财政支出的 16%，其余大部分是靠发行纸币来弥补，其中银行垫付款就达 23 余亿元，占全部支出的 76%。② 大量发行纸币的直接后果就是导致了恶性通货膨胀，造成全国各地粮、棉以及工业必需品的物价飞涨（见表 5.3）。

表5.3				1938～1945 年中国物价指数				1937 年 1～6 月 ＝100		
年份	全国	重庆	成都	康定	兰州	西安	贵阳	上海	华北	桂林	福州
1938	131	126	128	137	146	146	105	142.6	152.1	176	119
1939	220	220	225	225	217	245	187	232.0	226.7	296	181
1940	513	569	665	587	399	497	413	505.7	399.7	585	459
1941	1296	1576	1769	1352	1061	1270	969	1099.3	450.2	1814	1248
1942	3900	4408	4559	4388	2853	4120	3395	3452.6	599.2	5099	3111
1943	12541	13298	14720	12982	10047	16229	9428	14361.8	3069.52	18027	10407
1944	43197	43050	56965	49229	26533	39679	34940	284302.0	25378.36	34930	32881
1945	163160	156195	170379	171053	88655	155341	167025	9740248	305170.0	179309	73173

资料来源：根据国民政府统计处 1948 年《中国统计要览》整理。转引自贾秀岩、陆满平：《民国价格史》，中国物价出版社 1992 年版，第 153 页。

由表 5.3 可知，1938～1945 年，以上海的物价指数为例，如果以 1937 年为基期的话，1937 年 6 月的基数为 115，上涨到 1945 年 8 月时为 9740248。如

---

① 国民政府财政部：《财政年鉴三编》（第三篇），商务印书馆 1948 年版，第 140～142 页。
② 孙文学、齐海鹏等：《中国财政史》，东北财经大学出版社 2008 年版，第 390 页。

果以米价为参照，1937 年 6 月的米价为 11.3 元，至 1945 年 8 月就涨到了 150 万元，上涨了 132700 倍。① 国统区的社会经济决定了其物资匮乏、物价飞涨及通货膨胀，人民生活在水深火热之中，这就是整个抗战时期中国社会经济的真实写照。

5.3　主要税法的不断修订

5.3.1　三大税源逐年减少

占据战前税收 90% 以上的关、盐、统三大税，在这一时期的前几年，尽管预算数已大大减少，但实收数还远远低于预算数。具体而言，1937 年关税预算数为 36900 多万元，而实收数只有 23900 多万元，实收占预算的比重为 64.8%；1938 年关税预算数为 18500 多万元，实收数为 12800 多万元，实收占预算的比重为 69.3%；1939 年关税预算数为 24300 多万元，实收数为 34900 多万元，实收占预算的比重为 142.2%；1940 年关税预算数为 25900 多万元，实际征收却仅有 3800 多万元，实收占预算的比重为 14.5%。1937 年盐税的预算数为 22900 多万元，实收数为 14100 多万元，实收占预算的比重为 61.7%；1938 年盐税的预算数为 11500 多万元，实收数仅为 4800 多万元，实收占预算的比重为 42.1%；1939 年盐税的预算数为 8300 多万元，实收数为 6100 多万元，实收占预算的比重为 73.4%；1940 年盐税的预算数为 10000 多万元，实收数为 8000 多万元，实收占预算的比重为 80%。1937 年统税的预算数为 17600 多万元，实收数为 3000 多万元，实收占预算的比重为 17%；1938 年统税的预算数为 8800 多万元，实收数仅为 1600 多万元，实收占预算的比重为 17.7%；1939 年统税的预算数为 3200 多万元，实收数为 2200 多万元，实收占预算的比重为 68.6%。1940 年 6 月宜昌沦陷后，日军分兵河南南部、广西北部对国统区进行包围，国民政府迁都重庆后，只控制着以重庆为中心的西北、西南等后方工业产能十分薄弱的 15 个省份，统税实收数额极大减少。②

---

① 贾秀岩、陆满平：《民国价格史》，中国物价出版社 1992 年版，第 150 页。
② 粟寄沧：《中国战时的经济问题》，中新印务股份公司出版社 1942 年版，第 136 页。转引自孙文学、齐海鹏等：《中国财政史》，东北财经大学出版社 2008 年版，第 390～391 页。

由以上数据我们不难发现，三大税的预算数都是 1937 年最高，其后逐年减少，有的减少得很多，如盐税在 1939 年只列了 8300 多万元，仅仅是 1937 年度预算数的 36.24%；统税同年只列了 3200 多万元，仅达到了 1937 年度预算数的 18.18%。但是，各税实收数还远远不能达到已大大减低了的预算数，实收数与预算数之比，四年平均来说，关税为 71.4%、盐税为 62.5%、统税仅为 22.9%。以个别低的年度来说，盐税于 1938 年仅达预算数的 40% 左右，统税于 1937~1938 年两个年度均在 20% 以下，关税于 1940 年更低到 15% 以下。当时，主要税收低落的情况确是相当严重的。1937 年的关、盐、统三税实收只有 4 亿 1000 万元，1939 年也只有 4 亿 3000 万元左右（1938 年由于改变会计年度只包括半年，姑且不论），与 "七七事变" 发生前的一个年度，即如果与 1936 年的 10 亿零 1400 多万元进行对比的话，大约减少了 60%。[1]

当然，这种情况是有原因的。关税要靠海关来征收，当时沿海、沿江原设海关地区相继沦陷，关税的绝大部分落入敌伪之手。盐税的重要税区亦都在沦陷地域，辽宁、长芦、山东、淮北、淮南、两浙、福建、广东各产海盐地区均被侵占，盐税因此大受影响。在战事蔓延下，地区缩小，运道阻梗，统税也必然受到严重打击。统税为出厂税，与卷烟、火柴、棉纱、麦粉等生产事业分不开。税源最多的地区也是已相继沦陷的许多大都市。西南、西北地区生产落后，税源有限，税收难以有多大发展。

关、盐、统三税的征收情况，说明当时国民党政府税收的减少的确是相当严重的。如果把通货膨胀这一因素估计在内，情况必然要更严重。

5.3.2 取而代之的战时新三税

因为三大税收入急剧减少，影响了整个税收，而且这些旧税制也已不能适应通货膨胀所带来的新情况，所以国民政府开征了食盐战时附加税、货物税和直接税三个新税种来适应当时的情况。首先是占据税收首位的食盐战时附加税。国民党政府为了依靠食盐增加收入，自 1942 年 1 月起，把食盐改为专卖，停止征税。专卖一直实施到 1945 年 1 月，共实施了 3 年又 1 个月。1945 年 2

---

[1] 孙文学、齐海鹏等：《中国财政史》，东北财经大学出版社 2008 年版，第 387~391 页。

月起，即抗战结束前7个月又恢复了征税制度。1942年食盐专卖收入为1180百万余元，占税收收入的42%；1943食盐专卖收入为1825百万余元、战时附加税收入为1202百万余元，总共占税收收入的24.8%，战时附加税一项占税收总收入的9.9%；1944年食盐专卖收入为1089百万余元、战时附加税收入为13499百万余元，总共占税收收入的47.1%，战时附加税一项占税收总收入的43.6%；1945年食盐专卖收入为1781百万余元、战时附加税收入为48925百万余元，总共占税收收入的53.5%，战时附加税一项占税收总收入的51.7%。其次是占据税收次位的货物税。货物税是在统税的基础上，将烟和酒也纳入了征税范围，货物税主要包括货物出厂税和货物取缔税。除此之外，还具有货物税性质的税种有国民政府征收的矿产税及战时消费税。最后是直接税。直接税得到了国民政府的重点强调。直接税是以人们的收入或人们的财产为征税对象所征收的一种税。在对抗日本侵略者的时期，国民政府征收的直接税主要包括营业税、所得税、印花税、遗产税和非常时期过分利得税五个税种。其中，营业税原为地方重要税收的一种，于1942年1月划归直接税局系统；所得税于1936年10月开征；印花税于民国初年即已举办，1940年6月直接税处正式成立后，划归办理；遗产税和非常时期过分利得税则为抗战期间所新创，前者开征于1940年7月，后者举办于1939年1月。1940年直接税收入为76百万余元，占税收总收入的28.6%；1941年直接税收入为166百万余元，占税收总收入的24.9%；1942年直接税收入为863百万余元，占税收总收入的30.7%；1943年直接税收入为3800百万余元，占税收总收入的31.2%；1944年直接税收入为6479百万余元，占税收总收入的21%；1945年直接税收入为14411百万余元，占税收总收入的14.4%。① 由以上三税数据可知，越到后期，以全体居民为对象并具有高度强制性的食盐战时附加税所占比重越大，而主要以工商营利事业为对象的直接税比重越低。一部分原因在于当时民族工商业者的消极抵抗行动。为了粉碎四大家族的"慢性抽血"企图，争取自身生存，他们想尽办法缩小账面盈余数字，减轻纳税负担。当然，更重要的原因则在于当时国民党统治地区工农生产渐呈衰落趋势，这一衰落开始于

---

① 朱伯康、施正康：《中国经济史》（下卷），复旦大学出版社2005年版，第653~654页。

1942 年，逐年渐趋严重，这自然与国民党政府当时对民族工商业的日益加紧压迫和摧残分不开。

5.3.3　食盐战时附加税的不断修订

1937 年 9 月 4 日，为了保证税收能够随着战争状况的改变以及军事的需要及时进行变动，国民政府批复行政院在非常时期"授权财政部修改各种税则，并得以命令先行施行"。这一授权也为后面税法的高频率修改奠定了基础。9 月 6 日，军事委员会颁发《总动员计划大纲》。大纲提出的财政方针是改进旧税、举办新税、发行救国公债、核减党政各费、修改进口税则、物品输出交换、整理地方财政等 7 款。该大纲的提出，也初步奠定了战时税法修改的主要方向是改旧税、增新税。1942 年 1 月 1 日，财政部宣布：盐专卖即日起实施，所有专商引岸及其他垄断盐业的特殊待遇及权益一律废除。除各省政府盐斤加价外，其余附加一律停征。1943 年 10 月 1 日，国民政府下令开征食盐战时附税，每担 300 元。1944 年 3 月 5 日，财政部奉令于食盐项下附征国军副食费，每担 1000 元，并入仓价。1945 年 1 月 1 日，食盐战时附征率由每担原征 300 元提高为 1000 元。3 月 12 日，国防最高委员会核定，即日起食盐战时附税税率每担调增 5000 元，连原征 1000 元，共为每担 6000 元。也就是说，此项附加税在 1943 年 10 月开始征收起到 1945 年 3 月不到一年半的时间里增加了 22 倍多，从 1945 年 3 月起，不论贫富老幼，每消费食盐 1 斤，就得在专卖盐价或正规盐税外负担附加税 70 元。这种税尽管采取的还是从量税率，但通过税率的不断提高，它满足了通货膨胀形势下国民党政府的要求。[①]

还有需要注意的是，附加税中的一项"国军副食费"系直接充军费之用。它的征收率在抗战后期实施的一年半左右的时间内有十个月比原来的战时附加税的征收率要高 2 倍多，有两个月和战时附加税一样，只有最后半年才较战时附加税为低。总共 635 亿多元的附加税，"国军副食费"即以 1/3 计，也要在 200 亿元以上。且国民党政府在人民正在抗战苦难日子里挣扎的时候，却于正规盐税或专卖收入外加征了高出 6 倍多的附加税。它所采取的显然是把原有盐

---

① 朱伯康、施正康：《中国经济史》（下卷），复旦大学出版社 2005 年版，第 657～658 页。

税进一步深化，把这种人头税性质的恶税在赋税制度中提高到首要的位置。

5.3.4　货物税的不断修订

由于货物税主要由货物出厂税和货物取缔税、矿产税、战时消费税组成，所包括范围较广，具体的修订更为频繁，因此，下面仅就修订过程所表现出来的特点作分析。第一，对货物征税的范围扩大了。如1939年将原征汽水税扩大课征范围，改为包括果子露汁、蒸馏水等在内的饮料品税。1940年2月，加课手工卷烟税，同年12月，开办糖类税。1941年加课水灰税，并入原有水泥税课征范围。1942年4月，开征茶类税。1943年3月，开征竹木、皮毛、陶瓷、纸箱等税。第二，改变了课征标准，把原来的从量税率改为从价税率。战前统税均采用从量税率，如卷烟以5万支为单位，棉纱以包、火柴以大箱、水泥以桶、麦粉以袋为单位等。为适应通货膨胀政策，使税收可随物价的上涨而递增，国民党政府于1941年9月把货物税一律改为从价征收。税率最低者为麦粉和棉纱，前者为从价征收2.5%，后者为3.5%；税率最高者为卷烟和啤酒、洋酒，前者为从价征收80%，后者为60%；其余则为10%（如木酒精），15%（如糖类、水泥），20%（如饮料品、普通酒精），25%（如薰烟叶）等。货物税改为从价征收后，剥削大大提高了，如棉纱税率激增竟达4倍之多。第三，在征收部分货物税时可用货物代替。最初的对象是那些棉纱与麦粉的生产企业。棉纱征实后，"每年除折缴现款部分不计外，平均可提供平价纱约三千五百余大包"[①]，麦粉则"每年征实数量达六万余袋"[②]。1944年，将范围扩大到糖类，实施期间，征到的糖类除供应外，还存余170多万斤。这些征实所得货物的价值并不列入财政货币收入数字之内。如果把它们折价列入计算，则1942～1945年的货物税收入数字可能会有显著的提高，虽然不会到达40%多，但是30%多是有的。货物税作为本期国民党政府税收的第二位，是十分确切的。[③]

由于货物税的税收负担可以转移到消费者身上，所以货物税的征收给广大

---

①　国民政府财政部：《财政年鉴三编》（第八篇），商务印书馆1948年版，第32页。

②　国民政府财政部：《财政年鉴三编》（第八篇），商务印书馆1948年版，第36页。

③　杨荫溥：《民国财政史》，中国财政经济出版社1985年版，第109～110页。

老百姓带来了生活上的灾难。反动政府却通过从价征收办法和高率征实办法，加强了在这方面的剥削。

5.3.5　直接税的不断修订

直接税包括印花税、所得税、营业税、遗产税四大税种。而由于遗产税 1942 年才开征，且其在直接税中所占比重较低，因此，下面主要分析印花税、所得税和营业税三个税种的不断修订过程。

5.3.5.1　印花税

印花税为根据商业活动和产权转移行为的凭证所征收的税，其中百分之八九十与工商交易有关。1937 年抗日战争全面爆发，国家印花税收入急剧减少，与此同时，国家的军费开支却在快速增长。于是，国民政府在多次修改《印花税法》后，增加了印花税的征税范围、提高了印花税税率、加大了制裁力度，以保证政府的财政收入。但是，印花税收入逐步增加的同时，国家民族工商业的发展却受到了限制。1937 年，财政部公布《非常时期征收印花税暂行办法》，规定印花税一律加倍征收，并斟酌增加贴用印花种类，对漏税处罚亦分别予以提高。1943 年 4 月 29 日，国民政府公布修正的《印花税法》，即日起施行。修正主要内容为：删除第 16 条末段"每件凭证所贴印花之最高额，不得超过 20 元"一语。第 18 条增列第 2 项：前项所定应纳税额之倍数，计算不满 50 元者，应处以 50 元之罚锾。修正税率表，由 35 目增至 39 目。新增税目有：申请书结据、购销证照、买卖财产契据及兵役证书等。1944 年 1 月 18 日，国民政府公布修正的《印花税法》。修正的主要内容为：税率表第 1 目至第 3 目，增列"但其价额超过 250 万元以上者，其超过部分每百元贴印花 1 角"。第 4 目改为：单据每件贴印花 1 元，簿折每件每年贴印花 4 元；支票簿每本 25 页者，贴印花 2 元，每增加 25 页，增贴印花 2 元。1937 年抗日战争全面爆发后，沿江沿海等经济发达地区陆续在日本侵略者的入侵下沦陷，印花税收入逐年下降。相关资料显示，1937 年印花税收入预算为 1130 百万元，实际收入却只有 618 百万元，仅为预算的 54.69%。1938 年，国家印花税收入大幅下降，只有 308 万元。后来在国民政府的推动下，印花税收入呈现逐渐上升的趋势，财政部在预算中增加了 400 万元，预算总额达到了 1024 百万元，但实际收入仅为740.5万元。但明显的是，因为通货膨胀、战争相持阶段的到来，印花税的预算与其实际收入的比例都很不稳定，说明国家对印花税的收入统计困难，这直接影响到预算的准确性。[①]

通过多次修改《印花税法》，国民政府逐步扩大了印花税的征管范围，调整税率，使得印花税收入大幅度提高。与此同时，大量的军费开销使得国民政府错误地将税收政策引到集资的方向，发行了大量的纸币，从而造成了严重的通货膨胀，使得物价大幅度上涨，这是对人民群众的剥削，抑制了国家民族工商业的发展。但是，我们不能否认在这段时间内印花税的征管也取得了一定发展。例如，将印花税贴花进行简化，大力宣传相关的税收知识，普及了人们对税收的认识，加强了人们的纳税意识，为税收征管打造了一个良好的氛围。与此同时，国民政府通过诸如税收征管比赛等各种手段提高税收部门的征管力度，使得国家财政收入能够稳定地提高。

5.3.5.2 所得税

所得税为对企业或个人各种所得征收的税，其中百分之七八十为对营利事业所征课。随着抗日战争的持续进行，在日本侵略者不断的入侵下，华北、华南以及沿海等许多地区相继沦落到日本人的手中。国民政府所得税收入大多来源于沿海地区，所以日本人的侵略加大了国民政府的征税难度。因为这些地区的税款难以征收，所以国民政府的税务人员决定进行地下稽征。比如，1937年11月上海沦落到日本人之手，在此之后，上海所得税部门即从江海关四楼转移到法租界西爱咸斯路74号。征收所得税税款的工作以化整为零的办法在地下个别地进行，对具有优良纳税意识的纳税人进行劝导缴税，全国各个阶层为了支持政府的抗日事业均积极纳税，税款的征收工作继续进行。由于上海的恶劣环境，也为了给纳税人提供方便、降低纳税人的纳税成本，简化了营利事业所得税的申报办法，可以按照纳税人提供的所得额纳税。这样的申报机制方便且纳税成本低，激发了各企业的纳税热情。这种不寻常的纳税措施在当时是非常有效的，也符合当时我国的实际情况。为了进一步为纳税人提供便利、降低纳税人的纳税成本，上海所得税部门还提出了灵活申报办法，即对于在内地

[①] 戴丽华：《民国时期印花税制研究》，江西人民出版社2014年版，第133页。

设有总分支机构而在上海没有钱缴纳税款的人，可以由商人申请凭证，并在内地缴纳税款。1941年，汪兆铭伪国民政府在上海成立了所得税的征收机关，但是其管理人对新税的概念一窍不通，也就导致了纳税人不愿向伪国民政府缴纳税款，继续向原国民政府纳税，让伪国民政府十分气愤。于是乎，伪国民政府对上海所得税部门的税务人员进行迫害，让这些工作人员只能转入地下工作。1941年12月太平洋战争爆发，使得日本及其控制的伪国民政府加强了对上海的管制，上海的中国银行被迫关门，所得税的缴纳工作也被迫停止。在上海沦落到日本人手中后，上海的所得税缴纳工作持续了5年左右，累积缴纳所得税收入3000万元左右。① 这在我们中国税收的历史上也流传为一段佳话，那些热爱祖国的税收人员用鲜血为国家征收税款，为国家继续进行反抗日本侵略者的战争提供了资金保障。

抗日战争全面爆发以后，国民政府的财政收入出现大规模减少的现象，这段时间也出现了官僚垄断资本不正常发展的情况。日本侵略者对中国惨无人道的入侵，严重阻碍了我国社会经济的发展，为诸如江浙等沿海地区的民族工商业带来了巨大损失，大多数行业的损失都在60%～80%甚至更高。同一时期，还出现了严重的通货膨胀，税收的缴纳不得已改为缴纳实物，我国经济发展遭到了严重破坏。② 在抗日战争全面爆发后，国民政府依旧在重重艰难险阻下继续开展税收工作。国民政府不仅在已经沦陷的地区继续坚持进行所得税的征收，也在尚未沦陷的西北部地区积极开展税收工作，贯彻落实所得税的实施。1938年，国民政府迁都重庆，更加注重西北地区的税收工作，国民政府将原来的川、康、滇、黔四省所得税部门划开，分别成立川康、云南、贵州省级部门，有利于开展所得税征收工作。甘肃、宁夏、新疆等地区也陆续建立起了区分处，加强了税收工作的征管力度。因为抗日战争的爆发，全国区分处由1938年的86处减少为1940年的74处。1941年，国民政府将区分处改称分局，当时全国计有分局、所等101个，有工作人员2257人。1942年，国民政府接办营业税，进行了一系列调整，将分局、所增加到770个，人员增加到11221人；到了1943年，分局、所增加到904个，人员增加到14694人。

---

① 金鑫：《中华民国工商税收史（直接税卷）》，中国财政经济出版社1996年版，第71～74页。
② 黄天华：《中国税收制度史》，华东师范大学出版社2007年版，第712页。

抗日战争全面爆发以后，西北地区所得税征收机构面对管理地区经济落后、局势混乱等诸多问题，积极进行所得税的征收工作。全国所得税预算从 1936 年的 500 万元增长到 1939 年的 3000 万元再增长到 1942 年的 1.7 亿元，7 年整整增加了 33 倍。且除了 1937～1939 年因为战争原因没有完成预算外，其他年份的预算均超额完成。① 综上所述，虽然这个时期所得税增加额因为通货膨胀的关系不完全准确，但国民政府在所得税征收工作中取得的成绩是无可非议的。

国民政府公布《所得税暂行条例》后，其贯彻落实的相关工作进行顺利。但是在抗日战争全面爆发以后，社会经济遭到严重破坏，出现了严重的通货膨胀，使得早期制定的《所得税暂行条例》跟不上时代的变化，不符合当时国家的实际情况。因此，1942 年，国民政府对《所得税暂行条例》进行了一系列调整，依照相关规定程序应该由立法院审议。但是立法院认为，暂行条例具有临时法规的性质，应该改称《所得税法》。依照财政部制定的所得税暂行条例草案，设计了共二十二条的《所得税法》。1943 年，国民政府公布施行该《所得税法》，并废除了《所得税暂行条例》。这项《所得税法》将所得税征税范围分为三类，即包括营利事业所得税、薪给报酬所得税、证券存款所得税。不仅如此，国民政府还对原先条例中的起征额和税率进行了调整。从第一类营利事业所得税的方面来看，国民政府提高了起征额标准，将原来所得达到资本实际数额的 5% 起征，改为达到资本实际数额的 10% 起征，而开始制定的 5 级全额累进税率也被更改为 9 级全额累进税率。与此同时，30% 以上所得资本的税率提高。第二类薪给报酬所得税由开始的每月所得满 30 元起征改为每月所得满 100 元起征，开始的 10 级超额累进税率更改为 17 级超额累进税率。② 第三类证券存款所得税被分为政府发行的证券和国家金融机关的存款储蓄所得、其他非政府发行的证券及非国家金融机关的存款储蓄所得两种。其中，政府发行的证券和国家金融机关的存款储蓄所得的所得税税率为 5%；其他非政府发行的证券及非国家金融机关的存款储蓄所得的所得税税率为 10%。但是，对于这项新《所得税法》中的差别税率很多民族

① 金鑫：《中华民国工商税收史（直接税卷）》，中国财政经济出版社 1996 年版，第 39～40 页。
② 孙文学、齐海鹏、于印辉、杨莹莹：《中国财政》，东北财经大学出版社 2008 年版，第 406 页。

工商企业提出了反对意见，故国民政府财政部后发表声明称其他非政府发行的证券及非国家金融机关的存款储蓄所得课税 10%一项"准予暂缓征收"，且依旧依照 5%的税率征收。其后，国民政府又根据中国国情多次对《所得税法》进行了一系列调整。

在这项新《所得税法》公布之前，国民政府还制定过《财产租赁出卖所得税法》，对财产租赁出卖行为课征所得税。财产租赁出卖所得税的征税范围为房屋、堆栈、码头、舟车等财产的出租行为所得和出卖行为所得。在《财产租赁出卖所得税法》中，对所得在 3000 元以上的相关财产租赁行为，依照 10%～80%的超额累进税率课税；对所得在 10000 元以上的农业用地出卖行为以及对所得在 5000 元以上的相关财产出卖行为，依照 30%～50%的超额累进税率课税。《财产租赁出卖所得税法》中的征收方法，主要采用申报法和课源法。[①]

但是，由于《财产租赁出卖所得税法》和《所得税法》并不太适合当时的我们国家的实际情况，遭到了越来越多的人民群众的批评和反对，人们认为，《财产租赁出卖所得税法》和《所得税法》虽然便于推广，却没有考虑到税收的公平原则，想要符合税收的公平原则，有必要扩大其征税范围。而且，大多数人建议，应将农业、房地产等纳入所得税的征税范围。不仅如此，当时还存在许多关于所得税率过高、分级过多的声音，更有不少专家认为，所得税相应的起征点应该根据不同的情况进行及时调整，以充分适应当时中国的国情。此外，还有少部分学者认为，所得税应该按能力缴纳税款，应该以综合所得税的形式征收。[②] 在这段时间里，我国的所得税制已经具备一定规模，相关的贯彻落实也比较到位。但"所得税适于战时者，未必即适于战后，且分类征收，未必符合能力负担原则。自日本投降后，自有统筹整理，及时改进之必要"[③]。而且，当时国民政府由于战争等原因开销巨大，急需大量的收入来平衡财政，故国民政府为降低人民群众的税收负担，设计永久税制，适应国家当时的国情。1945 年，国民政府拟订综合所得税法草案，呈请行政院核转立法

①　孙翊刚：《中国赋税史》，中国税务出版社 2007 年版，第 288 页。
②　李燕：《关于民国时期财政思想的研究》，湖南大学，2008 年。
③　佚名：《我国所得税法之史的演进》，财政部直接税署《直接税通讯》，1948 年第 30 期，第 4 页。

院完成立法程序。但是，经过行政院的反复讨论以后，仍没有得出结果，于是在1945年5月8日以"查改分类所得税为综合所得税，使纳税人负担公平，原则不无可取，惟所拟综合所得税法草案，课税主体兼采属人与属地主义，在户口异动频繁之战时，调查统计两感困难，即纳税义务人自行申报是否确实，亦难稽核，且授权于镇乡所组设之申报委员会审查应纳税款，尤易滋弊，此制应如何推行尽利，于民无扰，仰再详加研究，复候核夺"。之后，国民政府进行了更加详细的讨论，直到1945年抗日战争胜利。当时的各项税收规定都是在抗日战争期间制定，可能不适应抗日战争结束后国家的情况，所以相关政策都在进行调整修改。所得税在国家税收体系中占有重要地位，必须及时调整，才能符合税收公平的基本原则，为直接税体系的建设提供保障。所以财政部对之进行详细探讨，拟订了分类与综合相结合的税法草案。1946年1月，行政院通过了分类与综合相结合的税法草案；同年2月，立法院对分类与综合相结合的税法草案进行审议；同年4月，国民政府正式公布实施分类与综合相结合的税法草案。[1] 在这项新《所得税法》中，所得税被分为分类所得税与综合所得税两个部分，分类所得税主要包括营利事业、薪给报酬、证券存款、一时所得和财产租赁五类。而这项新《所得税法》中的另一部分即综合所得税，设立了分类所得税中的各类所得的所得总额的60万元为年征税标准，并明确了相关的降低所得额标准[2]。这项新《所得税法》中的分类所得税是在以前的《所得税法》的基础上结合中国国情进行一系列调整得到的。在以前的《所得税法》中，国民重要所得被分类征税，所以在这项分类与综合相结合的所得税法中，除了财产出卖所得没有提到以及各级政府所办公营事业也属于征税范围外，其他诸如营利事业、薪给报酬、证券存款、一时所得和财产租赁五项所得均与以前的税法相同，只有子目可能有一些改变，且为了便于人民群众记忆，各项所得名称均没有改变。这些财产主要包括土地增值税等，财产出卖所得不再是所得税的重要税源，且除基本国防事业外，其余事业和官商合办事业都要予以课税。1946年6月，《关于免征财产出卖所得税的代电》的公布，意味着财产租赁出卖所得税法的废除，即不再对财产出卖所得

---

① 杨昭智：《中国所得税》，商务印书馆1947年版，第99页。

② 孙翊刚：《中国赋税史》，中国税务出版社2007年版，第288~289页。

征收所得税。

　　这项新《所得税法》中的综合所得税部分，是我国税制发展的一大里程碑。对纳税人征收综合所得税符合了税收的公平原则。但从其他国家综合所得税制的贯彻落实情况的角度来说，综合所得税制度可分为两种：第一种是英国、法国等国家所实行的制度，即分类与综合相结合的所得税制，既对分类所得征收所得税，又对个人综合所得征收所得税；第二种是美国、德国等国家所实行的制度，即对各人所有所得征收综合所得税，纳税人不需要再缴纳分类所得税。这两种制度，其课税对象都是人，都符合量能负担的原则，其制度差异大多和这些国家各自的国情相关。总的来说，既有征收分类所得税传统的国家，会选择分类与综合相结合的所得税制，如英国、法国、意大利等国家；而诸如美国、德国等国家未曾使用过分类所得税阶段，所以直接选择综合所得税制。① 国民政府之所以选择实施分类与综合相结合的所得税制，是因为分类与综合相结合的所得税制适合当时中国的情况，且分类与综合相结合的所得税制要优于综合所得税制。分类与综合相结合的所得税制相比于综合所得税制的优点在于：由于分类所得税制中的分类所得税的征收利用到了课源法，即通过分类所得税制中的分类所得税的征收可以得到课源资料，有利于监管综合所得的申报，所以综合所得税制没有分类与综合相结合的所得税制更确实。国民政府采用分类与综合相结合的所得税制的原因是：虽然分类与综合相结合的所得税制和单一的综合所得税都符合税收公平的原则，但是从税务行政的角度考虑，单一的综合所得税制甚至比不上分类所得税制。实行分类所得税制后，分类所得税制越来越完善，更是得到了人民群众的认可，这一点是与英国、法国等国家所得税史相似的地方。在分类所得税制的基础上，加征综合所得税，更容易让广大人民群众接受，因此考虑税制本身以及中国的国情，实行分类与综合相结合的所得税制比较合适。②

　　在非常时期，过分利得税是为了弥补所得税制的不足之处而征收的一种税。1938 年 10 月 28 日，国民政府公布《非常时期过分利得税条例》，自本年 7 月 1 日起实行。条例规定：营利事业资本在 2000 元以上、其利得超过资本

---

　　① 杨昭智：《中国所得税》，商务印书馆 1947 年版，第 100 页。
　　② 杨昭智：《中国所得税》，商务印书馆 1947 年版，第 101 页。

15%以及财产租赁利得超过财产价额 12%者，一律课征非常时期过分利得税，税率采取超额累进制自 10%～50%。国民政府在 1939 年 7 月 6 日又公布了修正的《非常时期过分利得税条例》第 1 条至第 5 条条文。修改后的条文将原营利事业及财产租赁利得的起征点分别改为营利事业利润超过资本额 20%以及财产租赁利得超过财产价额的 15%，开征时间改为 1939 年 1 月 1 日，并重订了分级税率。1943 年 2 月，国民政府公布《非常时期过分利得税法》，将非常时期过分利得税的最高税率增加到了 60%。同一时间，国民政府还废除了《非常时期过分利得税条例》。

5.3.5.3 营业税

为筹集抗战经费，1941 年 1 月，四川省政府训令：自本月起，各业营业税税率一律加征临时国难费 1%，普通税率增为 3%，输入奢侈品税率增为 6%。同年 9 月，国民政府对《营业税法》进行了一系列调整。新《营业税法》将按营业纯利润额征收税款的规定取消，改为按营业收入额课征者，税率为 1%～3%，按资本额课征者，税率为 2%～4%。[①] 征收时间及起征点亦作了修正。1942 年 7 月，国民政府再一次对《营业税法》进行了一系列调整。新《营业税法》将营业税为地方政府收入的规定取消，提高了起征点，增加对经营米谷、杂粮、菜蔬肩挑负贩免税的规定及罚锾应由法院以裁定的方式进行。

新《营业税法》将营业税税率提高，减少了营业税税率幅度。当时的人们对此满怀希望，"期其税制简单，标准明确，征收方法简捷了当……营业税今后在战时财政上似实有不可漠视之价值"[②]。但是，由于《营业税法》只是描绘了一个大概的轮廓，不利于营业税的缴纳征收工作的进行，所以 1943 年 1 月国民政府制定了《营业税法实施细则》。《营业税法实施细则》在《营业税法》的基础上完善了一些细节问题。比如，银行业、钱庄业等企业以企业

---

① 《营业税法》，1941 年 9 月 26 日；《中华民国工商税收史料选编》（第 5 辑上册）；江苏省中华民国工商税收史编写组、中国第二历史档案馆：《中华民国工商税收史料选编》，南京大学出版社 1996 年版，第 409～410 页。

② 《关吉玉为修订营业税法有关问题致财政部次长的签呈》，1941 年 9 月 14 日；《中华民国工商税收史料选编》（第 5 辑上册）；江苏省中华民国工商税收史编写组、中国第二历史档案馆：《中华民国工商税收史料选编》，南京大学出版社 1996 年版，第 404～405 页。

的资本总额为课税依据，税率为 40‰；其余各企业以收入总额为课税依据，税率为 30‰。[1] 该税法不同于以前使用差别税率的税法，使用的是单一税率，且采用较高的税率。

抗日战争全面爆发后，国家新制定的营业税税率虽然有利于当时的社会情况，却不适合抗日战争胜利以后国家社会经济的发展。所以，许多企业在抗日战争胜利以后陆陆续续地向国民政府要求恢复以前的税率。国民政府为促进国家社会经济的发展，决定降低营业税税率，即减半征收营业税。在 1945 年 10 月以后，全国营业税以各企业的收入总额为课税依据的，税率降为 15‰；以企业的资本总额为课税依据的，税率降为 20‰。虽然政府降低了营业税税率，但是税率水平依旧不低，企业的税收负担仍然过高，所以有许多企业继续向国民政府要求降低税率。比如，某参议员曾在提案中提出："现值抗战胜利，（营业额税率）改征为千分之十五，比较战前最高额已增加三分之二……工商业亟待扶持，政府应为适当改进，以纾商困。"[2]

从三个主要税制的税法的不断修订过程，我们可以发现，除了税率提高，民众的纳税负担加重外，实体法规定和程序法规定是有一定进步的。既有了随着物价上涨的起征点，也有了解决税务争议的处理机制。但是也有争议，部分学者认为，起征点应该再高一点，税务争议规定过于简单，不便执行。

抗战时期国民政府主要税法的不断修订，既有保证财政收入这一首要条件，也有部分以税弥补亏损，安抚民心的考虑。如 1937 年 12 月 3 日，盐务总局令两淮盐务管理局：商运在途及存仓盐斤，凡直接遭受炮火损失者，报经查实后按其实在损失盐数，暂准免税补运。还有经部分人士抗议的过分利得税后来也有停征。总之，税法的设立或修正掺杂着各种考虑，税收承担着比和平年代更多更特殊的职能。

---

[1]　财政部印发《营业税法施行细则》的训令，1943 年 2 月 11 日；《中华民国工商税收史料选编》（第 5 辑上册）；江苏省中华民国工商税收史编写组、中国第二历史档案馆：《中华民国工商税收史料选编》，南京大学出版社 1996 年版，第 431 页。

[2]　《关于减轻营业税税率的提案》，1945 年 10 月，重庆市档案馆藏：全宗号 0054，目录号 1，案卷号 25，第 150 页。

5.4 国民经济发展日趋缓慢

南京国民政府在"七七事变"和"八一三事变"抗战相继失败、日军长驱直入进逼南京的危机情况下，于1937年11月19日宣布迁都重庆。接着，由国民政府主席林森率领一部分先遣队，开始向重庆进发，于11月26日到达。而实际上，南京国民政府大部分机关却集中武汉办公。国民党在1938年于武昌召开了临时全国代表大会，在临时全国代表大会上公布了《抗战建国纲领》，提出以"抗战建国并进"为基本国策，即一面坚持抗战，一面将经济建设的重心向内地转移，开发和建设大西南和大西北。在《抗战建国纲领》指导下，国民政府转移产业重心，调整经济领导体制，改善金融机构，推进经济建设，加强组织生产，使战区工商业相继内迁，内地的农、工、矿、交、商各业有了好转。

但是，好景不长，1939年9月欧战爆发，对我国经济影响很大。各国因参加第二次世界大战，物资缺乏，输入我国的物资便因此而减少了。加上我国南邻越南沦陷，滇越路的运输被卡断，我国后方对外交通运输更加困难。同时，日寇又乘机封锁了我国沿海港口，使我国对外水陆交通一齐断绝，并加紧对我国进行经济封锁，遂使我国物资开始缺乏。物价因之上涨，以重庆趸售物价指数为例，1939年10月为313.5，1940年12月即上升为1223.7，1941年10月增为2284.8。[①] 物价上涨对社会经济产生了严重影响，如由于物价上涨，政府财政支出无形中增加，为弥补财政赤字，不得不增发法币，于是通货膨胀发生。在工业生产方面，由于物价上涨，生产成本提高，资金薄弱的厂家均遭到资金周转不灵的厄运而影响生产。在农村，因人工及肥料涨价，地租高压下的佃农及小自耕农无力进行再生产。而商业方面，却因物价上涨，刺激投机贸易的迅猛发展。这样，就使中国后方的工农业生产开始出现不景气的状态，而投机商业却乘机活跃起来。

1941年12月8日，日本发动的太平洋战争爆发，对中国经济影响更大了。其中最重要的是香港、上海的沦陷和国际交通线被切断。香港被日军占领了，

---

① 陈振东：《抗日战争时期国统区的物价管理》，《四川大学学报（哲学社会科学版）》，1988年第8期，第11～16页。

中国后方通过香港转口与世界各国的贸易停滞了。1942 年春，日军侵入缅甸，仰光失守，滇缅公路的运输也被切断。我国大后方的国际交通，仅赖西北通苏联一线，但运量有限，运费高昂，致使后方生产的农副产品和特矿产品无法运出去，苏联和美国供给的军火、机器和其他物资又运不进来，这样后方经济就出现了困难局面。由于物资来源困难，物价更不断上涨，据中国农民银行编制的 13 个重要城市零售物价指数，以 1940 年上半年为基期，到 1942 年 3 月，雅安即达 40 倍、重庆为 30 倍，最低者也上涨 17～19 倍。国民政府虽于各省实行限价政策，物价还是直线上升，不见功效。这种情况直接影响到后方的工农业生产，从 1942 年开始，工农业务部门的生产指数开始下降，人民生活也开始出现困难。[1]

　　1944 年夏天开始，日本为了打开大陆交通线，又发动了猛烈的豫湘桂战役，敌人节节进攻，国民党军队节节败退，洛阳、长沙、衡阳、桂林、柳州、独山相继沦陷。兵荒马乱，人心惶惶，生产破坏，物资奇缺。随着湖南和广西两省的沦陷，战区的人口和游资又大量流入四川、贵州等内地，随着后方人口的增加，军用品和日用品的供应均更感困乏，物价似断线的风筝越飞越高。再加上湘、桂两省沦陷，国民政府的财政收入更加减少，不得不靠中央银行垫款来解决燃眉之急，于是通货膨胀便变本加厉地向上猛涨，刺激物价更是向上飞涨，手中握有商品的人，便乘机囤积居奇，哄抬物价。尽管国民政府采取出卖黄金政策来吸收法币，平抑物价，但因物资奇缺，游资过巨，对于压平物价毫无效果。整个后方经济处于崩溃状态。

5.5　税收立法与经济互动的效果评析

5.5.1　1937 年前后国民政府的财政状况对比

　　在 1937 年以前，国民政府的财政就存在较大的问题，财政赤字严重。而在 1937 年抗日战争全面爆发以后，军费支出的大量增加、沿江沿海地区以及

---

① 陈振东：《抗日战争时期国统区的物价管理》，《四川大学学报（哲学社会科学版）》，1988 年第 8 期，第 11～16 页。

重要城市的沦陷、大量税源的丢失更是让本就不富裕的国民政府雪上加霜。急剧减少的财政收入远不足以支持国民政府的财政支出，随着抗战的不断进行，国民政府的财政危机逐年加深。1937～1945 年，国民政府的财政赤字情况日益激增（见表 5.4）。

表 5.4　　　　　　　　　　**1937～1945 年的政府财政收入和支出**　　　　　单位：百万元法币

年份	财政支出	财政收入	财政赤字
1937	1992.00	1393.00	560.00
1938	2215.00	723.00	1492.00
1939	2797.00	740.00	2057.00
1940	5288.00	1325.00	3963.00
1941	10003.00	1310.00	8693.00
1942	24511.00	5630.00	18881.00
1943	58816.00	20403.00	38413.00
1944	171689.00	38503.00	133186.00
1945	2348085.00	1241389.00	1106696.00

资料来源：张公权：《通货膨胀史》，文史资料出版社 1986 年版，第 244 页。

　　由表 5.4 可以看出，1937～1945 年，国民政府的财政总赤字是逐年上升的。我们再考虑这期间发生的通货膨胀，其赤字依存度仍然是很高的（见表 5.5）。

表 5.5　　　　　　　　　　**1937～1945 年财政收支折合战前币值**

年份	物价指数	财政支出 （百万元法币）	财政收入 （百万元法币）	财政赤字 （百万元法币）	赤字依存度 （％）
1937	—	1992.00	1393.00	560.00	28.11
1938	1.31	1690.83	551.91	1138.93	67.36
1939	2.22	1259.91	333.33	926.58	73.54
1940	5.13	1030.80	258.28	772.51	74.94
1941	12.96	771.84	101.08	670.76	86.90
1942	39.00	628.49	144.36	484.13	77.03
1943	125.41	468.99	162.69	306.30	65.31
1944	431.97	397.46	89.13	308.32	77.57
1945	1631.60	1439.13	760.84	678.29	47.13

资料来源：张公权：《通货膨胀史》，文史资料出版社 1986 年版，第 242 页。

从表 5.5 中可以很明显地看到，1938 年的财政赤字有一个峰值 1138.93 百万元法币，1939 年开始逐年下降，1943 年下降到最低值 306.3 百万元法币，然后又呈上升趋势。财政支出 1937～1944 年是逐年下降的，到 1944 年下降到最低值 397.46 百万元法币，1945 年又突然猛增。财政收入的变化可以分为三个阶段：1937～1940 年为第一阶段，财政收入逐年下降且下降速度很快；1941～1944 年为第二阶段，财政收入的变化幅度不太大；1944～1945 年为第三阶段，财政收入突然增加。

当国家财政出现赤字时，政府一般会选择发行国债来缓解赤字，当时的国民政府也不例外。所以，我们再来看这期间国民政府的国债情况（见表 5.6）。

表 5.6　　　　　　　　　1937～1945 年国民政府的国债情况

年份	债务收入（百万元法币）	财政支出（百万元法币）	债务依存度（%）	还债支出（百万元法币）	国债偿债率（%）
1937～1938 年	256.18	2091.00	12.25	376.38	46.18
1938 年下半年	18.40	1169.00	1.57	245.49	77.93
1939	24.80	2797.00	0.89	447.52	60.48
1940	7.61	5288.00	0.14	370.16	27.94
1941	127.29	10003.00	1.27	500.15	38.18
1942	362.72	24511.00	1.48	1470.66	16.06
1943	3866.17	58816.00	6.57	3528.96	8.16
1944	1988.90	171689.00	1.16	5150.67	5.82
1945	62818.60	2348085.00	2.68	12413.89	0.89

资料来源：千家驹：《旧中国公债史资料》，中华书局出版社 1984 年版，第 375～377 页。

由表 5.6 可以看出，1943 年以前的国债偿债率都超过了国际警戒线，最高达到 60.48%。还债支出太大而财政收入太小，说明此时的国债已经远远超过财政的承债能力，国民政府已经不能再发行国债。综上所述，国民政府国债余额太大，使得还债支出庞大，而战时财政收入急剧减少，使国债规模远远超过财政承债能力。这期间的巨额财政赤字倒逼国民政府大量增发货币（见表 5.7）。

表 5.7	1937～1945 年国民政府的财政赤字与货币增发量		单位：百万元法币
年份	货币发行额	财政赤字	货币增发额
1937	1640.00	560.00	—
1938	2310.00	1492.00	670.00
1939	4290.00	2057.00	1980.00
1940	7870.00	3963.00	3580.00
1941	15100.00	8693.00	7230.00
1942	34400.00	18881.00	19300.00
1943	75400.00	38413.00	41000.00
1944	189500.00	133186.00	114100.00
1945	1031900.00	1106698.00	842400.00

资料来源：张公权：《通货膨胀史》，文史资料出版社 1986 年版，第 244 页。

然而，国民政府大量增发货币造成了这期间严重的通货膨胀（见表 5.8）。

表 5.8	1938～1945 年综合物价指数
年份	物价指数
1938	1.31
1939	2.22
1940	5.13
1941	12.96
1942	39.00
1943	125.41
1944	431.97
1945	1631.6

资料来源：张公权：《通货膨胀史》，文史资料出版社 1986 年版，第 11 页。

综上所述，国民政府的财政赤字庞大，但是国债规模又远超过财政的承债能力，即国债发行变得不可持续，综合物价指数逐年加速上升，恶性通货膨胀趋势明显，财政危机的特征已经非常明显。

5.5.2 1937～1945 年国民政府的经济政策

除了发行国债、增发货币之外，国民政府也采取了各种各样的经济政策，以解决财政危机。

5.5.2.1　国民政府的"统制经济"政策

国民政府成立之初，尽管没有明确提出"统制经济"的口号，但已有统制全国经济建设的计划，并先后成立了相关的负责机构。抗日战争全面爆发以后，国民政府更是认识到经济对于战争的重要性，于是国民政府开始实施"统制经济"的相关政策。

1939 年 3 月，国民党召开了五届五中全会，在会上进一步强调了经济建设的重要性，尤其是在抗战胜负中的作用，会议上经过激烈的讨论，达成了一致认识。明确宣布经济建设"必须服务于抗战，必当因抗战时人民的需要，分轻重缓急，对经济的各行各业实行经济的统制"。[①]

1939 年，国民政府颁布的法律有《战区粮食管理办法大纲》《矿产品运输业出口管理规则》《非常时期采金暂行办法》《非常时期禁止进口物品办法》《录业管理规划》《川康铜业管理规则》《管理锡业规则》《管理水志规则》《管理煤炭办法大纲》《全国猪鬃统购统销办法及施行细则》《非常时期评定物价及取缔投机操纵办法》《取缔囤积日用必需品办法》《日用必需品平价购销办法》《取缔收售金类办法》《收购生金办法》。1940 年，国民政府又颁布了《钢铁管理规则》《管理土铁实施办法》《全国桐油统销办法》《非常时期省营贸易管理规则》《取缔进口物品商销办法》《非常时期管理办法》《采金暂行办法及民营金矿业监暂办法》《管理各省银行或地方银行发行一无券及辅币券办法》等。1941 年 4 月，国民党召开了五届八中全会，通过"动员全国财力，扩大建设生产，对经济的建设实行统制，从而保证抗日战争的胜利"的决议，至此，战时的统制经济政策已经成为"加强战时经济体制的基础政策"。[②]1941 年，国民政府颁布的法律有《战时管理进出口物品条例》《战时重要经济设施原则》《非常时期工商业及团体管理制办法》。

在国民政府大张旗鼓地推行统制经济下，国家资本企业的产值占总体的比例由 1940 年的 15.2% 上升到 1944 年的 35.9%。除了石油和钨、锌、锡等金

---

① 浙江党史协会：《中国国民党历次会议宣言决议案》（二），第 416 页。
② 浙江党史协会：《中国国民党历次会议宣言决议案》（二），第 164 页。

属矿产品完全由国家资本企业生产外，后方其他重要工业产品如电力、煤炭、钢铁等，国家资本企业所占的比例也不断提高。到抗战结束时，据不完全统计，1937~1945 年，国民政府对工矿业的投资折合成 1936 年币值 62943 万元，是 1936 年国营工业资本总额的 1.97 倍。1944 年与 1940 年相比，发电量增长 2.01 倍、生铁产量增加 14.28 倍、钢产量增长 15.83 倍、煤产量增长 3.18 倍、石油制品产量增长 38 倍、酒精产量增长 3.95 倍、酸类产品增长 10 倍、碱类产品增长 18.25 倍、国营工业总产量增长 3.41 倍，而同期，民营工业总产值仅增加 1.08 倍。[1]

5.5.2.2　国民政府的"专卖制度"政策

抗日战争的全面爆发对于财政本就捉襟见肘、入不敷出的国民政府无疑是雪上加霜。此时，能够大幅增加政府财政收入的专卖制度自然而然地成为了国民政府取得财政收入的选择之一。

1939 年，国民党第五届中央执行委员会五次全体会议召开，财政部提出"第二期财政金融计划案"，12 月，洪怀祖将筹建专卖制度事宜加入两年财政计划当中，希望财政部审核通过专卖制度筹备委员会早日设立，尽快调查清楚准备实行专卖物品的产销情况，同时将日本专卖制度法译成中文。1941 年 4 月，国民党召开第五届中央执行委员会第八次会议，会议通过孔祥熙等提出的关于"筹办盐糖烟酒等消费品专卖以调节供需平准市价案"，以调节供应，平抑物价，提请对盐、糖、火柴、烟、酒、茶叶等物品实行专卖。

1941 年，国民政府关于专卖制度的提案的主要内容如下。[2]

第一，政府专卖，先从盐、糖、烟、酒、茶叶、火柴等消费品试办。

第二，政府专卖物品以统制产制、收购分销为最初实施办法，其零售业务仍利用现有商店经营。但必须经政府登记，给予特许经营。

第三，政府专卖，以使人民公平享受公平负担为主旨。专卖物品寓税于价，专卖实施以后，不再对物课税。

第四，专卖物品应由中央政府统一办理，地方政府不得对于专卖物品课征

---

①　郑友揆：《中国的对外贸易和工业发展》，上海社会科学院出版社 1984 年版，第 23 页。

②　《中华民国工商税收大事记》，中国财政经济出版社 1994 年版，第 263 页。

捐税。

第五，财政部专卖事业设计委员会对于专卖事业的一切制度规章及其他必要事项，应于四个月内设计完成。

民国专卖制度自此有了正式的法律规定和实施依据。由表 5.9 可知，国民政府实施的"专卖制度"为国民政府筹集了大额的财政收入，满足了国民政府战时筹措财政的需要。

表 5.9		1942～1945 年国民政府专卖收入				单位：百万元
年份	盐类专卖	糖类专卖	烟类专卖	火柴专卖	其他专卖	合计
1942	1180	—	—	—	117	1357
1943	1823	359	880	95	—	3157
1944	1089	470	1707	238	—	3504
1945	1781	7	803	80	—	2270

资料来源：杨荫溥：《民国财政史》，中国财政经济出版社 1985 年版，第 127 页。

5.5.3　国民政府的税收政策及其征收效果

5.5.3.1　国民政府税制体系的建设

1938 年，国民政府推行新县制，使县财政的开支大增，原有财政收支体系不能适应，同时，为集中财力支持抗战，国民政府决定将省级财政收归中央。国民党五届八中全会通过了孔祥熙等提出的"改进财政系统，统筹整理分配以应抗战需要而奠自治基础，藉使全国事业克臻平均发展案"，将全国财政分为国家财政与自治财政两大系统。所有以前中央与省级两部分财政，统归国家财政系统，县市财政则为自治财政系统。孔祥熙依据此原则，于第三次财政会议中，提出"遵照八中全会通过改定财政收支系统，制定实施办法案"，经大会讨论，修正通过。再由财政部制定实施纲要，并由国民政府明令公布实施。至此，战时的财政系统正式确定。全国税收也根据新的标准重新划分。中央共有税种数目分别为土地税田赋及契税、所得税、遗产税、非常时期过分利得税、营业税、特种营业收益税、特种营业行为税、印花税、关税、盐税、矿税、货物出厂税、货物取缔税、战时消费税、专卖收入。地方税则有土地改良税房捐、屠宰税、营业牌照税、使用牌照税、行为取缔税及中央划拨的部分土地税、遗产税、营业税及印花税。这样，中央税收则可分为直接税系统、货物税系统、专卖系统、关税系统和土地税系统五大系统（见表5.10）。

表5.10　　　　　　　　　　1937~1945年国民政府中央税税制体系

中央税体系	直接税体系	所得税	营利事业所得税
			薪给报酬所得税
			证券存款所得税
			财产租赁所得税
			财产出卖所得税
		非常时期过分利得税	
		遗产税	
		营业税	
		印花税	
	货物税体系	统税	卷烟统税（改办专卖）
			棉纱统税（改征实物）
			面粉统税（改办征实）
			火柴统税（改办专卖）
			水泥统税
			熏烟叶统税（改办专卖）
			洋酒、啤酒统税
			火酒统税
			糖类统税
			饮料品统税
			茶类统税
			竹、木统税
			皮、毛统税
			瓷、陶统税
			纸、箔统税
		烟酒税	烟税
			酒税
		矿税	矿产税
			矿区税

续表

中央税体系	专卖体系	盐专卖
		食糖专卖
		烟类专卖
		火柴专卖
	关税体系	进口税
		出口税
		船钞
		战时消费税
	土地税体系	田赋（改征实物）
		地价税
		契税

资料来源：匡球：《中国杭战时期税制概要》，中国财政经济出版社 1988 年版，第 13 页。

5.5.3.2　国民政府的直接税政策调整及征收效果

抗日战争全面爆发后，开辟新税源以增加战时财政收入迫在眉睫。军事委员会 1937 年 9 月制定的《总动员计划大纲》，在税收方面要求"改进旧税""举办新税"。国民参政会第一届大会在 1938 年 7 月 6～15 日举行，国民政府在会上提出《推行战时税制案》，提出四大计划实行的税目，包括扩充所得税并提高税率、举办战时消费税、举办战时过分利得税、筹办遗产税。除了战时消费税以外，其余三项均属于直接税的内容。国民参政会经过讨论，认为战时消费税、战时过分利得税、遗产税均为新兴税，应请财政部积极施行，但是所得税应以扩充课税范围为限，不宜提高税率。[①] 财政部于 1938 年开办非常时期过分利得税，"期以租税政策，平均社会之财富"。1938 年 10 月，公布了《非常时期过分利得税条例》，规定营利事业超过资本在 2000 元以上、其利得超过资本 15%，或财产租赁利得超过财产价额 12% 者，一律课征过分利得税，税率均采超额累进制，为 10%～50%。因为各地商人请求宽缓办理，为了体恤商情，改为 1939 年 1 月征收。1940 年，正式设立直接税处。因为印花税以商

---

① 《国民参政会第一届会议决议案办理情形案》（油印本）。转引自《1930－1940 年代中国之政策过程》《1930－1940 年代中国之政策过程》，事务局编，2004 年 2 月 15 日，第 24 页。

事凭据为重要税源，为检查便利起见，1940 年 6 月起由直接税系统兼办。

遗产税也是直接税中的重要项目，抗战全面爆发后，孔祥熙认为要"完成直接税体系，奠定近代化税制基础，遗产税的实行，不容再缓"[①]，于是公布《遗产税暂行条例》，采用总遗产税制，规定 5000 元以上的遗产予以征税，其中 5000 ~ 50000 元者，一律课以 1% 的比例税，超过 50000 元者，则分别按级课以超额累进税，最高级超过 1000 万元者，征税 50%。因中国向来没有缴纳遗产税的习惯，遗产税经两年宣传，直到 1940 年 7 月才实行开征。这些措施实行后，直接税体系得以初步建立。

之后，国民政府又陆陆续续地健全直接税体系。1940 年 6 月，国民政府财政部将印花税的征收工作改由直接税处办理，财政部又于 1941 年第三次财政会议后将收归中央的营业税交由直接税处办理，使直接税处征收的税种包括所得税、利得税、遗产税、印花税和营业税在内的五种之多。1943 年 2 月，国民政府正式公布修改后的《所得税法》和《非常时期过分利得税法》，新法提高了起税点并增加了课税级距，营利事业所得最高税率由 10% 改为 20%，过分利得最高税率由按超过合法利润 50% 改为 60%。同年，国民政府还颁布《财产租赁出卖所得税法》，对财产所得进行课税。规定凡财产租赁所得超过 3000 元以上、商业用地超过 1 万元以上者予以课税；财产租赁所得税率最低者，就其超过额课税 10%，最高以递加至 80% 为限；财产出卖所得税率最低者，就其超过额课 10%，最高者以递加至 50% 为限。

在 1941 年 4 月的中央五届八中全会上，蒋介石在开幕词中训示"今后敌我成败的决定力，经济要占七分，军事仅占三分"[②]，并以此制定了经济建设案。为了配合国民政府的经济建设案，财政部遂有"扩大直接税体系之决定"，要求"借此时机，因势利导，扩大范围，加强实施，使之成为今后税收之主要泉源"[③]。表明了战时国民政府对直接税的重视。

1941 年 6 月，第三次全国财政会议决定改进财政收支系统，将省市一级

---

① 孔祥熙：《战时财政与金融》，《迁都重庆的国民政府》，第 62 页。
② 《八中全会之经济建设案》，《经济汇报》，第 3 卷第 8 期，1940 年 4 月 16 日。
③ 《五届八中全会关于动员财力扩大生产实行统制经济以保障抗战胜利决议案》，1941 年 4 月 2 日，《税收史料》（第 1 辑），综合类（上册），第 246 页。

财政收支改列国家财政范围之内，遂于 1942 年 1 月将原属各省市的营业税划为中央税，并入直接税，由直接税处兼办。国民政府直接税体系从而形成。1943 年，直接税署成立，直接税体系日趋完善。这样，直接税在抗战的烽火中成长起来。

直接税开征以后，其预算数字、征收数字与年俱增。计自开征之年度起至 1943 年止，所得税收入增至 148 倍；非常时期过分利得税增至 39 倍；遗产税增至 18000 倍，即以 1943 年度与 1941 年度比较，增加亦达 104 倍之多；印花税及遗产税由直接税处开征虽迟，但前者亦增至 39 倍，后者增至 3 倍。由此可见，直接税税务已由试办渐进为国民政府中央税之重要部门。

1936～1945 年，直接税收入累计达 404343.46 亿元，平均占国民政府税收总收入的 16.3%。个别年份，如 1942 年和 1943 年分别占到 26.24% 和 32.02%，这说明直接税不仅在税收中占一定地位，而且在有的年份还占有重要地位，在相当长时间里，直接税是中央重要的税源，直接税逐渐发展成为国民政府战时三大新税之一（其他两税是盐税战时附加税和货物税），在国民政府财政收入中占有重要地位。然而，我们也可以看到，在抗战即将结束的几年，政府对直接税的管理有所放松，逃税现象已经普遍发生，税收数字减少，1944 年和 1945 年，直接税占政府总收入的百分比降到 17.51% 和 14.52%，表明直接税对国民政府的财政收入作出了一定的贡献（见表 5.11 和表 5.12）。

表 5.11　　　　　1938～1945 年直接税、关税、盐税、货物税在
国民政府中央税收总收入中的地位

年份	税收总收入 （国币千元）	盐税 （国币千元）	货物税 （国币千元）	直接税 （国币千元）	直接税比例 （%）
1938	469131	138597	67738	8231	1.75
1939	524970	113276	51156	29214	5.56
1940	739020	105100	65730	92441	12.50
1941	996109	125363	198771	184539	18.53
1942	4474710	1437372	5994464	1173957	26.24
1943	14120276	1644894	1836909	4521278	32.02
1944	53748686	17446956	5628909	9413499	17.51
1945	172093265	61908917	22742311	24984574	14.52

资料来源：1939～1946 年国税收入统计表，《税收史料》（第 1 辑），综合类（下册），第 3148 页。

表 5.12　　　　　1938～1945 年直接税收入其占总收入和实际收入的百分比

年份	总收入 （国币百万元）	实际收入 （国币百万元）	直接税的总收入 百分比（%）	直接税的实际收入 百分比（%）
1938	1169	297	6.8	1.7
1939	2797	715	1.1	0.3
1940	5288	1317	1.7	1.7
1941	10003	1184	15.6	1.8
1942	24511	5296	22.3	4.8
1943	58816	16517	26.6	7.5
1944	171689	36216	26.0	5.5
1945	1215089	150065	16.6	2.1

资料来源：杨荫溥：《民国财政史》，中国财政经济出版社 1985 年版，第 116 页。

总体而言，1936～1945 年是国民政府的直接税体系逐步趋于完善的过程。抗战后期，国民政府的直接税及其下各个税别的税收收入均呈现出逐年递增的趋势（见表 5.13）。

5.5.3.3　国民政府的间接税政策调整及征收效果

盐税不仅是国民政府间接税税制体系的重要组成部分，更是抗战全面爆发前南京国民政府的三大税收之一。1938～1941 年，国民政府的盐税政策的主要特点是，继续沿用战前的税制、税率及征收方法，但因战争而发生的变化也还是有的，变化主要表现在税率的局部调整上。关于税制，如以前一样，采取从量计征办法，分为正税（有场税、岸税之别）、中央附税、特种捐费及盐务行政收入。盐税税目繁杂，各区相同的就有场税（或岸税）、附税、建设专款、磅亏费、整理费、公益费等，各区自行巧立名目而征收的捐费则极不一致，如省府加价、军饷、救国捐、防空捐、河工捐、食户捐、工程费、督销费等。关于税率，依然采用等差税法，各区税率不一致，即使同区之间税率差别也比较大，但一般说来，产盐区税率要低于非产盐区税率。以 1938 年为例，川盐在四川境内销售每担税率最低为 2.60 元，最高为 5.46 元，而在湖南、湖北的川盐税率每担则高达 11.76 元；浙盐在浙江境内销售每担最低为 2.30 元，最高为 8.40 元，而销往江西的浙盐则每担为 10.50 元；粤盐在广东境内销售，税率一般为每担 4.40 元，而在湖南的粤盐税率最低为每担 6.70 元，最高则达

表 5.13

1943～1945 年各项直接税的预算与收入

单位：国币元

年份	所得税		利得税		遗产税		印花税	
	预算	收入	预算	收入	预算	收入	预算	收入
1943	700000000	990947983	100000000	1219972518	50000000	49403499	300000000	369263756
1944	1780000000	1698814270	2160000000	1998065488	50000000	144420316	1000000000	890559984
1945	2600000000	3493397814	3100000000	3730179208	200000000	360331397	2200000000	3397719606
年份	营业税		契税		土地税		总计	
	预算	收入	预算	收入	预算	收入	预算	收入
1943	1200000000	1891595072	—	—	—	—	3250000000	4521285228
1944	2500000000	3219092481	—	—	—	—	7490000000	7950758542
1945	5900000000	9452507858	1900000000	4253324681	343000000	297113316	16243000000	24934573878

资料来源：《财政年鉴三编》（第五篇），第 5 页。

13.60 元。① 自 1942 年 1 月 1 日起，国民政府开始实施盐专卖制度，但专卖利益仍按旧的盐税税率征收，直到同年 5 月 1 日公布盐专卖利益征率表后，才正式征收专卖利益。盐专卖利益分固定部分与不固定部分两种，固定部分规定各区划一，不固定部分则因区而异，具体情形如下：1. 固定部分，湖南、江西、福建、粤东、粤西、河南、川东、陕西、两浙、川康、川北、云南 12 个区每担 40 元，只有西北情形特殊，蒙青盐在境内每担 20 元，在境外则每担 35 元，而土盐在境内每担 15 元，在境外则每担 30 元。2. 不固定部分，湖南区每担 25 元，江西赣南区每担 25 元，旧淮区 25 元，福建区（昆南区除外）每担 20 元，粤西区甲种销区每担 10 元、乙种销区每担 20 元，粤东区每担 15 元，河南区（土盐除外）每担 20 元，川东区井盐每担 35 元，云盐 30 元，陕西区（土盐除外）每担 30 元，两浙区每担 20 元，川康区富荣、犍为、乐山、井仁等场每担 35 元，忠县、彭水等场每担 30 元。其他区或场则免收。至于收解办法，固定部分随收随即解库，不得滞纳；不固定部分则准予汇集解库，但每月解库数不得少于收数的六成。1943 年 6 月，盐务总局普遍提高各区食盐专卖利益征率，7 月又因各区解缴不固定部分专卖利益与固定部分一样，基本上随收随解，于是合并固定与不固定两部分统一称为专卖利益。各区征率，以川康、川东、贵州三区为最高，每担 100 元，其次为湖南、江西、粤东、粤西，每担 90 元，两浙为每担 80 元，福建为每担 5 元，川北、西北、陕西、河南为每担 70 元，云南为每担 65 元，土盐征率适当放低，陕西、河南为每担 65 元，西北为每担 30 元，最低为皖北硝土盐每担 20 元。这样，专卖利益征率在各区大致划一的基础上，出现了联区划一的局面。江南各区，如湖南、江西、粤东、粤西四区大致划一，江北各区，如川北、西北、陕西、河南四区大致划一，川康、川东、贵州三区也基本一致。1944 年，各区食盐专卖利益征率没有作任何调整。1945 年 1 月 15 日，调整征率，划一为每担 110 元，国统区各区各种盐类一律实行划一征率。②

　　关税也是国民政府间接税体系的重要组成部分之一。战时关税政策的任

　　① 1938 年 12 月《全国盐区现行税率表》。财政部财政年鉴编纂处：《财政年鉴续编》（第 7 篇盐政），时事新报印刷所 1945 年版，第 171~240 页。

　　② 财政部财政年鉴编纂处：《财政年鉴续编》（第 7 篇盐政），时事新报印刷所 1945 年版，第 36 页。

务，首先是增加税收，其次是构成牢固的经济防线。因此，战时关税政策的实施，一方面在于便利必需品进口，而防止非必需品及奢侈品进口，另一方面则在于奖励土货及非必需品出口，而防止与军事有关的国产物资出口。为达到以上目的，抗战之初，孔祥熙本打算修改税则，实行统制贸易，禁止或限制奢侈品及非必需品的输入，但由于外交上困难重重，而且海关大多在沦陷区域，难以控制，因此"不能不另筹妥适方策"①。从抗战全面爆发到1940年，孔祥熙在关税方面主要采取了三项措施。第一，为促进必需品的输入、限制非必需品的输入，调整进出口税。进口方面，规定凡军事上急需用之物品，如医药、交通器材、钢铁等金属品及机器等，均分别减税或免税，或准予记账，以奖励输入。对烟、酒、丝织品、毛织品、皮货玩具等非必需品，则均禁止输入。此后，为了使人民生活上所急需的物品能够廉价供应，又于1939年9月制定《进出口必需品减税办法》，对除原属禁止进口物品而经特许进口者，仍按原税则征收全税外，其余不在禁止进口之列者，都按照原税率减为1/3征税。在出口方面，规定凡与军事有关的国产物资，如粮食、五金等，禁止出口。为集中外汇，以供应战时运用，于1938年4月，将生丝、茶叶、草帽、桐油、皮革等24种货物规定为结汇货品，1939年又将其中的桐油、茶叶等四类货品改为政府统购统销，并对以上物品一律免征出口税。第二，扩大转口税。1937年以前，转口税仅对往来通商口岸间的轮船与航运货物课税，1937年10月扩大征收范围，凡海关所在口岸，由船舶、公路、铁路、飞机、邮政运输往来的土货，一律征收转口税，以补助战时财政。对零星货品，则一律免征转口税。第三，严密查辑工作。为防止商民漏税避结外汇，在各地添设关卡，严密查缉，凡由沦陷区运来洋货未照国民政府税则纳税者，均须补税，同时，为统一缉私行政，在财政部内设立缉私处，以加强缉私工作。

为了进一步提高财政收入以适应抗战需要，国民政府还在关税的基础上开办了战时消费税。消费税在税制上可辅直接税的不足，在经济上可减少消费的任用，在行政上则手续简单征收方便，在税收上可起充裕国库的功效。② 1942年4月，国民政府明令取消各省过境捐税及中央转口税，改征战时消费税，由海关

---

① 孔祥熙：《战时财政与金融》，中央训练团印刷所1941年版，第246页。
② 孔祥熙：《战时财政与金融》，中央训练团印刷所1941年版，第69页。

• 153 •

兼办。对于在国内运销货物，只征税一次，即通行全国，不再重征。其税率，对日用必需品为5%，次要日用品为10%，半奢侈品为15%，奢侈品为25%。

抗战期间，国民政府对统税进行了一系列的改进，使其也成为国民政府在抗战期间的间接税体系的重要组成部分。起初，统税系就厂征收，自沿海各省沦陷后，为防止沦陷区域内工厂出品内销时逃税，国民政府财政部将云南、新疆、西康、青海等省一律划为统税区域，同时扩大统税种类。1938年10月，对土制雪茄烟开征卷烟统税，1939年7月及10月，又分别开征饮料品及糖类统税。印花税、烟酒税方面，提高印花税和烟酒税税率。1937年10月11日，颁布《非常时期征收印花税暂行办法》，将税率提高1倍，同时降低起征点，扩大课征范围。同年10月13日，颁布《土酒加征与举办土烟丝税办法》，将土酒税率一律提高五成，土烟丝税则规定每净重100斤征税2.075元。由于采用从量税率的统税无法与战时物价波动较剧的状况相适应，1941年5月，国民政府在国民党五届八中全会上决议消费税一律从价计征，以适应当时的通货膨胀情况。1941年7月，国民政府公布《货物统税暂行条例暨国产烟酒类税暂行条例》，于同年9月开始实施。与此同时，国民政府还调整统税税率，将奢侈消费品税率提高30%，将日用消费品税率减低30%～50%。就这样，国民政府开启了统税的从价计征时代。1942年，国民政府又进一步扩大统税的征税范围，将茶叶、竹木、皮毛、陶、纸箔纳入统税的征税范围。

作为南京国民政府的三大税收之一的盐税，在抗战全面爆发以后收入大减。战时盐税减少是不以人的意志为转移的，而食盐供应状况却与人们的抗战意志有着相当的联系，所以随着战争的展开，国民政府盐务政策也越来越体现出以盐税与民食并重的精神。1939年10月，孔祥熙在一次题为《抗战以来政府对于财政金融之重要措施及今后财政金融政策》的演讲中说："盐税不仅关系财政，且与民食关系至大。自战区扩大，内地存盐及产量不敷支配，致人民有淡食之虞，故整理盐税，首在增加产量，次在调整运销。"[①] 尽管该时期国民政府对盐税制度积极调整，但是出于对当时我国国情的考虑，盐税税率的提高确实是有限的，这也就导致了这一时期盐税收入的下降（见表5.14）。

---

① 刘振东：《孔庸之先生演讲集》，《近代中国史料丛刊》（第82辑），文海出版社1973年版，第247页。

表 5.14	1938～1945 年国民政府的盐税征收情况	
年份	销盐数量（千担）	盐税收入（千元）
1938	23973	138597
1939	21143	113276
1940	22236	105100
1941	20984	125363
1942	20202	1437372
1943	22271	1644894
1944	16035	17446956
1945	15151	61908917

资料来源：《中国近代盐务史资料选辑》（第 4 卷），南开大学出版社 1991 年版，第 255～273 页。

抗战期间，国民政府的关税主要来源为进口税以及战时消费税，进口税和战时消费税的税收收入是我国关税收入的主要来源。其中，在关税的基础上开办的战时消费税是国民政府为了进一步提高财政收入以适应抗战需要而开征的。战时消费税的税收收入充分说明了其充分发挥了其扩充财政收入的功能以及国民政府开办战时消费税的正确性。而进口税税收收入的逐年递增亦体现了国民政府关税改革的成功（见表 5.15）。

各种商品的货物税亦是抗战时期国民政府的重要收入来源。国民政府在抗战期间根据不同时期的国情适时调整着相关的货物税政策，使其成为国民政府在抗战期间的间接税体系的重要组成部分，大大拓宽了国民政府的收入来源。抗战期间，国民政府的统税改革亦是非常成功的（见表 5.16）。

此外，抗日战争全面爆发以后，中国粮价不断上涨。1940 年，四川省农业歉收，黑市粮食价格飙升，众多地主乘机囤积粮食，国民政府以官价购买军粮，因地主拒售而失败。为保证军民粮食供给，1941 年国民党五届八中全会上，国民政府决议将田赋收归中央并改征实物，并在第三次全国财政会议上进一步加以讨论。议定征实标准为按照 1941 年田赋正附的原金额，以 1 元折征稻谷 2 市斗，1943 年改为以 1 元折征稻谷 4 市斗。1942 年加办随赋购粮，1943 年又将川、康、陕、甘、粤、桂、闽、浙八省征购改为征借，安徽改为捐献。1944 年各省征购一律改为征借，并加办累进征借。田赋征实的成功使国民政府决定将征实政策推广于货物税物品，以适应战时需要，于是选择与军需民用有关的棉纱、麦粉和税源较富的糖类，自 1942 年起先后实行征实。

表 5.15　　　　　1943～1945 年国民政府关税征收情况

年份	进口税		出口税		船舶吨税		转口税	
	收入（国币元）	占比（%）	收入（国币元）	占比（%）	收入（国币元）	占比（%）	收入（国币元）	占比（%）
1943	315538000	29.28	1039784	0.10	17962	—	2669682	0.25
1944	689983580	23.17	3726606	0.13	32787	—	—	—
1945	4201653749	84.34	99481548	1.99	11844866	0.24	—	—

年份	进出口关税附加税		进出口救灾附加税		战时消费税		总计	
	收入（国币元）	占比（%）	收入（国币元）	占比（%）	收入（国币元）	占比（%）	收入（国币元）	占比（%）
1943	15818431	1.47	15818538	1.47	726590069	67.43	1077492466	100
1944	34688764	1.16	34688770	1.16	2215728633	74.38	2978849140	100
1945	215035514	4.32	215238851	4.32	238778040	4.79	4981832568	100

资料来源：《财政年鉴三编》（第六篇），第 28～29 页。

表 5.16　1943～1945 年国民政府货物税征收情况

单位：国币元

年份	卷烟税	烟草叶税	酒税	火柴税	糖类税	棉纱税	面粉税	水泥税
1943	—	—	162043	131470000	26580181	75863000	4449678	12312728
1944	—	—	—	34970000	620831970	359600000	578425000	50217000
1945	967477333	543041685	49437257	6317000000	4910026986	645220000	6065546	12997707

年份	茶类税	皮毛税	锡箔及迷信用纸税	饮料品税	化妆品税	国产烟酒类税	铁矿税	总计
1943	76308331	67095000	107200818	1738214	—	1138687046	72087000	1713954039
1944	276872000	165221000	342284000	12970000	—	2998771000	197459000	5637620970
1945	19729391	14330000	41181962	8163729	806141951	8864375340	763247000	23968435887

资料来源：《财政年鉴三编》（第八篇），第 1～74 页。

国民政府将田赋收归中央并改征实物后，其征收的田赋成为抗日战争期间军粮的主要来源之一。国民政府的田赋改革不仅为抗日军队提供了重要的粮食来源，也掀起了征收实物的改革浪潮，为抗日战争的后勤工作提供了重要保障，更为抗日战争的胜利奠定了坚实的基础（见表5.17）。

表5.17　　　　　　　　　1943～1945年国民政府田赋征收情况　　　　　　单位：市石

年份	收入
1943	35182975
1944	28481309
1945	30053899

资料来源：《财政年鉴三编》（第五篇），第12～46页。

第 6 章

税收立法的嬗变与国民经济的崩溃
（1945～1949 年）

6.1 抗战结束后国内的经济状况

6.1.1 美国经济势力的侵入

抗日战争胜利后，帝国主义在中国的势力发生了很大的变化。在抗战期间，日本帝国主义占领了大半个中国，英、美势力只限于大后方的国民党统治区内。日本投降后，势力退出中国，英国又因为二战而元气大伤，无力扩张。因此，便形成了美国独占整个中国（主要是国统区）的局面。签订不平等条约获取特权是帝国主义对中国进行侵略的一种惯用手段，因为只有取得特权，才能获取特殊利益。美国在抗战结束前就曾用不正当的手段胁迫我国签订了若干个不平等协议，这些协议虽然在二战结束后有所废除，但是随着美国称霸世界的野心膨胀，欲将中国作为新的殖民地，竟与国民党政府又签订了一系列新的不平等条约。这些新的不平等条约主要包括《新公司法》《中美双边协定》《中美航空运输协定》《中美友好通商航海条约》《中美救济援助中国人民之协定》《中美关于经济援助之协定》《中美关于美国武装部队驻扎中国领土之换文》《中美关于设立中国农村复兴委员会之换文》等。这些条约使得美国在中国又获取了一系列新的特权。①

① 喻筱程：《论解放战争时期国统区财政经济危机》，《江西电力职业技术学院学报》，2019 年第
1 期，第 166～168 页。

获取一系列特权后，美国加快了其经济势力侵入中国的步伐。首先是大量商品的输入。美国在二战期间和战后，生产发展很快，而战后每年生产的200亿美元物资，却只能销售80亿元，大量过剩商品急待寻找市场出售。而通过与国民党政府签订各项协定取得特权后，进行商品倾销便有了出口，这在美国对华贸易统计数据中也可以看出。1936年，美国在中国进口总额所占比重为19.7%，1946年跃升到57.2%。在中国出口贸易额比重方面，1936年美国占26.4%，1946年上升为38.7%。由于外货尤其是美货在中国的大量倾销，中国的对外贸易出现严重的入超现象，造成国际贸易失衡，严重地打击了中国的民族工商业。如上海制袜业原有500余家，1946年以后，美货玻璃丝袜大批输入，并且售价低廉，结果该行业大型厂商如中国、秦益、华安、康福等十多家全部停工。①

其次还有对中国的资本输出，以达到控制和垄断中国经济的目的。美国对华投资在19世纪四五十年代便有了，但是在抗战全面爆发以前，美帝国主义在各国对华投资总额中不占重要地位。1936年前，帝国主义各国在华投资总额为42.85亿美元，而美国为3.4亿美元，仅占8%左右。抗日战争期间，美国的对华投资数额有所增加，到抗战胜利后，美国在各国对华投资中几乎达到独占的地位。与抗战时期一样，二战后，美国对华投资主要采取间接投资形式。即对国民党政府除了借款外，还有"救济物资""援华物资""售让""赠与"等形式，这五项合计共有美元50多亿元，数额已经超过了抗日战争前各国在华投资的总和。到1948年，这些美援和其他美国在华投资合计，占据了各国在华投资总数的80%。也就是说，国民党统治区的投资市场几乎为美帝国主义所独占了。而二战后，美国对华资本输出不只是贷款形式，也有直接投资。在二战结束后不久，美国的一些垄断资本家集团就和国民党政府联系在中国投资，设立各种公司企业，以便获取高额利润。如美国的一些垄断组织，3个月内就在上海设立了100多个分支机构。在华投资的重点还是关于国计民生的采矿、交通运输和军事工业三个方面。此外，美国还通过中美经济合作、中美技术合作等方式，派遣专家、顾问到行业中去，以便控制和操控。甚

---

① 朱伯康、施正康：《中国经济史》（下卷），复旦大学出版社2005年版，第688~689页。

至于抗战胜利后国民党政府接收的日本、德国在华资本，国民党四大家族的企业，也有美国的资本渗入。① 种种现象表明，国民党统治区的经济处于被美国控制之下，经济发展没有自主权，虽然抗战胜利，但是处于美国的半殖民统治中，也为后面经济崩溃埋下了种子。

6.1.2　国民政府的经济接收

抗战胜利后，国民党政府派遣接收大员在收复区大肆接收日伪物资和财产，继发"国难财"之后又大发"胜利财""接收财"。为了接收日伪财产，国民党政府特意在行政院设立"收复区全国性事业接收委员会"，将全国分为十个区，并组织了敌伪产业处理局等机构，分区接收。日伪区财产数字很大，全国七个区工矿以外的财产应当在 10 亿美元以上，加上工矿企业价值，共计在 30 亿美元以上。在财政金融方面的接收上，所有日伪金融机构及一切附属企业机关都由国民党政府所控制的四行二局接收。沦陷区工矿企业的接收由经济部统筹办理。1945 年，先后设立了苏浙皖区、冀热察绥区、粤桂闽区、湘鄂赣区、鲁豫晋区五个接收区和东北敌伪产业处理局、台湾日产清理处。接收工作从 1945 年底开始进行，东北地区情况特殊，直到 1947 年 5 月才开始接收。据国民政府经济部统计，截至 1947 年 9 月，全国共接收工矿企业总数为 3255 个，并且资源委员会对接收的企业进行了改组和裁并，在各类事业组建了若干骨干公司及总厂。为顺利接收交通运输业，交通部将全国分为京沪、武汉、平津、广东、东北、台湾六个区，由交通部派特派员和接收委员负责接收工作。据统计，铁路、公路、水运、邮电等各接收的交通运输业总价值约合 1937 年前法币 22 亿元。

本来，接收日伪各项物资和财产应该是件好事，既可以为下一步发展经济铺垫，又增强了军队实力，结果由于政府的腐败没落，致使接收机构混乱、人员庞杂、责任不清，整个接收过程一片混乱，人民怨声载道。首先是贪污盗窃屡见不鲜。一些贪官污吏乘混乱之机，将接收物资据为己有。如浙江平湖县县长吴震东，在日本投降时，查封敌伪遗存菜籽 9297 包又 8180 石，麻袋 12650

---

① 朱伯康、施正康：《中国经济史》（下卷），复旦大学出版社 2005 年版，第 688～689 页。

只，到交接时，仅余菜籽 553 包又 2442.5 石，麻袋全无。川湖公路局官员沈达可，抗战胜利后在长沙等地接收敌伪车辆 3438 辆，直到半年后才被迫转拨湖南公路局，而公路局所收到 200 辆车，大都破烂不堪。其次，一些国民党高级军官在接收时从中渔利，大捞特捞。如第六战区副司令长官郭忏，擅自从接收物资中拿出价值 40 亿元的各种物资，分给战区内各军事机关的官兵，其他战区也有类似情况。此外，盗窃接收物资的事件也屡有发生。经济部在天津接收的 27 处商店，半数被盗，物资损失严重。有些地方，国民党军队甚至都参加盗运。如驻湖南岳阳的某军 18 师，控制着大量敌伪物资，常在夜晚以戒严为掩护，暗中将物资运往外地私售分赃。天津市的接收人员，在接收一个大粮库后，前门上锁，后门运粮私卖。还有的接收官员，利用职权之便，擅自处理敌伪物资、财产，谋取私利。如安徽怀宁县长王汉昭，廉价拍卖该县日本仓库物资，然后由自己伪造中标者，以低价攫取大量物资，从中渔利。鲁豫晋区接收委员朱先裁、贾于勇将接收的日本酒厂的大量库存酒低价抛售，同时指使人冒名顶替，竞相购买，获利达 1 亿元之巨。① 据国民政府行政院在国民党六届二中全会上公布的数字，国民政府接收敌伪物资总价值达 6200 亿元。其实，这是个大大被缩小了的数字，因为大量敌伪物资在接收中已经被侵吞、藏匿、变卖、浪费了。因为管理混乱或根本无人管理，许多生活用品和粮食由于无人管理而霉烂变质，一些被接管的敌伪工厂已丧失生产能力，机器设备不是被锈蚀腐烂，便是被偷盗拆卸。在南京的中央路汽车修理厂，堆放各类汽车 500 余辆，任其日晒雨淋，成为废物。航政局在海南岛区接收的大小船舶 200 艘，最后只能修复 7 艘。武汉的一批敌伪工厂，移交之后竟多数瘫痪，设备丢失残缺，因此造成了这些被接收的敌伪企业生产能力反倒比抗战期间下降了。如资源委员会接收来的大批敌伪厂矿，迟迟不能开工生产，1946 年的产量远远低于抗战时期，1947 年的产量也只大体与 1945 年相当，钢铁总产量只及实际生产能力的 12%，其他金属生产则基本上陷于停顿状态。②

---

① 《首都警察厅抄送关于各区警察局接收敌伪物资与市政府之来往文书》，南京市接收委员会档案，南京市档案馆藏，档案号：1003 - 021 - 0039。
② 喻筱程：《论解放战争时期国统区财政经济危机》，《江西电力职业技术学院学报》，2019 年第 1 期，第 166~168 页。

国民政府在收复区又人为地压低伪币联银券、中储券与法币的兑换比值，借以掠夺沦陷区人民。国民政府在接收伪中央联合准备银行及伪中央储备银行时，曾接管伪联银券准备生金 500 多万公斤，纯银 7000 多公斤，接管伪中储券的黄金准备 50 万两。按照这样准备金法币与伪币的实际购买力，本来可以把伪联银券及伪中储券与法币的兑换比率定得高一些，但是政府却强行规定，伪联银券 5 元兑换法币 l 元，伪中储券 200 元兑换法币 l 元。由于实行这种近于没收的贬值兑换，沦陷区持有伪币的人民群众遭受了巨大损失，并一时造成了沦陷区的物价低于原国民党统治区的假象。以四大家族为首的官僚资本、买办资产阶级，乘机在沦陷区抢购物资。很快，沦陷区物价扶摇直上。以上海为例，1945 年 11 月与 10 月相比，物价就上涨了近 2 倍。不少国民党接收人员在接收过程中，还任意将沦陷区的民有企业、民有房屋指为敌产，加以没收，这给沦陷区人民造成新的灾难。①

6.1.3　四大家族官僚资本急剧膨胀

抗战胜利后，四大家族官僚资本在从国民党政府接收大批日伪财产的过程中也大发横财，又急剧膨胀起来。国民党政府把接收来的敌伪企业财产，组织成了许多全国性的和地方性的垄断公司组织，如中国纺织建设公司、中国纺织机械公司、中国蚕业公司、中国石油公司、中央电工器械厂、中央造船公司、中华水产公司等。四大家族也将自己的势力打入到这些公司中去，从中进行控制以牟取高利。首先，从重工业的角度来看，由经济部接收的工厂，已交付给行政院资源委员会等 33 个单位，组成了华北钢铁公司、中央电工器材天津分厂、天津机器厂、天津制车厂、天津化学公司、冀北电力公司、天津造纸公司、华北水泥公司等华北八大公司，这华北八大公司直接归南京资源委员会管辖。这些企业被宋系官僚资本控制。此外，还有井丰煤炭公司，也是宋系官僚资本。以上这些之前由日本人的华北开发会社所设立的重工业精华，全部被宋系官僚资本掌控。其次，从轻工业的角度来看，中国那些规模比较大、利润比较多的纺织企业，也被宋系官僚资本掌控。由经济部接收的纺织厂 16 个单位，都被移交到中国纺织公司天

---

① 刘孝诚：《中国财税史》，中国财政经济出版社 2007 年版，第 286～287 页。

津分公司手上，这 16 个单位便组成天津中纺七厂。该厂的纱锭数量多达 32 万枚，占天津地区所有纱锭总量的比例高达 84%。另外，中国纺织建设公司拥有布机 32322 台，占国民党统治区布机总数的 60%，也是由宋子文系统控制，得到国民党政府的支持，享有特权，并进行垄断经营，获得了超高利润。此外，宋子文系统还控制了中国盐业股份有限公司，进行盐业垄断经营。除了宋子文官僚资本外，二陈（陈果夫和陈立夫）系统官僚也控制了一大批具有影响力的公司如中国蚕丝公司、华西建设公司、恒大企业公司等。还有金融方面，官营银行占据了银行总数的 2/3 以上，控制垄断了外汇市场、黄金市场以及整个金融业务和国内金融市场，并且享有通货膨胀或通货紧缩的生杀大权。此外，四大家族官僚资本还利用特权进行外汇倒卖投机，大发横财。如 1946 年 2 月，二陈趁外汇将要变动之机，以法币 20 元兑美金 1 元的外汇率予购外汇 119 万美元，到了 3 月，美汇官价涨到 2020 元法币兑换美元 1 元时，一转手即获暴利 23 亿余元。最后商业方面，四大家族以私人名义创立了很多公司，如统一贸易公司、中美实业公司、扬子建业公司、金山贸易公司、长江公司、中国进出口贸易公司等。上述公司均享有特权，它们一方面在国内形成了垄断，另一方面与美国公司签合作并充当美货在中国的代理人。有的利用特权套取外汇，甚至进行武装走私，将美货运进中国市场，牟取暴利。有的还利用农贷进行投机倒把活动。如 1946 年 12 月 12 日，国民党政府发放粮贷 10 亿元，这些钱实际上大多数都被官僚资本弄去做投机生意。孔祥熙的长江公司就是主要受贷公司之一，这家公司趁机抬高市价，使粮贷发放之后，米价由 3 万元跳到 6.3 万元。①

总之，抗战胜利后，四大家族加强了对国民经济各部门的垄断和控制，其官僚资本也快速地膨胀起来，同时，也是接下来国民经济出现恶性通货膨胀，国民经济几近崩溃的导火索。

6.2 主要税法的屡次修订

为了满足全面内战的需要，同时也为了满足四大家族官僚资本积累的需

---

① 喻筱程：《论解放战争时期国统区财政经济危机》，《江西电力职业技术学院学报》，2019 年第 1 期，第 166 – 168 页。

要，国民党政府在税收方面致力于走一条"阻力小、收效大"的道路。表面看来，本期税收主要仍为盐税、关税、货物税、直接税等在抗战前或抗战时早已推行，并早已在财政收入中占重要地位的项目，即所谓中央税制的"四大体系"。因此，表现为过去情况的继续，在这方面就显得特别突出。但详细分析，就会发现事实并非如此简单，抗战胜利后新形势带来了新情况和由此暴露出的新问题。

首先，我们可以根据国民党政府在本期各年度所公布的各项税收预算数字，来看一下本期内各项税收的主次地位。尽管本期各年度预算已不能反映当时财政收支的真实情况，但对税收来说，研究其预算数字，却可借以发掘当时财政当局主观上对各项税收的估价和意图，有助于我们在这方面作进一步的探讨。1946年，货物税占四项税的预算数的百分比为32.3%，盐税为32%，直接税为19.7%，关税为16%；1947年，货物税占四项税的预算数的百分比为37.3%，直接税为28.2%，关税为18.6%，盐税为15.9%；1948年上半年，货物税占四项税的预算数的百分比为32.6%，直接税为32%，关税为22%，盐税为13.4%。而现实中，1946年，货物税占四项税的实收数的百分比为35.1%，关税为28%，盐税为20.5%，直接税为16.4%；1947年，货物税占四项税的实收数的百分比为45.1%，关税为22.4%，盐税为17.1%，直接税为15.4%。从两个统计结果结合来看，不难发现，抗战胜利后新形势为国民党税收带来的新情况有如下四个方面：第一，抗战期间占据首位的盐税，虽然经过国民党政府加强搜刮，仍不能挽回其退居次要的命运。第二，关税则随着当时旧中国殖民地性的加剧而逐渐恢复其旧有地位。第三，由于国民党政府不顾生产困难，大大加强对工业产品的苛征，使货物税跃居首位。第四，国民党政府对直接税寄予厚望，使其有所发展，但未能尽如预期。

接下来我们以盐税、货物税和直接税为分析对象，以时间线为轴，看一下其屡次修订的过程。首先是盐税。1945年9月1日，即抗战胜利半个月后，财政部决定盐专卖停办，将原征专卖利益（每担110元）及附征的专卖管理费（每担300元）合并为全国划一的盐税，每担征410元，连同食盐战时附税6000元、国军副食品费1000元，总计每担7410元。同年10月，财政部发布命令：抗战胜利后，各收复区盐税税率从低核定，江苏、安徽、南京、上海定为每担1000元（12月，调高为两淮场区每担1500元，南京、上海每担2000元，安徽每担3500元与4000元两种）。1946年1月1日，盐政总局便通令：本日起，盐税、食盐战时附税、国军副食费三项并称为盐税，征率仍旧。1月5日，财政部决定分三期调整全国各区食盐税率。本月为第一期，全国税率（每担）分1000元、1500元、2000元、2500元、3000元、3500元、4000元、4500元、5000元、5400元、6400元、7400元12种。渔、农、工业用盐税率从轻核定，每担为200元。2月19日，行政院通过《盐政纲领》，作为《盐政条例》颁行前的施政依据。纲领要点为：（1）当前盐政以民制、民运、民销为原则，并由政府管理，必要时可办官运。（2）供销近场的盐，就场征税；供销较远各销地的盐，就仓征税。均照税额分别征足，概不重征。（3）盐税为国税，地方政府或团体不得附加任何捐税。现征各项附税及专款基金应逐渐归并。（4）盐的税率应分类分地区按等差规定。（5）征税之后，由商人自由运销。4月4日，盐政总局颁发《沿海产区运销扬子四区征税办法》。规定由沿海产区运济销区的盐斤，由产区先按每市担4500元征税，对指销地点应补征的税款差额和偿本费、盐工福利费，如商人能在上海觅妥保人者，可在销区征收，否则由产区按照指销区税费率全部征收。销区商人已向销区缴纳全部税费，持有合法单照往产区领运盐斤者，产区不再征收。4月10日，财政部为修建各产盐区盐场，呈经行政院批准开征盐场建设费，每担盐征率200元，由产区于放盐时随盐附征。同日，财政部又规定随盐税附征的盐工福利费，由每担征5元改为征20元。5月1日，财政部进行第二期食盐税率调整，共分每担为1000元、2000元、2500元、3000元、4000元、5000元、6000元、7000元8级。1947年1月，台湾省终于废止盐专卖，改行征税制。税率系将按法币规定的税额折合台币计算征收。1月10日，各收复地区产盐区随盐税附征的盐场建设费，扩大为全国普征，一律在产区征收，渔农盐亦不再免征。征率调整为每担400元。随食盐税附征的盐工福利补助费也调整为每担95元。同日，盐政总局通电各区管理局、办事处：经行政院核准，全国食盐税率调整为每担10000元、12000元、14000元和16000元四种。3月12日，国民政府公布《盐政条例》，分通则、征税、产制、运销、罚则、附则6章，共47条。条例规定：（1）盐政以民制、民运、民销及就产区征税为原则，必要时由官收、官运，特殊情形下亦得就销区征税。（2）盐税的税率采取分类、分地等差制，其具体税率以法律定之。渔盐、工业用盐应分别减免。（3）盐税为国税，就仓坨征收，地方政府不得附加任何税捐，已征税的盐应由盐政机关填发完税凭照。纳税人欠缴税款，盐政机关得移请法院追缴或强制执行。8月15日，盐务总局电令所属：国务会议议决自即日起，食盐税率调整为每担10万元，土、膏盐每担8万元，渔农盐每担5000元，工业盐仍免税。此外，盐场建设费征率定为每担1000元，盐工福利补助费调为每担225元，偿本费率每担仍25元。至此，全国盐税税率始告划一。1948年2月28日，财政部令各盐区：根据国务会议决议，为配合"戡乱"，补助地方自卫武装经费，自电到之日起，各盐区每担食盐征收附加税10万元，渔农盐每担5万元（工业用盐免征），原各地方政府随盐附征的附加一律停止。3月26日，盐务总局急电各局处根据国务会议决议调整盐税税率：每担食盐35万元，土、膏盐28万元，渔农盐14万元，工业用盐仍免征；盐场建设费征率调整为7000元，盐工福利补助费3500元；偿本费、附加征率仍旧。7月，本月起食盐附加税名目取消，并入盐税。8月25日，盐务总局急电各区调整盐税税率，即日实施。每担海、池盐及台湾盐税率为金圆券8圆；川滇井盐及各区土膏盐依海、池盐税率70%计征为金圆券5.6圆；渔盐为金圆券0.40圆；工业、农业用盐免税。除盐场建设费每担金圆券0.20圆外，偿本费及盐工福利补助费停征。1949年1月1日，蒋介石政府公布《盐税计征条例》。该条例规定：盐税从价征收，按全国产、销各区平均盐价减除原有税额后的实需成本数，依百分率计征，农工业用盐免征。每担食盐税率为：海盐征70%；井盐销贵州者征12%，销其他区者征30%；池盐销陕西者征5.5%，销其他区者征30%；土盐、膏盐征20%；渔业用盐征5%。同日，财政部公布按各区实需成本核定的盐税额。海盐每担金圆券96元；井盐行销贵州者14元，行销贵州以外地区者41元；池盐行销陕西者7元，行销陕西以外地区者41元；土盐、膏盐28元；渔业用盐7元。即日起实施。2月，财政部电令盐场建设费改按每担金圆券100圆附征。7月，行政院决定改银元券后，盐税恢复从量计征，农工业用盐免征。

由以上主要修订过程可知，盐税经历了专卖到征税，计征方式经历了由从量到从价再到从量的过程，并且逐渐由不同到统一。同时，盐税修改十分频繁，仅1946年一年便经历了三次大的税率调整。随着战事的发展，附加税一直在增加，税率也一直在提高。但是不可否认，盐税的规定是在不断完善的，税率虽然一直在变，但是级数一直在减少，针对渔农工业也有一定的减免措施。不过，盐税税负是一直在增加的，对广大人民的剥削也是逐渐加重的。至于为什么盐税从之前第一大税跌下来，主要还是因为随着战事的进行，国民党统治区逐渐减少，盐税的征收范围变小，收入比重自然下降。

其次是货物税。1945年10月19日，国民政府公布修正的《国产烟酒税条例》。修正内容为：将原规定完税价格以6个月平均批价为计算根据，改订为3个月。同时，补充规定酒类酿户的纳税期限及滞纳罚则。11月19日，国民政府公布修正的《货物统税条例》。条例主要对卷烟等原属专卖的应税货品改征统税后的税率依专卖利益率作了调整。1946年8月16日，国民政府公布修正的《货物税条例》。规定13种应税货物，其中卷烟、熏烟叶、洋酒啤酒、火柴、糖类、棉纱6种为旧有货物税应税货品，麦粉、水泥、茶叶、皮毛、锡箔及迷信用纸、饮料品6种为旧有统税应税货品，新增化妆品1种，取消原麦粉中的麸皮、皮毛中的生皮、饮料品中的矿泉水和蒸馏水等课征品目。税率方面，除茶叶改为10%、皮毛一律从价征收15%外，其余均未作变动。同时，国民政府公布修正的《国产烟酒类税条例》。规定烟叶税按产区完税价格由原征40%提高为50%，烟丝由20%提高为30%，酒类按产区完税价格由60%提高到80%。10月1日，麦粉、水泥、茶叶、皮毛、锡箔及迷信用纸、饮料品、化妆品7种货品本日开始征收货物税，棉纱税率由3.5%提高至5%，洋酒、啤酒税率由60%提高至100%。11月20日，国民政府公布《矿产税条例》。条例规定：（1）矿产税为国家税，由税务署所属货物税机关征收。（2）课税对象以《矿产法》第2条所列举者为限。（3）税率按矿产物分为两类：第一类铁、煤、石油等，第二类石膏、明矾等，其税率均为5%，一律从价计征。（4）派员驻矿、驻厂或驻场征收。1947年3月21日，国民政府公布修正的《货物税条例》。条例规定：（1）各类应税货品的课征范围及品目。（2）棉纱税率由5%提高为7%。此外，对证照使用等作了补充规定。7月22日，国民政府公布修正的《国产烟酒税条例》。主要修正内容：（1）对规模较大厂商或集中产区采取派员驻厂或驻场征收，规模较小的则采取查定征收的办法（查

定产量每月定期分两次征收）。（2）根据滞纳时期长短规定不同比例的罚锾，
并对罚则作了部分补充。1948 年 3 月 27 日，财政部训令自 4 月 1 日起棉纱税
率由从价征收 7% 提高为 10%。4 月，国民政府公布修正的《货物税条例》。
主要修正内容：（1）将麦粉、茶叶、皮毛中的皮类及毛制品等分别停征。课
税范围包括卷烟、薰烟叶、洋酒啤酒、火柴、糖类、棉纱、毛纱毛线、皮统、
水泥、饮料品、锡箔及迷信用纸、化妆品等 12 个。（2）将完税价格的评定由
3 个月进行一次改为 2 个月进行一次。（3）对出口已税货物退还其已纳税款，
由产制厂直接报运出口者，则可免征货物税等。同时，国民政府公布修正的
《国产烟酒类税条例》。主要修正内容：（1）将烟叶税率由 50% 提高为 60%，
烟丝税由 30% 提高为 40%，酒类税由 80% 提高为 100%。（2）征收方法分驻
厂征收、查定征收、起运征收、分期征收四种。此外，对违章处罚也作了具体
补充并提高罚锾金额。7 月 30 日，蒋介石政府颁布修正的《国产烟酒类税条
例》，规定国产烟酒类的完税价格，应以出产地附近市场 1 个月内平均批发价
格为计算根据。同时，蒋介石政府颁布修正的《货物税条例》。修正内容为：
（1）调整税率。卷烟及洋酒啤酒税率由 100% 提高为 120%，棉纱税率由 7%
提高为 10%，饮料品由 30% 减低为 20%。（2）完税价格的评定由每 2 个月进
行一次改为每月进行一次。1949 年 8 月 5 日，财政部颁发《货物税分级征税
注意事项》16 款。要点为：（1）棉纱、水泥、火柴、毛线毛纱、化妆品等 5
项照附颁税级表征税，毋庸办理配级工作。（2）卷烟、饮料品、洋酒啤酒、
锡箔及迷信用纸等 4 项，由国税署按各牌市场批价，核定其配级表依照征税。
（3）糖类由各省管理局或货物税局办理配级依额征收。（4）矿产品及皮统仍
须办理评价，核定税额征收。（5）分级征税采从价分级定额制，其计算税价
税额的方法仍依货物税条例规定的税率。（6）各类货物税课税物品的税级税
额由国税署一次评定，按级或按额征收，除市场批价有重大变动外，不再定期
调整。同时，财政部决定自 8 月 6 日起棉纱税率改为 15%。

从货物税的不断修订过程可以看出，除了已有税目税率的提高外，征税范
围也是在不断扩大的。从 1946 年 10 月起，增加了 7 种税目，尽管这些税目
中，有许多已在抗战时期的后方实施过，但对"收复区"来说，则完全是新
税，是剥削面的大大扩大。虽然在 1948 年 4 月停征了麦粉、茶叶、皮毛中的

皮及毛制品等，但其实这几个税目在货物税的税收收入比重中十分小，卷烟、棉纱、糖类、烟酒占据了货物税收入的 90% 以上。此外，也是一个不断完善的过程。如烟酒的完税价格以 6 个月平均批价为计算根据，改订为 3 个月，后又改为 1 个月，越来越公正。

最后是直接税。本期直接税包含的项目与抗战后期情况出入不大，主要有营业税、印花税、所得税、过分利得税等税种。和过去一样，是以工商业者为其课征的主要对象。

6.2.1　《营业税法》的主要修订过程

1945 年 10 月 8 日，行政院颁发《收复区直接税征免办法》。规定：（1）薪给报酬、证券存款、财产租卖所得税及印花税和营业税，自征收机关成立日起征收。（2）营利事业所得税、利得税自 1946 年 1 月起征。（3）遗产税在沦陷期内发生者，一律免征。（4）营业税因灾情严重者，可自 10 月份起免征 3 个月。其税率，按营业总额课征者为 1.5%，按资本额课征者为 2%，运输及粮食业免征 1 年，自本年 10 月份起计算。1946 年 4 月 16 日，国民政府公布修正的《营业税法》。新法为适应通货膨胀等情况，将原订的营业税按营业收入计征者，改为按月报纳；按资本额计征者，由按季报纳修订为每半年查征一次，按月平均报缴。此外，还提高了营业税起征点及罚款数额。11 月，财政部以物价腾涨、为保证地方财政收入为由，呈经行政院批准将《营业税法》第 8 条规定营业税每半年查征一次，暂改为按月查征一次。1947 年 5 月 1 日，国民政府公布《修正营业税法》。主要修正内容：课税标准改按营业收入额与收益额计征，废止按资本额课税的规定。按营业收入计征者，税率为 1.5%；按收益额计税者，税率为 4%；制造业按营业收入额计税，税率减半征收。同日，公布了《特种营业税法》。规定：（1）特种营业税为中央税收。（2）征收对象限银行业、信托业、保险业、交易所及交易所发生的营利事业、进口商营事业、国际性省际性的交通事业、其他有竞争性的国营事业及中央政府与人民合营的营利事业。（3）课税标准与税率为：按营业收入课征者，征收 1.5%；按营业收益课征者，征收 4%；制造业按收入额计算减半征收。11 月 14 日，国民政府公布修正的《营业税法》。新法主要将原减半征收的营业税率，仍恢复为以营业收入额为标准的，征收 3%；以营业收益额为标准的，征收 6%；制造业以营业收入计征的，仍减半征收。

随着国共内战打响，国家在军费上花销越来越大，国家的财政危机越来越严重，中央政府没有办法补助地方政府，万般无奈之下国家只能提高营业税税率。1947 年 11 月，国民政府结合当时的实际情况，对《营业税法》进行了一系列调整：提高了一倍的税率，以营业收入额为依据的纳税人税率为 30‰，以营业收益额为依据的纳税人税率为 60‰。[①] 此举遭到各地区企业的反对与抵制。浙江省财政厅命令其下各县、市税捐稽征处，要求在 1947 年 12 月以后依据新税率开展税收工作。[②] 浙江省的商户认为，如果将税率增加了 1 倍，商户们根本承受不起，所以恳请浙江省财政厅缓期实施。浙江省商会联合会向当局表示："浙省商业已在风雨飘摇之中，商民多有岌岌可危，朝不保夕之状，旧有营业税率，已感不胜负担。"[③]

由表 6.1 可以发现，抗日战争和国共内战期间，国民政府对营业税税率的提高，不仅提高了人民群众的税收负担，更加剧了国家税收分配的不公平，激化了阶级矛盾，故越来越多的商户纷纷要求降低税率。1946 年 7 月 13 日，上海市商会向财政部建议按业分级征收营业税。财政部在批示中并未予以否决："据情按业分类酌定税级各节，尚有可采，应留俟将来修正营业税法时参考。"[④] 但是，之后财政部制定的《营业税法施行细则》中使用的税率却依旧是单一税率。财政部的行为"出于一般工商业预计之外，群感失望"[⑤]，商户们请求财政部及行政院对《营业税法施行细则》进行调整："营业税税率改由各省市政府于拟具征收营业税单行章程时，就营业税法第四条法定范围之内，自行按级酌定。"[⑥] 同一时间，上海各商户请求市参议会向政府建议"参酌战前成案（分级税率），改订本市征收营业税单行章程"[⑦]。但是，财政部终究

---

① 《营业税法》，1947 年 11 月 14 日；江苏省中华民国工商税收史编写组、中国第二历史档案馆：《中华民国工商税收史料选编》，南京大学出版社 1996 年版，第 470 页。

② 《营业税按新税率课征，定本月份起实施》，《宁波日报》，1947 年 12 月 22 日，第 4 版。

③ 《税率骤增一倍，商民不胜负担》，《宁波日报》，1947 年 12 月 22 日，第 4 版。

④ 《营业税仍照现税率征收》，《申报》，1946 年 9 月 6 日，第 7 版。

⑤ 《营业税细则十四条，市商会请酌予修改》，《申报》，1946 年 11 月 29 日，第 5 版。

⑥ 《市商会再电请营业税分级征收》，《申报》，1946 年 9 月 12 日，第 7 版。

⑦ 《营业税分级征收，本市可订单行法》，《申报》，1946 年 9 月 13 日，第 7 版。

还是没有听取商户们的意见，采用差别比例税率。

表 6.1　　　　　　　　　中央税法对营业税税率的规定及其变化

时间	营业额税率	资本额税率	收益额税率
1931 年 6 月	2‰ ~ 10‰	4‰ ~ 20‰	20‰ ~ 100‰
1941 年 9 月	10‰ ~ 30‰	20‰ ~ 40‰	无
1943 年 1 月	30‰	40‰	无
1945 年 10 月	15‰	20‰	无
1947 年 11 月	30‰	无	60‰

资料来源：《中华民国工商税收史料选编》（第 5 辑上册），第 395、409、430 ~ 431、470 页；柯伟明：《论民国时期的营业税税率与税负》，《安徽史学》，2015 年第 3 期，第 87 ~ 88 页。

6.2.2　《印花税法》的主要修订过程

1945 年 10 月 1 日，国民政府公布修正的《印花税法》中税率表第 16 目保险单税率。规定人身保险每件按保额每千元贴印花 4 角，其超过之数不及 1000 元者，亦以 1000 元计；保额超过 250 万元以上者，其超过部分每千元贴印花 2 角；保额超过 1000 万元以上者，其超过部分每千元贴印花 1 角。财产保险每件按保额每千元贴印花 2 角，其超过之数不及 1000 元者，亦以 1000 元计；保额超过 350 万元以上者，其超过部分每千元贴印花 1 角。1946 年 4 月 16 日，国民政府公布修正的《印花税法》第 4 条、第 18 条、第 19 条条文及税率表。修正内容为：（1）将原 18 条第 2 项"前项所定应纳税额之倍数，计算不满 50 元者，应处以 50 元之罚锾"一段删除。（2）税率表第 1 目至第 8 目（发货票、银钱货物收据等）均改为比例税率，即：每件按金额每千元贴印花 3 元，不足 1000 元者，亦以 1000 元计，每件价额未满 500 元者免贴。（3）第 9 目保险单、第 11 目设定地上权或地役权，其税率修改为：每件按保额或价额每万元贴印花 3 元，不足 1 万元者以 1 万元计。第 10 目典卖或转让财产契据每万元贴花 5 元，不足 1 万元者以 1 万元计，每件金额未满 1000 元者免贴。（4）其他采用定额税率的税目，均有不同程度的提高。1947 年 5 月 8 日，财政部颁布《印花税票简化贴用办法》。规定凡申请核准简化贴用印花税票的机关、公司或商号，应于每五日根据发出每种凭证的存根或副本，分别汇计其总额，开立总发票、总收据或总账单，立即贴足印花税票或粘贴已交税款的三联缴款书。前项凭证的止本于发出时，应加盖"本凭证印花税票总贴"戳记。6月6日，国民政府公布修正的《印花税法》。修正的主要内容：（1）除将税目名称合并调整外，并新增了权利书状，设定地上权、地役权之契据，车船、航空机证照及劳务报酬收据簿折等4目，共为36个税目。（2）将部分定额税率的税目改课以分级定额税率。（3）对不贴印花或贴用不足额者，按漏税额处以40倍以上60倍以下的罚锾。1948年4月3日，国民政府公布《修正印花税法》。修正的主要内容：（1）除娱乐、比赛及展览票券起征点提高5倍外，其余一律提高10倍征收。（2）比例税率改为每万元贴印花30元，未满5万元者免贴。（3）在罚则内增列第26条，规定的罚锾不满20万元者，按20万元处罚。（4）在附则内，增列第30条，规定税率表内各目起征点、定额税率、分级定额税率及罚锾，得视物价的变动，由财政部于每年1月及7月分别按国民政府主计处公布的上年12月及本年6月全网趸售物价指数调整公布。1949年5月9日，行政院政务会议通过修订的《印花税法》税率表各目起征点、定额税率及比例贴花税额零数计算标准。规定照主计处编制本年4月中旬全国趸售物价总指数按4万倍调整征收印花税。自本年5月11日起施行。9月7日，国民政府公布修正的《印花税法》。修正要点：（1）比例税率改为每10元贴印花4分，未满2元者免贴。（2）分级定额税率自5元起征，仍为4级，最低级改为5元以上未满150元者，贴印花5分；最高级改为满1.5万元以上者，一律贴印花2元。（3）违章罚锾改由主管征收机关处分，未设征收机关的地方，由当地县（市）政府处分。

　　抗日战争中，日本侵略者的入侵严重阻碍了我国社会经济的发展。然而，抗日战争之后，国家又迎来了国共内战，刚刚有所好转的中国经济又被迫停滞不前。在国共内战中，国民党的军队受挫，导致军队花销大增，国民政府国库空虚，因此想尽各种办法筹集财政收入：发行国债，增发法币，举借外债等，无止境地剥削人民群众。国民政府的所作所为使本就萧条的国家经济雪上加霜，也让国民政府在财政上直接崩溃。所以，在国民政府统治晚期，其自身存在的许多税收问题越来越严峻，越是有法不依，则积弊越深。[①] 导致这种现象

---

　　①　孙翊刚、董庆铮：《中国赋税史》，中国财政经济出版社1987年版，第446页。

的本质原因是中央政府与地方政府长期的财权矛盾。1942 年后，中央政府与地方政府税收的划分大幅度减少了省级财政收入，而县、市对自身的财政拥有一定的自治权，使得地方政府可以根据自身的实际情况开征新税以弥补财政上的空缺，从某种意义上来说，即将地方的苛捐杂税合法化。在国共内战全面爆发以后，地方政府的财政赤字越来越严重，这就让地方政府绞尽脑汁增加税收。在国民政府统治时期，印花税是中央政府与地方政府共享的一种税，在国共内战全面爆发的背景下，印花税的本质发生改变。国民政府在 5 年内对《印花税法》进行了 5 次调整，这 5 次调整均主要包括扩大征税范围、提高税率、加大罚则，这是国民政府在战时提高财政收入的手段。印花税的中断发生在国共战争全面爆发的情况下，印花税的中断不仅是因为印花税税制本身不够完善，也有政府的政策导向问题，中央政府对地方政府的财政控制过于强硬，地方政府的税源急剧萎缩，而县、市等地方政府拥有过多的自治权，使得地方税收不好调节，这就导致了地方政府出现有法不依、执法不严等情况。我国印花税税制在国民政府统治初期得到了一定发展，但到国民政府统治晚期无奈中断。

6.2.3　《所得税法》的不断修订

1946 年国民政府对《所得税法》进行了一系列调整以后，由于国共内战的全面爆发，国家经济遭到了严重破坏，通货膨胀的现象十分严重，修正后的《所得税法》不适应当时的社会情况，得不到人民群众的配合。从企业所得税的角度来说，因为通货膨胀，使得企业所得税税额的计算更加复杂，起征点也相应偏低，税率相应偏高。国民政府必须结合当时国家的实际情况继续对《所得税法》进行一系列修订，才能促进当时国家社会经济的发展。[①] 在这段时间里，国家经济持续低迷，人民群众的生活更加困难，所以国家的所得税必须既要符合税收的公平原则又要做到简单且符合实际。综合各方建议，修正税法的原则，总结为以下几点：（1）对营利事业所得税进行一系列改进，在价值评估和计税方法上制定新的尺度，结合国家物价的实际情况，每年都对营利

---

① 财政部直接税署：《直接税通讯》，财政部直接税署出版，1947 年第 21 期，第 5 页。

事业所得税起征点和课税级距进行调整，不管是调整企业的计税资本额，还是规定企业在营业上不能减免的损费列账，都应该从宽；（2）使得过分利得税不再并入营利事业所得税中征收；（3）将二三四五这四类所得税进行相应的简化；（4）将综合所得税课税范围调小，方便相关人员将之普及；（5）每年都结合国家的实际情况对起税点和征课级距进行一系列调整；（6）推行重奖厉罚的机制。原来，国民政府在征收所得税时，多宣扬自觉纳税，对奖罚机制不够重视，使得许多不法商户选择逃税漏税，大大降低了征收效率。所以应该提高扣缴人与告密人的奖励，加重对偷税漏税的不法商户的惩罚。①

　　由于调整相关税法还是无法适应当时的物价变动、降低人民群众的税收负担、缓解人民群众的不满情绪，所以 1947 年 3 月，国民政府制定了《所得税法免税额及课税级距调整条例》。《所得税法免税额及课税级距调整条例》主要调整了所得税的免税额和课税级距。第二类乙项所得的调整时期为中央机关公务员生活补助费的发放时间，第一类所得、第二类甲项所得、第四类所得、第五类所得及综合所得的调整时期均为每一年度开始。《所得税法免税额及课税级距调整条例》还规定每年都要结合国家的实际情况调整免税额及税率，使税法能够适应当时社会的实际情况，并对累进级距也进行调整，以减轻人民群众的税收负担。因为国共内战的持续进行，物价持续上涨，国民政府绞尽脑汁也无法缓和人民群众税收负担过重的矛盾。当然这也有国民政府自身的问题，因为国民政府只是确定了一个固定的免征额，不能很好地适应当时物价上涨的情况。

　　在这个时期里，通货膨胀高发，经济持续低迷。在这种情况下，税收人员征税的难度越来越大，国民政府只能再一次结合国家的实际情况对税法进行调整。1947 年 1 月，财政部提出新《所得税法》修正案，转立法院审议通过。同年 4 月，国民政府将新《所得税法》公布。新《所得税法》的内容主要有：从税法体制的角度来看，新《所得税法》将所得税法和施行细则合并，其全文长达 163 条；从课税范围的角度来看，新《所得税法》将甲营利事业、乙营利事业合二为一，称为"公司合伙独资及其他组织营利事业之所得"；从课

---

　　①　财政部直接税署：《直接税通讯》，财政部直接税署出版，1947 年第 22 期，第 4 页。

征标准的角度来看，新《所得税法》将所得资本实额百分比率标准取消，其计税依据为纯所得额；从征收方式的角度来看，新《所得税法》规定先由税务机关估定暂缴税额，后由纳税人在 1 个月内分期缴纳；从学习外国税制的角度来看，新《所得税法》学习了英国税制，规定财政部每年结合国家实际情况调整税率，送请立法院通过后由国民政府公布实行，且新《所得税法》还规定对薪资所得及偶然所得的税率的调整间隔为 3 个月。最后，新《所得税法》还取消了特种过分利得税。① 于是乎，过分利得税终于被国民政府取消。

新《所得税法》也改善了综合所得税。新《所得税法》缩小了综合所得税征课范围，规定纳税人和扣缴人必须填报相关资料，并将联合申报委员会废除。

国民政府大量发行法币，通货膨胀现象严重，中国社会经济遭到了严重破坏。国民政府为了稳定物价、维护经济、维持统治，根据《动员戡乱时期临时条款》，以蒋介石总统令公布《财政经济紧急处分令》，对国家货币制度进行改革，以金圆为本位币，发放金圆券，取代法币，并规定 300 万元法币折合为 1 元金圆。同期在税收方面，税收的标准单位也改为金圆。不久之后，国民政府继续以蒋介石总统令公布了《整理财政补充办法》及附表《三十七年七月起定额薪资所得税及一时所得税之起征额暨课税级距表》等。《整理财政补充办法》的主要内容为：一方面，改变了营利事业所得税课税方式，分上、下两半年征收；另一方面，调整了分类所得税的起征点及税率级距。

但是，国民政府的货币制度改革并没有缓解通货膨胀的现象，也没能够使国家经济恢复如初，更没有阻止其军队在战场的节节败退。于是乎，国民政府的统治地区迅速缩小，国民政府为了弥补财政赤字，大量发行货币，更是加快了金圆的贬值。这也导致了人民群众拒绝使用金圆类货币，更使得许多地方的税收工作无法正常进行。因此，国民政府不得不再一次对货币制度进行调整。1949 年 7 月，李宗仁公布了《银元及银元兑换券发行办法》。《银元及银元兑换券发行办法》规定以银元为本位币，发行银元券取代金圆券，规定 1 元银元券等于 5 亿元金圆券，税收的相关单位也改为银元。国民政府随之对《所得税

_____

① 佚名：《我国所得税法之史的演进》，财政部直接税署《直接税通讯》，1948 年第 30 期，第 4 ~ 5 页。

法》进行了相关修正。

第三次修正《所得税法》的主要内容：一是第三次修正《所得税法》调整了第二类乙项定额薪资所得及第五类一时所得的所得税税率；二是第三次修正《所得税法》结合改革情况调整了奖励与惩罚；三是第三次修正《所得税法》规定结合国家实际情况按时调整第一、第二、第四、第五类所得及综合所得的起征额与课税级距，可随时拟定呈请行政院审核施行。然而，在这个时期里，国民政府对《所得税法》的修正都不重要了，因为国民政府的灭亡已经指日可待了。

国民政府制定出台的所得税实施的13年间，多次结合国家的实际情况对所得税进行了多次调整。不断调整的原因主要在以下方面。

（1）全国经济形势的变化。由于抗日战争的全面爆发，国家经济遭到了严重破坏，且经济高速发展的地区在日本侵略者的入侵下纷纷沦陷，遭到日本侵略者的掠夺。在大西北地区，由于国民政府迁都重庆，其经济得到了一定程度的发展，拓宽了所得税的税源。但是，因为战争的不断进行，通货膨胀现象严重，物价难以控制，且战争期间财政赤字更是严峻，导致国民政府财政上的缺口更是难以弥补。这就让国民政府毫无选择地大量发放货币来弥补财政赤字。然而，国民政府的做法不能从根本上解决问题，使得通货膨胀更加严重。国民政府的各项经济数据虽然看起来快速增长，但是其中充满了水分，甚至是虚盈实亏。综上所述，在所得税征收的方面，因为物价飞涨，原先的起征点和税率级距不能一直适应社会的经济情况，而人民群众的所得较低，使用级距如此之高的税率，即出现所得税课征"虚盈实税"的现象。"虚盈实税"的现象严重阻碍了国家社会经济的发展，因为所得税的计税依据是盈利额，其税率为累进税率，在物价飞涨、通货膨胀严重的情况下，企业的经营利润往往看起来很高，造成了企业盈利巨大的假象，掩盖了经济下滑的事实，且企业虚假的盈利也加重了企业的税负。综上所述，企业在盈利拥有大量水分的情况下，还要缴纳更多的税，即"虚盈实税"。想要解决"虚盈实税"问题，就必须结合国家实际的经济情况及时对税率及起征点进行调整，让税制更加合理化、公平化。[1]

---

① 李燕：《关于民国时期财政思想的研究》，湖南大学，2008年。

1945 年抗日战争全面胜利，使得国家经济在一段较短的时间内出现复苏的迹象。但是，国共内战又在不久之后爆发，刚刚有所好转的经济又开始下滑，通货膨胀的现象也越来越严重，经济的变化导致国民政府对税收的起征点不断上升以及税率不断调整。然而，国民政府调整的效果却不遂人愿："年来国内经济不特未臻稳定，常值与物价之激涨，至税法各项规定不免与实际距离愈远，执行上之困难与日俱增。设不及时改革，则影响所致，不特税收暂见起色，而税制之精神，亦不免每况愈下……如不就物价趋势使有随时调整之机会，则税法即使年年修正，终赶不上物价之上涨。"① 在国民政府的统治末期，任何调整都无法改变国民政府倒台的大势。

（2）全国各界的呼声。在国民政府开征所得税后，抗日战争全面爆发，使得通货膨胀现象严重，物价飞速上涨。原先制定的《所得税暂行条例》不适应当时国家的实际情况，且原先的《所得税暂行条例》本身也存在许多问题。于是，人民群众对国民政府制定的所得税制越来越不满。各行各业商户不断向国民政府提出相关的建议。国家经济的持续低迷和严重的通货膨胀现象，让许多商户"虚盈实亏""虚盈实税"。许多商户在上诉无门的情况下，只得软拖硬抗。这让相关的税收人员更难地进行税收工作，加大了所得税推广的难度。再考虑到所得税属中央税，这使得地方政府在推行所得税的工作上不积极、不配合。各种各样的原因让国民政府的所得税制度一直边推行边修正。

所得税是从国外引进的现代新税种，这就让社会尤其是学术界对其抱有较高的期望，将所得税看成发展旧税制、促进社会经济发展的良方，所以所得税受到了社会各界的广泛关注，对所得税的相关评价以及建议经常出现在报纸上，影响甚广。而且许多相关领域的专家也纷纷发表自己的看法，著书立说，以完善国家的所得税制度。而学术界对《所得税暂行条例》的批评在其制定后越来越多，不少专家认为，政府只强调了所得税的普及方面，却没有顾及税收公平原则等，这些专家建议将所得税的征税范围扩大，通过开征综合所得税达到税收公平原则的要求，以达到所得税按能力纳税之精义。周伯棣对 1943年的《所得税法》提出了许多改进建议，其做出过以下评论："各国计算所得

---

① 佚名：《如何改进所得税》，财政部直接税署《直接税通讯》，1948 年第 21 期，第 5 页。

额，多不减本年公积，我国独减，如此多提公积，虽于奖励企业之旨有合，而于逃税，实多启一门也。"[1] 还有专家学者认为所得税起征点不宜过低、制定罚则、尽量采用源泉课税制度等。[2] 刘支藩也对《所得税法》发表了自己的看法，认为 1946 年的《所得税法》的所得税税率过高、分级过多，如果同时征收分类所得税与综合所得税，前者应采用差别比例税制，后者应采用累进比例税制，且不能有过多的税率分级。他称："各国分类所得税一般采用比例税率，无分级规定，最多亦不过分二三级，以符征收便利之旨，而中国分类、综合二税均分级多至十余级以上，税率分级过密，在施行时必致手续繁复征课困难，这是'自寻不必要之繁，而自陷于扞格难行之境'。"[3] 马寅初也对《所得税法》提出了许多改进建议，以帮助所得税的推广，并指出我们国家所得税的改进方向主要在扩大税基、调整税率、提高征管等方面。马寅初主张适当提高税率，"与其提高税率，毋宁力求普遍与严密"，认为过高的税率会导致商户逃税的现象更加严重。[4] 媒体与专家们持续的呼声，为加快所得税的改进奠定了基础。

（3）战争的需要。所得税在其设立之初的主要目的是弥补政府由于战争花费所导致的巨大财政空缺，国内外皆是如此。而国民政府能够比较顺利地推行所得税，也有战争的因素。为了弥补政府由于战争花费所导致的巨大财政空缺，国民政府逐渐让所得税成为国家税收的重要组成部分，并渐渐地在国家各个地区普及，所得税也由原先的三类所得拓展为五类所得，由分类所得税发展成综合所得税。[5] 从成立到退出历史舞台的国民政府的统治历史是一部战争史，从北伐战争到国共内战到全国抗日战争再到国共内战，中原土地上的战争在国民政府统治期间几乎没有间断，耗费了大量的人力、物力，严重阻碍了国家社会经济的发展。为了弥补政府由于战争花费所导致的巨大财政空缺，国民政府不得不剥削百姓，筹措战资，绞尽脑汁地开辟税源、扩大征税范围、提高税率，企图用税收来筹集大量资金。而所得税就成为国民政府最佳的敛财工

---

① 周伯棣：《租税论》，文化供应社 1948 年版。

② 王启华：《所得税逃税问题之研究》，《财政评估》，1941 年第 6 期。

③ 刘支藩：《论现行所得税制及其查征问题》，《财政评估》，1947 年第 2 期。

④ 马寅初：《财政学与中国财政》，商务印书馆 2001 年版。

⑤ 佚名：《改进所得税制度拟议》，财政部直接税署《直接税通讯》，1948 年第 22 期，第 4 页。

具，因为国民政府可以通过所得税披上公平的外衣。孔祥熙称所得税"其收入可随战费需要为比例增加"①。我们国家所得税的正式开征，是在全国抗日战争的大背景之下，人民群众为了支持政府打倒日本侵略者积极缴纳税款。如此一来，所得税的推行异常顺利，乃至许多敌占区的人民群众纷纷偷偷地向国民政府缴纳税款。

（4）所得税发展的规律。所得税的发展乃至所有税种的发展一般都是一个由易到难、由不规范到规范、由征税范围较窄到征税范围较宽的过程。国民政府开征所得税从比较容易征收的官俸所得税，到举办公务员所得税，再到营利事业所得税、薪给报酬所得税等，然后继续扩大所得税的征税范围。我国所得税制的不断修正，大都遵行上述的一般发展规律。国民政府制定的《所得税暂行条例》较为简单，有利于所得税在初始阶段推行工作的展开。经过后来一次又一次所得税的修正，我们国家的所得税制逐渐规范化、合理化以及公平化。虽然南京国民政府的倒台导致旧所得税制逐渐消亡，但其本质与内涵却得以传承，其经验与教训值得借鉴，为我们国家现阶段的所得税制奠定了坚实基础。

国民政府统治时期，所得税的制定与推行推动着国家经济发展，为抗日战争全面胜利提供了资金保障，且所得税也一定程度缓和了通货膨胀现象，控制了飞涨的物价。第二次世界大战期间，各个国家的经济遭到了严重破坏，参战各国都发生了严重的通货膨胀现象。军需品需求过大，许多工厂都选择生产军用品，从而导致了其他物品短缺、价格飞涨，也就导致了平时能进口的物品不能进口或只能少量进口。即使国内的企业提高产能，这些物品仍然供不应求，供求失衡，于是物价继续上涨。而所得税的征收可降低私人购买力，在一定程度上缓和了物价的上涨。国民政府提高财政收入的方法主要包括增税、举债及发钞等。其中，举债、发钞都会导致通货膨胀，而增税不会导致通货膨胀，所以增税还是比较稳妥的方法。

抗日战争全面爆发以后，许多有钱人囤积货物，哄抬物价，大发国难财，使得广大人民群众遭受这些人的不法剥削。于是，人民群众纷纷建议国民政府

---

① 邹进文：《民国财政思想史研究》，武汉大学出版社 2008 年版，第 289 页。

对这些人的不齿行为进行控制和惩处。国民政府为顺应民意有针对性地将这些所得纳入所得税和利得税的征税范围，并大幅提高税率，有效地控制了这些行为，促进了社会公平，符合税收的公平原则，得到了民心，间接为抗日战争的胜利提供了坚实的民众基础和资金基础。

国民政府统治后期，其设计的直接税体系主要包括印花税、所得税、遗产税、营业税、特种过分利得税等，其课税对象主要是工商业者。直接税由于其税源充足、公平等特点受到国民政府乃至社会各个阶层的重视，但实际征收情况却不甚理想。1946年，直接税占国家总税收预算的比例为19.7%，占国家实际完成的税收的比例为16.4%；1947年，直接税占国家总税收预算的比例为28.2%，占国家实际完成的税收的比例为15.4%；1948年上半年，直接税占国家总税收预算的比例为32%，占国家实际完成的税收的比例却无从查考，但想必完成情况定是不佳。直接税给人民群众带来的税收负担非常大，如果不考虑通货膨胀因素的情况，仅考虑最高税率为30%的营利事业所得税和最高税率为60%的特种过分利得税两个税种，就达到了许多企业的"盈利"或"利得"的70%～80%。在这种情况之下，国民政府还不断增加人民群众的税收负担，在通货膨胀严重、物价飞涨、人民群众生活困难的情况下，国民政府不听取人民群众的意见，频频调高起征点及相应税率。所得税的屡次调整，反映了国民政府的加速崩溃。[①]

在抗日战争全面胜利之后，国家经济面临着内忧外患：国内有四大家族的资本垄断，国外有帝国主义倾销，国家民族工商业只得在夹缝中生存。随着国民政府自身财政空缺不断扩大，通货膨胀严重，缺乏各种原材料，在较高税率的税收政策下，越来越多的国家民族工商业不得不减产、停产甚至倒闭，国家经济遭到了严重破坏。1949年4月，上海有1000余家工厂，其中能够开工的不到100家，国民政府统治地区工商经济岌岌可危。[②] 在国民政府统治后期，其胡乱征收税款的现象日益严重，大大激发了人们的厌税情绪，越来越多的人民群众反对缴纳税款，这与抗日战争全面爆发时期人民群众积极交税的状况形成鲜明对比。综上所述，良税如果在错误的征收方式下也有可能变成恶税。

---

① 孙文学、齐海鹏、于印辉、杨莹莹：《中国财政史》，东北财经大学出版社2008年版，第430页。
② 孙翊刚：《中国赋税史》（修订本），中国财政经济出版社1996年版，第259页。

抗战胜利后的直接税，是受到国民党财政当局异常重视的。这首先表现在各年度所列的预算数字中。由直接税中的四大税的税收立法屡次修订过程，我们可以看到国民党政府对直接税的不断修订是与通货膨胀紧密相关的，其中特种营业税可以看作是营业税的补充，过分利得税可以看作是所得税的补充，并且基本上四项税的税负是不断提高的。当然，由于正逢战时，国民党政府也对直接税做了一定的减免，是值得肯定的。

6.3 国民政府的恶性通货膨胀

6.3.1 国民政府的财政危机加剧

1946 年 6 月，南京政府在美国的支持下，发动了大规模的反共反人民内战，财政支出绝大部分花在军队上。相关资料显示，1946 年南京国民政府全年的军费支出高达 6 万亿元，占全国预算支出的 43.52%，1947 年为 52%，1948 年上半年为 66.9%[1]；据当时中央银行总裁张公权的估计，军费实际支出数占当年财政实支数的比重是：1946 年为 59.9%，1947 年为 54.8%，1948 年上半年为 68.5%；另据千家驹的估计，1946 年全年军费支出，应当有 6 万亿元，占该年岁出总额的 83.3%。[2] 当 1947 年人民解放军由战略防御转入战略进攻以后，随着军事上的溃败，南京政府的财政金融也进入了总破产的绝境。为了挽救残局，不断搜罗壮丁，扩编军队，这必然加大军费支出的数量。由于军费急剧增加，南京政府的财政赤字一年比一年大。根据当时有关报刊披露的情况统计，1946 年财政收入为 21519 法币亿元，财政支出为 71969 法币亿元，财政赤字率为 70.2%；1947 年财政收入为 120100 法币亿元，财政支出为 409100 法币亿元，财政赤字率为 70.7%；1948 年上半年财政收入为 800000 法币亿元，财政支出为 3400000 法币亿元，财政赤字率为 76.5%。[3]

面对如此巨额的财政赤字，国民党政府为了弥补，不得不大量举借内外债。在内债方面，抗战胜利之后，偿还战前战后的各种债务已经成为南京政府

---

① 孙文学、齐海鹏等：《中国财政史》，东北财经大学出版社 2008 年版，第 424 页。
② 杨荫溥：《民国财政史》，中国财政经济出版社 1985 年版，第 174 页。
③ 刘孝诚：《中国财税史》，中国财政经济出版社 2007 年版，第 286～287 页。

的沉重负担，内战爆发以后，财政金融每况愈下，通货膨胀日甚一日，旧债无法偿还，还须兴借新债。为了使社会认购，南京政府变换花样，采取美元、金圆、稻谷甚至黄金的形式，发行了几次内债，大都是以强购、派购的方式发下去的。1947年，共欠内债18580多万美元；1948年内债为17590多万美元。据国民政府财政部统计，到1947年8月，尚欠英金公债本金843507镑，息金510138镑，合计1353639镑；欠美金公债本金97459072美元，息金25739917美元，合计123198917美元。在外债方面，至1946年，共欠外债本金829479129.92美元；1947年共收入各种债款55347909.13美元，还本27282884.20美元，尚欠本金857544154.85美元，1948年共收入各种债款41140871.24美元，还本32680778.61美元，尚欠本金866004247.48美元。经过1947年和1948年两年的偿、借，外债不但没有减少，反而增加了3652多万美元。到1948年8月，南京政府所欠内外债的数量是：内债：300900809.91美元、28151266英镑、法币21158637587.70元、关金券121776379.19元；外债：659818143美元、49092134168英镑、33523418.91加元、法币740000元。需要指出的是，南京政府苟延残喘的手段不只是依靠大量举借内债外债，主要还是依靠变形外债——"美援"。从1945年到1949年9月，美国对南京政府的贷款和"援助"总计29笔，约60亿美元之巨，占南京政府财政支出总数的50%以上，其中以物资"援助"占贷款总额的82%。[①]

而除了举债之外，苛捐杂税也是国民党政府想尽办法增加财政收入的一种方式。其当时所采取的主要税收手段有以下几种：一是增加原有税收科类的税收额，增加纳税者的负担。抗战前早已实行的中央税制的"四大体系"是指盐税、关税、货物税和直接税，这是当时政府税收的主要来源。1946年，上述四项税收的总额是11323亿元，而1947年则是104030亿元，一年之间增加了近10倍。二是开征新税。1946年10月起开征饮料、茶叶、水泥、麦粉、化妆品、毛皮及迷信用纸等7项统税税目。1948年10月又增加烟丝、卷烟、锡箔、洋酒啤酒、熏烟叶、国产酒类等6种商品的税目，并允许商人将相应的税

---

① 刘孝诚：《中国财税史》，中国财政经济出版社2007年版，第286～287页。

款加入货价之内，让消费者承担税负。三是增辟地方性新税。南京政府曾公开发出训令，允许各县市可"以各县市境内特产为课税对象"，举办"因地制宜捐税"。号令一下，各种苛捐杂税一齐涌来。以江苏省为例，1946 年就有 10 余个县大范围扩大征税面。比如，南通一地即有人力捐、住常费、临时费、遗产税、烟酒税、田产税等各种各样的捐税。繁重的税负使生活在国统区的人民喘不过气来。城市农村，怨声载道，抗捐抗税的暴动、游行、示威屡有发生。为平息民怨，1946 年末，国民政府财政当局下令禁止地方硬性摊派，取消地方部分捐税。但苛捐杂税已经积重难返，不是一纸空文能改变得了的。往往是旧税未废，又添新税。除这些苛捐杂税之外，南京政府对劳动群众的实物掠夺也是十分残酷的，其中最主要的就是田赋征实。抗战时期，国民政府通过田赋征实、征购和征借，直接向广大农民搜刮了大量粮食，成为财政上的一笔重要收入。抗战胜利之初，政府曾表示要免除沦陷区一年田赋，以便休养生息。但随后又提出要征购军粮，要农民献金、献粮，实际上大大超过豁免一年的田赋。据统计，1945～1946 年，国民政府田赋征实、征借和征购的总数是 3010 万担，1946～1947 年是 4200 万担，1947～1948 年是 2030 万担。从上面的数字可以看到：第一，国民政府对农民掠夺的粮食数量还是相当巨大的；第二，随着国统区面积的缩小和农民的反抗斗争，国民政府的田赋征实已经越来越陷入困境。

6.3.2 严重的恶性通货膨胀

国民党反动政府为了弥补越来越增加的财政赤字，除了举借内外债以及向人民尽量搜刮外，还利用通货膨胀政策滥发纸币，法币发行额无限地增长。早在抗日战争初期，国民党政府为了满足军费供给就采用了以法币膨胀政策为中心的财政政策，而随着抗战的发展，法币的膨胀速度由较为缓慢到逐渐加快，越到后期膨胀速度越快。1937～1938 年两年间尽管法币发行在增加，但速度不算很快，1936 年底的发行额为 12 亿元，到 1938 年底则为 23 亿元，两年间增加了 11 亿元，增加还不到 1 倍。以发行指数来看，1938 年 12 月的指数与"七七事变"前的 1937 年 6 月比较，亦只增加了 64%。这时，法币尽管已在膨胀，但增发法币还是另发一种新流通券的问题尚未最后解决。这个阶段可以说是通货膨胀的温和阶段，也可以说是第一个阶段。从 1939 年起，情况就有所不同，1939～1941 年的发行增长率平均为 87.3%，1941 年底的发行数已达 151 亿元，与 1938 年底的 23 亿元比较，三年间就已增加了 128 亿元，即增加了 5.5 倍以上。这个阶段一开始，国民党五中全会就批准了增发法币的政策，显然已进入放手执行通货膨胀政策的阶段，这可以说是第二个阶段。从 1942 年起，法币膨胀如脱缰之马，一发不可收拾，进入了恶性膨胀阶段。1942～1945 年，法币增发了 10168 亿元，相比较 1941 年底数字增加了 67 倍。本期内各年的发行增长率平均在 200% 以上，通货膨胀速度大大提高了，可以说这是第三个阶段。1937 年 10 月，法币发行额已达到 14 亿元，到 1945 年 8 月抗战结束时增加到 5569 亿元，1945 年底又增加到 10319 亿元，即在八年又两个月中增加了 397 倍。

抗战刚胜利时，国民党政府为了法币流动的统一，采取了收兑伪币的政策。国民政府财政部于 1945 年 9 月 27 日公布了《伪中央储备银行钞券收换办法》，规定法币与伪中储券的兑换率为 1∶200；兑换期限为 11 月 1 日至次年 3 月 31 日，后又延至 5 月底，前后达 7 个月；每人限兑 5 万元法币；兑换期间伪中储券可在市面流通使用。11 月 22 日，又公布《伪中国联合准备银行钞券收换办法》，规定法币与伪联银券的兑换率为 1∶5，兑换期为 1946 年 1 月 1 日至 4 月 30 日。实际上，用货币购买力来衡量，法币与伪中储券、伪联银券的理想比值应分别为 1∶35 和 1∶1.6。由于伪币与法币的兑换率偏低、兑换期较长、每人兑换的数额有限以及在兑换期内伪币可继续流通，刺激了法币大量流入收复区，抢购物资，引起了物价暴涨和法币发行量大幅度增加。抗战期间，伪中储券和伪联银券分别发行了 41993 亿元和 1420 亿元，按国民政府规定的兑换比率，即使全部予以收兑也只合法币近 500 亿元，可是到 1946 年 5 月兑换伪币工作结束时，法币的发行额已累积至 17959 亿元，比这项工作开始前的 1945 年 10 月增加了 9880 亿元，增长率达 122.2%，相当于回收全部伪币费用的近 20 倍。收兑伪币结束后，通货膨胀的趋势仍然无法抑制。随着 1946 年 6 月内战的爆发，军费激增，工农业生产凋敝，财政赤字愈益增大，法币的发行量更成为惊人的天文数字。1946 年 6 月，法币发行量达 21170 亿元，比上月增加 17.9%；12 月为 37261 亿元，比半年前增加 78%；1947 年底为 331886 亿

元，比上年底增加 7.9 倍；至 1948 年 8 月 19 日，为 6046428 亿元，比上年底
又增加 17.2 倍，相当于 1945 年 8 月抗战胜利时的 1085 倍和 1937 年 6 月抗战
全面爆发前的 428824 倍。[①]

抗战胜利后的通货膨胀，除表现为法币发行量的急速增加外，还表现为东
北流通券和台币这两种地域性货币发行量的剧增。东北流通券是由中央银行东
北分行于 1945 年 11 月开始发行，限东北地区使用，但可以一定汇率汇往关内
各地。在开汇之初，与法币的汇率，汇出 1∶11.5，汇入 1∶12.5。东北流通券
的发行量，1946 年 1 月为 21 亿元，当年底即增为 275 亿元，增加 12 倍；1947
年底为 2773 亿元，比上年底增加 9 倍；1948 年 7 月为 31918 亿元，是上年底
的 11.5 倍，比 1946 年 1 月增加了 1519 倍。台币是由台湾银行于 1946 年 5 月
发行，其最初对法币的汇率为 1∶30。随着法币的不断贬值，台币对法币的一
再提高，至 1948 年 1 月为 1∶1635，这一汇率一直维持到法币跨台。由于法币
恶性膨胀、大陆资金源源涌入台湾，以及军政汇款抵台等多方面的原因，台币
的发行量亦急剧增加。1946 年底，台币的总发行额为 53 亿元，比上年底增加
了 1.3 倍；1947 年底，发行额增至 171 亿元，比上年同期增加 2.2 倍；1948
年底，共发行 1420 亿元，比上年底又增加 7.3 倍；至 1949 年 6 月改行新台币
前，旧台币总发行量已达 5270 亿元，比上年底增加 2.7 倍，为 1945 年底的
229 倍。

恶性通货膨胀与恶性物价上涨互为因果，形成了几何级数的上升。以重
庆、上海两地趸售物价为例，1946 年 12 月与收兑伪币结束时的 5 月相比，分
别上涨了 43% 和 50%；1947 年 12 月比上年同期分别上涨了 13.9 倍和 13.7
倍；1948 年 8 月 19 日又比上年底分别上涨了 34.9 倍和 55.3 倍。若以 1948 年
8 月 19 日的趸售物价同抗战胜利初的 1945 年 9 月相比，则重庆上涨了 1177
倍，上海上涨了 13884 倍。据国民政府全国经济委员会称，仅 1947 年全国物
价即经历了 4 次涨风：第 1 次为年初至 2 月底，物价总指数上升 68%；第 2 次
为 4 月下旬至 7 月中旬，上升 100%；第 3 次为 9 月中旬至 10 月下旬，上升
74%；第 4 次为 11 月中旬至年底，上升 30%。1947 年底，南京趸售国货的价

---

① 刘孝诚：《中国财税史》，中国财政经济出版社 2007 年版，第 286～287 页。

格较 1937 年上涨了 104004 倍，其中金属类上涨最剧，为 178377 倍；零售国货上涨了 100505 万倍，其中以燃料为最，达 159245 倍。①

恶性通货膨胀，又不可避免地造成了货币的猛烈贬值。1946 年 2 月的官价，1 美元值法币 2020 元；经过一年半以后，到 1947 年底，已值 77636 元，上涨了 37.4 倍；再过 8 个月，到 1948 年 8 月中旬币制改革前，竟值 7094625 元，比上年底又涨了 90.4 倍，与 1946 年 6 月相比则涨了 3511 倍。在这一期间，黄金与法币的比值，也以数百倍的幅度滚翻。1947 年 2 月，每两黄金的市价为 61.1 万元；到年底已涨到 850 万元，上涨了 12.9 倍；1948 年 8 月，更涨至 53.960 万元，比上年底又涨了 62 倍，与 1947 年 2 月相比则上涨 882 倍。②

通货的恶性膨胀，使物价飞涨，币值猛跌。法币的发行数量、物价指数和人民生活指数的上升，都以天文数字出现。法币越来越失去其价值尺度、流通手段、支付手段和储藏手段的机能，走到了绝境。

6.4　国民经济几近崩溃边缘

6.4.1　金融业陷入崩溃

在恶性通货膨胀之下，法币已经失去了货币的基本功能，大城市中的大宗交易多以黄金美钞计算，内地各省多用银元和其他铸币，偏远地区甚至有恢复以物易物的。法币在人民心中已彻底失去信用。用增发法币来弥补财政赤字的结果是，法币增发越多，财政越陷入困境。万般无奈，国民政府只好实行"币制改革"，发行金圆券。1948 年 8 月，发布《金圆券发行办法》，规定发行 20 亿元金圆券作为本位币，限期以金圆券 1∶300 万元法币的比价收兑法币；限期收兑人民所持有的黄金、白银、银币和外国币券，禁止任何人持有黄金、白银和外币；限期登记管理本国人存放在国外的外汇和资产；限制各地物价，把物价冻结在 8 月 19 日水准上，依兑换率折合金圆券出售，由当地主管官署监督执行。这在金圆券发行后一个极短的时期里，曾收到了一定的效果，金融

---

① ②　陆满平、贾秀岩：《民国价格史》，中国物价出版社 1992 年版，第 397～422 页。

形势一度平稳。可是，由于金圆券的发行限额本身就包含了巨大的膨胀力，因此它无法长久地维持金融局势的稳定。金圆券开始发行时，全部在流通中的660多万亿元的法币只合金圆券2.2亿元，即发行2.2亿元金圆券就可把法币全数收回。可是到1949年5月，金圆券的发行总额已超过68万亿元，在短短的9个月的时间里，金圆券的发行额增加了30多万倍。随着金圆券的剧烈膨胀，金圆券彻底贬值。到1949年5月下旬，金圆券1元只值开始发行时的五百万分之一。金圆券发行不到一年，竟比法币14年贬值速度还要快。[①]

实行限价政策后，各地商人被迫抛售货物，受到很大损失。但是，四大家族的孔祥熙、宋子文等却对法令置若罔闻，既不兑换金银外币，又不理会限价命令，照旧贱买贵卖，大赚其钱。于是限价令也很快行不通，商人们纷纷停业，囤积物资。由于货物奇缺，造成物价暴涨，黑市交易猖獗，物价上涨已无法形容。以上海物价为例，如1948年8月总指数为基准，到11月涨了25倍多，12月涨了35倍多，1949年1月涨了128倍，3月涨了4000多倍，4月更激涨到80000多倍。[②] 与此同时，国民政府的财政赤字亦逐月以天文数字出现。一个国家的财政金融破落到如此地步，只能导致政权旁落。1949年4月23日，南京被人民解放军占领，不久，金圆券就停止了流通。

当金圆券面临全面失败形势的时候，银本位制的币制已经处在酝酿之中。7月2日，国民政府发布《改革币制令》和《银元及银元兑换券发行办法》，这是国民政府最后进行的一次货币制度改革。银圆券的发行，充满了危机。根据国民政府财政部的估计，国民政府每月的预算支出为4500万元左右，其实际收入却只有1250万元左右，月差达到了3000万元以上。蒋介石只同意其每月从库存中支取1200万银元，其余的财政空缺，只能靠银圆券来填补。[③] 如此，更使得银圆券没有办法十足兑现。相同质量的纯银，在做成银元后，纯银的价值大约提高了港币0.783元，升值率达23%。这就造成了银元产量的大幅度提高以及银元币值的下滑。银元与银圆券同时流通的双轨制流通，使得货币

---

① 刘孝诚：《中国财税史》，中国财政经济出版社2007年版，第287页。

② 陆满平、贾秀岩：《民国价格史》，中国物价出版社1992年版，第403~420页。

③ 中央银行档案：《中华民国货币史资料（1924－1949）》（第二辑），上海人民出版社1991年版，第541~545、569~570页。转引自贺水金：《1927－1952年中国金融与财政问题研究》，上海社会科学院出版社2009年版，第256~258页。

市场十分混乱。国民政府在宣布实行银圆券币制的同时，规定"以旧有廿三年帆船版银币为标准，准许流通使用""其余各种版式银元，一律流通使用"。可以说，这种硬币和钞票双轨制货币制，是我国货币制度发展的一种倒退。在这个时期，市场上流通了许多诸如孙洋、船洋、澳洋等种类的银元。用广西的例子说明这些银元的价值，1949年8月，孙洋合袁洋九成多，船洋只合八成，银圆券在实际使用中，只与最不值钱的东毫同值，约相当于大洋的六六折。发行银圆券的种种危机，使得物价飞涨。[①] 总而言之，在恶性通货膨胀发生的基础上，国民政府后来进行的金、银圆券改革不仅没有对混乱的金融体系起到一点作用，反而加速了通货膨胀、物价上涨，特别是到内战后期，各级国民军官以掠取人民财富为主，金融体系终于日渐崩溃。

6.4.2 工商业的破产

随着抗战胜利后国民政府对工商业的垄断、美国剩余物资的大量倾销和"官倒"盛行，民营工商业普遍遭受打击，陷于厄运。虽然抗战胜利后全国工矿业曾一度有一定程度的恢复与发展，但是民营与国营有区别，不同地区、不同时期和不同行业也有区别。大量资料表明，民营工商业遇到的困难多，承受的压力大，不景气的现象十分严重。

抗战胜利后，在大西北地区的民族工商业，由于诸如原料、市场等条件的影响，其发展受到了严重的阻碍。据相关资料显示，1945年，云南省的77家工厂中，停业的就有37家。重庆自抗战胜利至1946年5月，在其368家工厂中，歇业了349家，占95%。这些歇业的工厂，大多属民营。该市面粉工业同业联谊会共有会员工厂23家，至1946年4月，已停工或即将停工者为9家，减半或减产者为7家；其继续生产者，都紧缩产量，苟延残喘。如果连同较小的工商业户，则倒闭、歇业的数字更为惊人。在一篇《联合晚报》重庆航讯上：四川中小工业联合会有1200家会员厂，其中倒闭的占总数的比例为80%；工业协会渝分会有470多家会员厂，其中停工的占总数的比例为66%；迁川工联会有390家工厂，其中倒闭的就有290家；相关制革业有432家工

---

① 刘孝诚：《中国财税史》，中国财政经济出版社2007年版，第287页。

厂,其中停工的工厂多达 200 家;相关机器业有 372 家工厂,其中到现在还在继续营业的仅有 182 家,且都没有达到完全生产的状态。在抗日战争全面胜利的头 3 年里,民营工业企业的产值正在持续地下降。根据相关资料显示,1946 年上海的民族资本工厂约有 314 处于停工、歇业、倒闭的灾难境地。进入 1948 年以后,随着国民党军战场形势的恶化,财政金融日趋崩溃,工商业亦趋于全面破产,而民营工商业则更首当其冲。上半年,北平、天津两地的民营工厂倒闭了百分之七八十;在广东有 400 余家工厂,其中歇业的工厂就有 300 余家;四川省参加产联的有 1200 家工厂,其中倒闭的工厂占总工厂数的比例高达 80%。①

"八一九"货币制度改革和与其相关的各种"限价"政策,同样也让全国各地民营工商业企业的发展遭到了破坏。"八一九"货币制度改革初期,美元货币不断增值,导致各地民营工商业企业的成本支出大约增加了 30%。与此同时,"限价"政策大幅度减少了民族手工业的营业收入,更让民族手工业因为资金问题而不得不大量停产。国民政府取消了"限价"政策以后,金圆券出现了大量贬值的现象,让本就困难的民营工商业企业雪上加霜。1949 年,用于在国外购买货物的"外汇转移证"的价格直接上涨了 40 倍,其相应的商品的销售价格却只上涨了 25 倍。

1949 年是国民政府统治的晚期,解放军统一全国势在必行,国民政府的统治危如累卵,在这样的大背景下,民营工商业企业的发展愈发艰难。工商业大倒闭和工业生产急剧下降,使国民党统治区的工商业经济陷入瘫痪状态。反之,工商业的崩溃更加速了整个国民经济的瓦解。②

6.4.3　农村经济的衰落

抗战期间,在敌伪政权的摧残和掠夺下,中国农村经济已经遭受了严重的破坏。农村人口和牲畜大减,元气大伤。在大后方农村,也因国民政府把沉重的赋税负担压在农民头上,使农民毫无喘息之机。抗战胜利不久,国民党就发动了全面内战,更加残酷地对农民进行掠夺,使早已衰落的农村经济走上了绝

---

① 黄逸峰:《旧中国的买办阶级》,上海人民出版社 1982 年版,第 173 页。

② 朱伯康、施正康:《中国经济史》(下卷),复旦大学出版社 2005 年版,第 678～693 页。

路，陷入总破产的悲惨境地。

中国农业生产长期处于停滞和衰落状态。抗战期间和抗战以后，耕地面积减少与荒地面积增加的现象越来越严重。如1946年河南荒地占耕地总数的30%，湖南占40%，广东占40%，三省就有荒地6900万亩。[①] 从生产资料和劳动力数量看，国民党发动内战大肆抓捕壮丁，1946年征兵总额为50万人，1947年为150万人，1948年为100多万人，使原本劳动力缺乏的农村经济更加难以维持。为了避免充当炮灰，农村壮年男子相继逃亡。到1949年，全国耕畜比抗战前减少16%，主要农具减少30%。从农作物的产量看，国统区的农业生产1946年比1937年减少8%～12%，1947年比1937年减少33%～40%；1948年，由于解放区面积扩大，农业生产有所恢复，但全国的农作物产量仍比1937年减少25%。其中粮食减少26%、棉花减少48%；到1949年，全国粮食总产量较历史最高产量减少24.55%，只有2263.6亿斤，不得不靠进口粮食维持局面。[②]

抗战胜利后的几年中，自然灾害也连续不断。1946年，湖北水灾波及18个县，被淹土地135万亩，灾民54万人。1947年，湖北又遭旱灾，受灾地区达31个县，受灾土地425.8万亩，灾民397多万人。1948年，发生全国性大水灾，水灾遍及豫、湘、鄂、赣、皖、苏、闽、粤、桂、滇等省，其中湖南受灾最重，洞庭湖周围11个县被淹土地280万亩，湖北30余县受灾，830万亩土地被淹，灾民370余万人，福建旱稻损失达5成以上。由于水利常年失修，各处堤防抗灾能力极差，不断溃决。仅淮河上游各堤在1946年6～7月即发生大决堤10次，使淮河上游10个县共150余万亩土地受灾。[③] 这些突如其来的自然灾害，为农业生产带来了严重损失，更阻碍了我国农业的发展。

由于战争和自然灾害的双重摧残，农民生产情绪低落，生产资金枯竭，致使各种农作物的单位面积产量锐减。据当时中央农业实验所对18种主要农作物产量的统计，除小米一项高于历史最高水平外，其余17项均有所降低。各

① 《历史教学》，1955年第12期，第25页。
② 陆满平、贾秀岩：《民国价格史》，中国物价出版社1992年版，第393～394页。
③ 陆满平、贾秀岩：《民国价格史》，中国物价出版社1992年版，第475～476页。

种农副产品和土特产品的产量也普遍下降，这直接影响了这些产品的出口。据国民政府财政部关务署及海关总税务司署的统计，在 31 种传统出口土特产品中，有 28 种出口量都低于 1937 年。有些过去大宗出口的产品，出口量已接近于零，如花生、棉籽的出口量，分别只占历史最高出口量的 3.5‰ 和 5.5‰，这从一个侧面反映了农村经济的衰落。

在抗日战争全面胜利以后，我国农村地区出现了许多逃亡者。1946 年农业产量仅有 1932～1936 年我国农业平均产量的 66%；1947 年农业产量仅有 1932～1936 年我国农业平均产量的 60%。1949 年，我国农业发展面临的困境越来越严峻，各农作物产量大幅度下降，国家全部地区主要农作物总产量只有 2263.6 亿斤，比 1949 年前的最高年产量下降了 24% 左右。国家全部地区棉花总产量为 8.9 亿斤，比 1949 年前的最高年产量下降了 47% 左右。诸如面粉、棉花、烟草等我国本可以实现自给自足的农产品都需要仰赖进口，诸如桐油、生丝、茶叶等我国本可以大量出口的农副产品无法做到输出，国统区的农业发展受到了严重阻碍。①

6.5 民国晚期税制调整与经济互动

1945 年 8 月至 1949 年 5 月是以四大家族为首的国民党反动派反人民活动最为猖獗的时期，为了筹措军费、弥补税收赤字，国民政府加紧赋税的搜刮。抗战胜利后开征的税种主要有：盐税、关税、货物税、所得税、特种过分利得税、遗产税、印花税、营业税、证券交易税与交易所税，其他杂税税种与抗战期间开征的税种相同。关、盐、直、货四税（直接税包含了所得税、遗产税、印花税、利得税），成为中央赋税的支柱。由于国民党的重搜刮、轻税源，导致了税收收入占每年实际岁入的百分比越来越低。1946 年至 1948 年上半年，国民政府的税项收入平均仅占岁入的 15.6%，主要收入被通货膨胀取代。②

---

① 朱伯康、施正康：《中国经济史》（下卷），复旦大学出版社 2005 年版，第 678～693 页。
② 曾国祥：《赋税与国运兴衰》，中国财政经济出版社 2013 年版，第 230 页。

6.5.1 民国晚期部分税制的调整

抗战胜利后，国民政府正式对税收制度进行调整，说明了战后税制改良的发展目的和方向。时任财政部长俞鸿钧先生对此总结为四个方面：改进直接税、整理统税、制定战后关税政策、调整盐税负担。

1946 年 6 月 6～8 日在南京召开了第四次财政会议，即改订财政收支系统会议，大会最后决定将财政收支系统分为三级，即中央、省级院辖市、县及省辖市，并依此划分各级财政收支。会议最后通过了修正的《财政收支系统法》和《财政收支系统法施行条例》，于当年 7 月 1 日公布并施行。该法令规定：中央税包括所得税（分类所得税及综合所得税）、遗产税、印花税（谓交易凭证、人事凭证、许可凭证等证明文件依法贴用之印花税）、特种营业行为税（谓银行、信托、保险、交易所及其他以法律规定之特种营业行为税）、关税（谓由海陆空进出国境之货物进口税、出口税及海港之船舶吨税）、货物税（对国内货物及国外同类进口货物依法应征之税）、盐税、矿税（矿产税及矿区税）、营业税（在院辖市总收入中至少占 30%）、土地税［在省县（局）总收入中占 30%，在院辖市总收入中占 40%］；省税包括营业税（总收入的50%）、土地税（总收入的 20%）；院辖市税包括营业税（至多占总收入的70%）、土地税（总收入的 60%）、契税、遗产税（由中央分给 15%）、土地改良物税（在《土地法》未施行之区域为房捐）、屠宰税、营业牌照税、使用牌照税、筵席及娱乐税；县（市、局）税包括营业税（由省分给 50%）、土地税（总收入的 50%）、契税（仅未依《土地法》举办土地登记之区域征收之）、遗产税（由中央分给 30%）、土地改良物税（在《土地法》未施行之区域为房捐）、屠宰税、营业牌照税、使用牌照税、筵席及娱乐税。同时，规定中央税地方政府不得征收，并不能征收附加捐税。至于具体的各种税种将由单行税法规定。对于减免税，由专章加以规定，其中有关于关税、印花税、土地税和营业税等税种。[①]

但是，由于在税源的分配上综合了几种不同的方法，有独立课税制、收入

[①] 付志宇：《近代中国税收现代化进程的思想史考察》，西南财经大学出版社 2010 年版，第 174 页。

分成法以及补助金制，这就加大了财政管理的难度，收支款项繁难复杂，办理手续费时费力。另外，大宗税源仍然由中央占有，原属于地方收入大宗的田赋则改为国地共有。地方税源，无论省县，均感不足。为了弥补财政收入，容易导致横征暴敛，苛捐杂税抬头。《1946年度财政税收整顿之检讨》曾指出："省级财源仅为田赋二成之共分税，及其唯一省税之营业税复半分于县市，几不构成其独立收支系统之地位。乡镇根本无可靠财源，县市尚不能自足。唯有出于苛杂摊派一途以资因应，病民无已。"[①]

1948年3月，财政部呈送行政院《国税省税县税划分办法（草案）》，主要就实行宪政后地方自治财政所适用的税种作了明确划分。具体内容如下：国税以所得税、遗产税、印花税、关税、货物税、盐税、矿税、特种营业税为主干；省税以营业税为主干；县税以土地税（或田赋）、契税、土地改良物税（或房捐）、屠宰税、营业牌照税、使用牌照税、宴席税、娱乐税为主干。同时，该办法还对遗产税、货物税重的土烟土酒税、营业税、土地税（或房捐）在各级政府间的分配比例和分配办法进行了详细规定。这样就使得各级政府的财权与其事权相对称，同时，也在政府间实行一定数额的收入分享和调拨，使地方财力更加充裕。另外，该办法还授权中央就省县所征收的各税制定"省县税课标准法"，对其征收原则、最高税率、罚则加以规范，并规定省县制定之税法不得抵触中央制定之税法及省县税课标准法，以免地方税制无统一标准。1948年的国税、省税、县税划分办法主要是针对宪法关于省县均为自治体，其财政收支应由地方立法、地方执行的规定，为了约束地方税随意立法，给出一个全国统一的标准。这样，一方面，实现了地方立法因地制宜地方财力自给自足的目的；另一方面，也达到了地方立法与中央立法统一，中央与地方财政平衡发展的效果。但是，由于彼时内战正炽，行政院无暇也无力推行该法案，因此这一设计较为合理的财政税收制度只能"胎死腹中"了。

6.5.1.1 改征货物税

1945年1月，行政院通过了《调整税制简化机构案》，财政部即通电各省，卷烟和火柴停止专卖，改征统税。取消了盐和糖类的征实，恢复征收法

---

① 中国第二历史档案馆藏：南京国民政府财政部档案。

币。同时，还停征了竹木、皮毛、陶瓷、纸箱、茶类、火酒、水泥、麦粉、饮料品 9 个税目的统税。但是，由于战争使得国民经济元气大伤，关、盐两税收入锐减，国税收入根本不能满足国家财政支出所需。国民政府于 1946 年 8 月公布了《货物税条例》，将货物统税改为货物税。规定货物税为国家税，由财政部税务署所属货物税机关征收。货物税的课征范围包括卷烟、熏烟叶、洋酒啤酒、火柴、糖类、棉纱、麦粉、水泥、茶叶、皮毛、锡箔及迷信用纸、饮料品、化妆品 13 个税目。税率使用从价征收，为 2.5%～100% 不等。进口应税货物除缴纳关税外，照海关估价折合法币征收货物税。国产应税货物，由货物税局派员驻厂（场）征收，不便驻厂（场）征收的可由货物税机关查明产额分期征收。此后，国民政府又多次修正货物税条例，将税率税目和处罚相加以规范，货物税制日趋完善。

6.5.1.2　举办特种营业税

抗战胜利后，营业税收归地方，1947 年财政部举办特种营业税以补充其损失。特种营业税以公营、合营、民营的银行业、信托业、保险业、进口商营利业、国际性省际性交通事业以及其他有竞争性之国营事业和中央政府与人民合办之营利事业为课税范围，以营业收入额为课税标准的征收 1.5%，以营业收益额为课税标准的征收 4%。特种营业税由直接税署主管，各地直接税机关征收。由于特种营业税的课税范围都是营业税的重要税源，所以受到了地方政府的抵制，国民政府不得不于 1949 年将其划归地方征收。

6.5.1.3　开征特种过分利得税

抗战结束后，非常时期过分利得税即停止征收。但为了继续筹措资金，弥补财政收入之不足，财政部于 1947 年 1 月开征特种过分利得税，规定对营业利得超过资本额的 60% 者除缴纳所得税外加征特种过分利得税，税率分为 13 级，为 10%～60% 不等。这一税种实行后遭到工商界人士的激烈反对，最后政府不得不于 1948 年 4 月明令废止该税。

6.5.1.4　开办证券交易税与交易所税

抗战胜利后，上海、天津等大城市恢复、设立了证券交易所，国民政府于1936 年 9 月规定凡是在交易所内买卖有价证券的均应征收证券交易税，证券交易税按照证券买卖约定价格计算征收。现货交易按 5‰ 征收，交易期限在七日以内的按 15‰ 征收，逾七日的按 20‰ 征收。政府发行的公债，现货交易免税，交易期限在七日内的征收 5‰，逾七日的征收 10‰。另外，为了对交易所的交易收益征税，1948 年 3 月，国民政府又规定对依法以股份有限公司组织设立之交易所的营业总收益额征收 6% 的交易所税。交易所税每日计税，按月报缴。随着各地证券交易业务大量增加，这两种税征收顺利，收入颇丰。[①]

6.5.2 税收政策实施效果

抗战胜利后，国民政府采取复员的财政税收制度，取消了战时新开征的一些税种，大致恢复到 1937 年前的税制模式。由于战后实行的货币政策导致严重的通货膨胀，所以从名义税收来看有所增加，但是消除物价指数变动后实际税收收入并未发生变化，到了 1946 年以后，税收收入增长的速度甚至赶不上物价上涨的速度。随着内战的深入，国民政府管辖的范围日益缩小，税基也因此变窄。总的来说，这一阶段，国民政府的财政政策实施效果和税收收入效果并不理想。具体数据见表 6.2 ~ 表 6.4。

6.5.3 民国晚期国民政府财政状况

抗战胜利后，国民政府接收了原日本占领区的大片疆土和人口，其规模远超过抗战前。1946 年 3 月，国民党六届二中全会通过的《紧急措施案》提出增税法案，这年扩大了货物税范围并且提高棉纱税，开征化妆品税和提高烟酒税率。1947 年，开征特种营业税和建国特捐（原拟定财产税）。但是，征收的实际却是与预期相反。1947 年，关、盐、货三大税的收入折合成 1936 年币值只有战前的 37%，尤其是战后对外贸易额相较战前大增，但是关税收入只有战前的 21%，只有货物税因为扩大了征收范围而保持较高水平（见表 6.5）。到 1948 年，税收大减，被地方截留的数额日增，而战后各地驻军和地方当局的杂税以及临时性摊派有增无减。中央税收整理失败，转而求助于已划归地方

---

① 付志宇：《近代中国税收现代化进程的思想史考察》，西南财经大学出版社 2010 年版，第 175 ~ 176 页。

单位：元

表6.2　1946~1949年国民政府后期国家税收收入

年度		关税	盐税	所得税	利得税	遗产税	特种营业税
1946年	预算数	30261643	201000000	56168262	5000000	2614401	1500000
1946年	决算数	335144350	210046438	53859198	27329118	3071196	232890
1947年	预算数	1900900	1511594	791000	200000	30000	82000
1947年	决算数	2316628	1908719	758222	212886	36548	137984
1948年上半年	预算数	6597000	4000000	6020000	1600000	30000	600000
1948年下半年	预算数	120600	100900	61200	—	2461	7487
1949年	预算数	2525176	780000	480800	—	11600	20800

年度		印花税	矿税	货物税	营业税	土地税	税收合计
1946年	预算数	30100000	5478153	352716947	42308819	78872095	1077175020
1946年	决算数	50199528	13744091	498688202	55974502	50974781	1299244681
1947年	预算数	300000	62000	2938000	80000	29190	7924684
1947年	决算数	477658	108125	4482311	22295	6601	10467977
1948年上半年	预算数	750000	212000	9788000	430000	1270000	31297000
1948年下半年	预算数	51070	2211	190782	1667	4059	573990
1949年	预算数	294600	22673	5331165	16200	573529	10056543

资料来源：中国第二历史档案馆藏，南京国民政府主计处档案。

表6.3	1945～1949年中国大陆工业生产指数	（15种产品，1933年=100）
年份	总产值	净增值
1945	62.0	94.1
1946	90.7	93.6
1947	115.1	116.8
1948	96.7	101.1
1949	105.6	119.2

资料来源：费正清著，刘敬坤，杨品泉等译：《剑桥中华民国史》（第一部），中国社会科学出版社1994年版，第58～59页。

表6.4	抗战胜利后国民政府的财政支出（1945～1948年）			单位：亿元法郎
项目	1945年	1946年	1947年	1948年（1～7月）
（1）财政收支				
财政收入（A）	2430	19791	138300	
（B）	12414	28770	146044	2209055
财政支出（A）	12590	55672	409100	
（B）	23481	75748	433939	6554711
财政赤字（A）	10160	35881	270800	
（B）	11067	46978	293295	4345656
（2）实际收入				
税收	1023	12176	91460	
出售公债	628	20	5883	
出售敌伪财产	—	5345	—	
出售美剩余物资	—	—	11910	
出售黄金、外汇	—	11228	31290	
（3）主要支出				
军事费	20499	45373	237799	448997
行政费	4461	21588	128882	1553467
经济建设费	1269	8332	62053	340845

注：（1）（A）据时任财政部长俞鸿钧1948年4月13日在国民代表大会上的报告，用第二历史档案馆藏档三，2399。（B）见张公权：《中国通货膨胀史》（中译本），1986年，第101页。其中除1948年据中央银行国库账外，其余为张维亚计算的数字。（2）张公权：前引书，第104、108页。原译文出售黄金外汇数有误，已更正。（3）张公权：前引书，第102页，系以主计处和财政部的统计估计出各项所占百分比，再从"1"财政支出（B）中算出。

资料来源：曲绍宏、白丽健：《中国近现代财政简史》，南开大学出版社2006年版，第130～131页；许涤新、吴承明：《中国资本主义发展史》（第三卷），人民出版社1993年版，第678页。

财政的田赋。国民政府在 1945 年底曾慷慨宣布免除原日本占领区 1945～1946 年的田赋，并免除原后方 1946～1947 年的田赋。到 1947 年 7 月的全国财政会议，决定恢复抗战时期的田赋征实和征借，引起舆论抨击和农村骚动，并加剧了中央与地方的矛盾，结果是原定征借额不能完成，1945～1946 年实征粮食不足 3000 万石，1946～1947 年实征粮食 4200 余万石。征区虽然远较抗战时期为大，所得却只有战时最后两年实际的 60%，并以所征 70% 折价补助地方财政。1947～1948 年，将征借改为征购，实际征收只有 2000 万石，战后国民政府的税收整理政策既告失败。[①]

表 6.5　　　　　　　　　　　战后国民政府的税收

项目	1936 年（百万元）	1946 年		1947 年	
		1946 年（亿元）	折合 1936 年币值（百万元）	1947 年（亿元）	折合 1936 年币值（百万元）
关税	272	3166	61	23370	58
盐税	184	2323	45	17830	44
货物税	135	3975	76	46910	117
直接税	未开征	1859	36	15920	40
合计数	591	11323	218	104030	259

资料来源：许涤新、吴承明：《中国资本主义发展史》（第三卷），人民出版社 1993 年版，第 680 页。

国民政府战后收入组成中，由于不断开辟税源、提高税率，税收占比不断提高。其中，直接税比重稳中有升，间接税比重则稳中有降，非税收入所占比重逐年下降，公债收入所占比重则处于不稳定的状态，但是基本上该项比例不超过 5%（见表 6.6）。

表 6.6　　　　　　　战后国民政府各项收入所占百分比　　　　　　单位:%

年份	税收	非税收入	公债收入	备注	
				直接税比重	间接税比重
1945	8.2	86.7	5.1	20.3	79.7
1946	42.3	57.6	0.1	21	79
1947	65	30.8	4.2	22	78

资料来源：张公权：《中国通货膨胀史》，文史资料出版社 1986 年版，第 104 页。

---

① 许涤新、吴承明：《中国资本主义发展史》（第三卷），人民出版社 1993 年版，第 679 页。

1945～1948 年的收入支出以及赤字状况，将国民政府战后财政状况进行比较，可以清晰地发现财政赤字十分惊人（见表6.7和表6.8）。

表6.7　　　　　　　战后国民政府各项支出所占百分比　　　　　　　单位：%

时间	军事支出	债务支出	经济开发支出	行政和一般开支
1941～1944 年	60	5	10	25
1945 年	59.9	0.6	11	28.5
1947 年	54.8	1.2	14.3	29.7
1948 年 1～8 月	68.5	2.6	5.2	23.7

资料来源：张公权：《中国通货膨胀史》，文史资料出版社1986年版，第102页。

表6.8　　　　　　　战后财政支出、收入、赤字所占百分比

时间	财政支出（百万元法币）	财政收入（百万元法币）	财政赤字（百万元法币）	赤字占支出（%）
1945 年	2348085	1241389	1106696	47.1
1946 年	7574790	2876988	4697802	62.0
1947 年	43393895	14064383	29329512	67.5
1948 年 1～7 月	655471087	220905475	434565612	66.3

资料来源：张公权：《中国通货膨胀史》，文史资料出版社1986年版，第51页。

表6.8 显示，国民政府在战后各年中，财政收入的增加赶不上财政支出的增长，因此财政赤字的总趋势是不断上升的，1945 年的赤字率为47.1%，1946 年增长为62.0%，1947 年增长为67.5%，1948 年上半年为66.3%。

进入1948 年以后，随着国民党战场形势的恶化，财政金融日趋崩溃。在政府财政赤字巨额膨胀的情况下，财政收入又不能有效地增加，为了弥补巨额的财政赤字加速货币的发行，其最终导致全国经济的总崩溃。

第 7 章

民国时期税收立法的经验教训与当代启示

7.1　民国时期税收立法与经济发展的互动评析

　　税收是国家凭借其行政权力，为向社会提供公共品，按照法律标准，无偿地、强制地向经济组织、居民征收而获取的一种财政收入。所以，税收为政府提供了大量的财政收入，税收是政府的主要收入来源，税收为政府正常运作及推动现代社会发展奠定了坚实的资金基础，由国民政府统治时期税收立法的演变过程可以看出，税收制度深受当时的社会政治、经济、文化影响，政府必须结合国家的实际情况，顺应时代潮流制定税收的立法程序。在国民政府统治时期，国民政府结合当时国家的具体情况对国家财税制度进行了一系列的改革。在改革的过程中，我们国家的传统税制逐渐得到了发展，并向近代税制的方向转变：从传统财政集权体制朝着近代财政分税制的方向转型，从包征制、代征制朝着官征制的方向转型，从土地税（田赋）朝着工商税的方向转型，从间接税朝着直接税方向转型。随着这些转型，我国税制体系还形成了新型政商征纳关系，普及了涉外税制。当时，税法体系的变革就像一张网，这张网交织着诸如中央政府与地方政府、官僚与资本、华商与洋商等各种各样的复杂关系，这张网也映射出了税制体系与国家政治、社会经济等的诸多联系。这张网中，有传统封建王朝的因素，有资本主义经济的因素，也有半殖民地封建社会的因素。我们国家税制体系由传统税制向着近代化税制的转型，不仅是因为受到西方列强的影响，从根本上说是因为我们国家诸如社会、经济、政治等各种内在因素，这些内在因素共同决定了我国税制体系的转变，这是大势所趋。"以史为镜，可以明得失、知兴替。" 1927～1937 年，由于税收法制化的不断健全，中国民族工商业迎来了短暂的春天，出现了近代中国经济发展的"黄金十年"；抗日战争的全面爆发，中断了近代中国经济发展的最佳时期，税法开始出现不断修订，违背了税法设置的稳定性，这一时期税收立法的嬗变直接导致了中国民族工商业的艰难发展；南京国民政府单方面撕毁《双十协定》，彻底击破了民众期盼和平的美好愿景，并直接导致国内战争的爆发，为了弥补财政赤字，国民政府肆无忌惮地修订各大税法，彻底摧毁了原本相对合理、公平的税收体系，并直接导致国民经济几近崩溃边缘。

财政管理体制的制定法制化程度逐渐加强。在国民政府早期，有关财政管理体制的制度由政府部门制定并颁布执行，没有经过立法程序，所公布的制度只能是一种"标准案"。20 世纪 30 年代后，财政管理体制的制定逐渐转变为由政府部门制定，经过立法机构审议批准后才公布实施，所公布的制度也就具备了"法"的意义，这比之前无疑有了很大进步。因此，从制度本身来看，这一时期国民政府的财政管理体制已经渐趋完善。[1] 更应值得注意的是，这一时期的印花税、所得税和营业税等现代税种的开征，基本是在法制化不断完善的这一时期制定，其税收法定的特征更加明显，由此也标志着中国税制体系从传统的适应自然经济和小商品经济需要的旧体系向适应现代资本主义经济发展需要的现代化税制体系的转化已经启动，并产生了一定的作用。现以 1927～1945 年的印花税制修订过程及其效果来进行说明。

1927～1945 年的时间跨度较大，且一直处于南京国民政府统治时期，除了 14 年抗战外，政权相对稳定，税制得以不断完善和健全，但根据笔者查阅的江西省地方法院的印花税诉讼案件来看，当时违反印花税的诉讼案件较多，特别是抗日战争的特殊背景下，《非常时期征收印花税暂行办法》9 条颁布后，违反印花税现象较前期迅速增长且大部分违法案件都是因为不贴或漏贴印花税票被处于重罚并补贴印花税票[2]，反映了当时印花税征收中的不少问题，主要

---

① 刘孝诚：《中国财税史》，中国财政经济出版社 2007 年版，第 294 页。

② 江西省高等法院 1928～1945 年档案，江西省档案馆，档案号：J018 - 02 - 04767，J018 - 02 - 05771 等。

体现如下。

（1）《印花税法》得到逐步完善，商人的法律意识总体上有明显的改善。这一时期印花税诉讼案件较多也进一步佐证了这一事实，但仍存在商民对税法的相关内容及司法程序不了解的情况。如张义和号是南昌市的一家商铺，1938年5月26日收到法院一张违反印花税法案件的裁定书，裁定书上明明写着张贵和号而非张义和号，店主却并没有依法拒绝收受，而是在送达证内签填代收转交，之后不将代收之裁定转交并以张义和名义具状抗告至江西省高等法院。①

（2）执法普遍较严谨。对账簿是否为营业性质有严格定位。印花税以商事簿据为课税对象，因此有营业账目往来的账簿都应征收印花税，但是商人记载账目的习惯经常会把营业账目和家庭日常开支账目混杂在一本账簿中（当然也不排除是人为避税的一种方式），进而给税务征收人员的甄别工作带来一定困难，常常容易发生纠纷，但省高等法院对这些疑义都有明确规定，只要账簿内有营业账目往来的情况都应认定是应纳印花税的簿据性质②，如果账目仅为记载品名数量或价目之单据者除外。如江西省临川地区的利人药号和仁兴号是经营药材生意的两家店铺，1937年由于违反《印花税法》不服临川地方法院的裁定和处罚而提起抗告至江西省高等法院，省高院最终援引《印花税法》第十六条税率表第一目之发货票须以各业商店售卖货物成交后随货开具载列品名数量或价目之单据为限本，认定抗告人既未另开发货票自不得因其就药方上批明价目即认该药方为与前开规定之发货票相当原裁定遽爰发货票之例予以科罚，判定原裁定撤销，利人号和仁兴号均不受处罚。③ 又如在1943年，江西省上高县的德丰笋行由于违反《印花税法》不服上高县司法处的裁定抗告至江西省高等法院，省高等法院依据《印花税法》第十六条第一目税率表应贴印花于发货票系以凡各业商店售卖货物成交及随货开具载列品名数量或价目之单

---

① 《张义和违反印花税法案卷》，江西省高等法院，江西省档案馆，档案号：J018‐02‐04598，1938年6~7月。
② 《进贤司法处请示贴用印花税票案》，江西省高等法院，江西省档案馆，档案号：J018‐02‐21090，1937年。
③ 《利人药号违反印花税法不服裁定提起抗告案卷》，江西省高等法院，江西省档案馆，档案号：J018‐02‐04595，1937年8月~1938年5月。

据为限，而德丰笋行系营牙行业其所开发之小条两件仅有数量及价目之开列而无品名之记载已核，与前条税率表第一目之发货票不符，抗告人主张此项介绍小条是由行过称批价及交由卖货人持向买货人直接交易买货人认为不合则废并非买卖确定之件尚属可信，自不在应贴印花之列无处罚之可言，原裁定依上开规定及同条第二十条、第二十二条处罚并令补贴印花显有欠当，判定原裁定撤销，德丰笋行不受处罚。① 由此可见，当时执法较为严谨，法律条款是判案的重要依据。然而，由于战争导致整个商业的不景气，失业严重，商户生意萧条，举步维艰，根本无力承担过重税负和罚款，有的甚至连年亏本不得不暂停营业，违反税法的行为实为不得已情况下的行为②，这些违反税法的行为最终也按其违反《印花税法》情节的轻重及营业范围的大小被处以相应罚款。③ 此外，《非常时期征收印花税暂行办法》9 条颁布后，税法的延续性较好，对适用新税法的日期规定得较为合理，其施行日期严格依照法律施行日期条例及法律施行到达日期表之规定办理。④

（3）商会组织的职能发生转变，成为政府司法的重要辅佐部门。近代商会是维护商人利益的重要组织，自印花税开征以来，在印花税开征与否以及印花税推广中发生的纠纷等问题上，该组织都设身处地维护着商户的利益，是商人与政府交涉的主要途径。如在 1908 年，在直隶总督衙门切实举办印花税期间，天津商会联合 796 家商号声请缓办印花税，并且串联常州、成都、汉口、广州等商会共同抵制。⑤ 又如《苏州商会档案丛编》（第二辑）记载了苏州商会就糜镒顺皮仿漏贴印花税案与苏州警察厅交涉的全过程。⑥ 然而，民国时

---

① 《江西高等法院关于德丰笋行违反印花税法案提起抗告案件的裁定书、呈》，江西省高等法院，江西省档案馆，档案号：J018 - 02 - 07682，1944 年 2 月。

② 《江西高等法院、江西临川地方法院关于瑞隆号等违反印花税法不服裁定抗告的诉状、训令、呈、裁定书》，江西省高等法院，江西省档案馆，档案号：J018 - 02 - 04311，1938 年 4 ~ 7 月。

③ 《清江县司法处关于彭仁和、生盛祥、杨永兴违反印花税法提起抗告案卷》，江西省高等法院，江西省档案馆，档案号：J018 - 02 - 04767，1938 年 12 月 ~ 1939 年 1 月。

④ 《清江司法处请解释印花税疑义案》，江西省高等法院，江西省档案馆，档案号：J018 - 02 - 21062，1937 年；《司法行政部解释非常时期征收印花税暂行办法疑义案》，江西省高等法院，江西省档案馆，档案号：J018 - 02 - 21183，1938 年。

⑤ 天津市档案馆等：《天津商会档案》（上：1903 ~ 1911 年），天津人民出版社 1989 年版，第 1691 页。

⑥ 马敏、祖苏：《苏州商会档案丛编》（第二辑），华中师范大学出版社 2004 年版，第 537 ~ 539 页。

期，特别是抗日战争全面爆发后，商会在艰难的社会环境中发生了角色转变，更为依赖于政府的庇护，也进一步沦为政府执法的辅佐部门。如福成祥号是江西石城县一家从事篓纸生意的商号，1945 年 5 月，由于违反《印花税法》不服江西石城县司法处的判决而抗告至江西省高等法院，省高院认定：该案单据均载明有抗告人立据叫船装来篓纸若干担，交某老板照收字样，复由收件人加盖图章将原据退回抗告人收受，此项单据是否与发货票之性质相合既滋疑义，且据抗告人状称本件篓纸系有抗告人雇小舟船户陈盛章等驳运至大舟船户管南昌（收据上为管齐群）等收受，此项收据不过为大舟船户承认照数收到之回证而已等语，则抗告人究系与售卖货物成交后随票发货交买货人收受抑仅将货物交与承运人收受而非售卖货物之性质，即本件抗告人所立单据究应认为税率表第一目之发货票抑为同表第二目之货物收据殊有审认之必要，原审就此项事实既未究明即应予发回就近向该地商会同业公会以及有关系人调查明确后更为裁定，同时原裁定理由中关于罚锾之倍数以及合并罚锾之计算标准均未说明，亦嫌简异并应注意。① 由此可见，商会或同业会的职能更多的是表现为协助司法机关审理案件，同时，也侧面说明这一时期执法较为严谨，对于违反印花税的罚款数额有具体说明的规范。

（4）部分商人诚信意识淡薄。特别是 1937 年 10 月《非常时期征收印花税暂行办法》9 条颁布后，违反《印花税法》的方式较多，因揭下印花税票重用、短贴及不贴印花税票等违反《印花税法》的现象较为严重②，且由于抗日

---

① 《福成祥违反印花税裁定》，江西省高等法院，江西省档案馆，档案号：J018 - 07 - 8593，1945 年。
② 《江西高等法院、江西临川地方法院、崇仁县司法处关于洪昌楼违反印花税法一案的训令、呈、判决书》，江西省高等法院，江西省档案馆，档案号：J018 - 02 - 04356，1938 年 2 ~ 7 月；《江西高等法院关于熊学铭违反印花税法一案的训令、裁定》，江西省高等法院，江西省档案馆，档案号：J018 - 02 - 04355，1938 年 6 月；《江西高等法院关于孙海水违反印花税法案的裁定、抗告一案的训令、裁定》，江西省高等法院，江西省档案馆，档案号：J018 - 02 - 04354，1938 年 7 月；《江西高等法院关于李学伦违反印花税案的裁定书、训令》，江西省高等法院，江西省档案馆，档案号：J018 - 02 - 04318，1938 年 7 月；《鸿康、天津馆、合兴祥等店违反印花税法案卷》，江西省高等法院，江西省档案馆，档案号：J018 - 02 - 05443，1939 年 3 ~ 12 月；《大新米庄、中华旅社等违反印花税法案件》，江西省高等法院，江西省档案馆，档案号：J018 - 02 - 05447，1939 年 3 ~ 12 月；《江西高等法院、宁都地方法院关于丰泰等商号违反印花税案的呈、训令、意见书、裁定书等》，江西省高等法院，江西省档案馆，档案号：J018 - 02 - 06892，1941 年 3 ~ 5 月；《江西高等法院、黎川临时庭关于熊甘泉、允升行、永顺庄等违反印花税法案的刑事裁定书、片根、进行表》，江西省高等法院，江西省档案馆，档案号：J018 - 02 - 08466，1944 年 8 月 ~ 1945 年 1 月。

战争的全面爆发，商民违反《印花税法》的情节日趋严重、频繁，许多商户还经常钻法律空子，屡次出现违反税法现象①，以及账簿续用不贴印花税票等情况相当普遍②，且大部分商户账目记载不规范，经常在家用账簿上零星记载一些营业往来账目，希图认定为非营业账簿，免纳印花税③，而司法机关对于账簿性质是否为营业账簿也较难认定，一些违法案件的裁定经常会出现反复情况。如温思顺号是石城县兴隆街的一个商铺，1942年8月因违反《印花税法》不服江西石城县司法处的裁定提起抗告至江西省高等法院，省高等法院认为抗告人所缴1941~1942年两年未贴印花之家用簿各一本，原裁定认为是商店营业所用之账簿，究竟凭何认定及相关细节未阐明其理由，显属理由不备，判定原裁定撤销发回原司法处更为裁定。④ 原处第二次裁定认定抗告人所开温恒泰商号三十及三十一年以温思顺当名义所立之家用簿册一本当家用和铺子里共用之伙食簿，已据该抗告人在原处供称属实（见本年九月七日原处案录），且核阅抗告人交案三十年家用簿末尾载有店仓内档仓内做谷出米斤数计洋若干元及三十一年家用簿末尾载有龙耳姑四月二十八日共定于洋三百五十元，又吴炳清君等议卖新烟一百斤当于法币三百元正包至店内等字样，则此项账簿不仅为家用和铺子里合用伙食之簿记实属商号营业账簿，判定依当年一月二十三日司法院抗字第二六二号解释认为营业所用簿册，并依印花税法第十六条税率表十一月第十八条第一项第二十条第二十二条及非常时期征收印花税暂行办法第一、第六、第七分别裁定合并各项以罚镪币三十二元并补贴印花合每本簿册四角，然而抗告人竟以原处续行裁定再次抗告至江西省高等法院，故意陷当地司法处

---

① 《生发祥号、公昌祥号、永义和号等违反印花税法抗告案卷》，江西省高等法院，江西省档案馆，档案号：J018-02-04855，1938年8~9月；《江西南昌地方法院关于"同泰号"漏贴印花税一案的令、裁定书》，江西省高等法院，江西省档案馆，档案号：J018-02-04165，1938年5月。

② 《义昌祥车行吴柏龄违反印花税法提起抗告案卷》，江西省高等法院，江西省档案馆，档案号：J018-02-05554，1939年3~4月；《罗生盛违反印花税法抗告案卷》，江西省高等法院，江西省档案馆，档案号：J018-02-04596，1938年6~7月；《罗恒顺、裕和祥违反印花税法案卷》，江西省高等法院，江西省档案馆，档案号：J018-02-05772，1940年1~2月；等等。

③ 《江西高等法院、袁宜地方法院关于合记集贤违反印花税抗告案的呈、裁定书》，江西省高等法院，江西省档案馆，档案号：J018-02-06872，1941年7~10月。

④ 《抗告人温思顺违反印花税案卷》，江西省高等法院，江西省档案馆，档案号：J018-02-07077，1942年8月。

于刑事处分，显属不明程序以致误会，最终判定抗告驳回，维持原判。[①]

此外，一些不法商人还经常串通起来避税。如在 1941 年，江西省宁都县建国街的龚元生号店主龚柳根被查获 1939 年和 1940 年的账簿两年续用，均不贴印花税票，该两本账簿藏于同乡秦穆虎处，但被财政部江西直接税局税务助理员熊翰康在秦穆虎处检获，虽然龚元生号店主矢口否认，但通过笔迹核对证明为该店账簿，因此被处于相应的罚款并令补贴印花税票。[②]

（5）印花税征收的效果评析。1927 年夏，南京政府财政总长古应芬提出了《划分国家收入和地方收入标准》，将盐税、关税、常关税、卷烟特税及印花税等以前久充国税的税种照常划分为国家税，并拟裁撤厘金，改征出产税和出厂税，统一归并到国家税之列，而以前属于国家税范畴的田赋、牙税、当税、契税等则改归地方，其余如房捐、屠宰税等杂税也归为地方税之列，1928 年，宋子文出任并在当年的财政工作会议上原则通过了该提案，同时，还通过了《划分国家支出地方支出标准案》。由此，在整个国民政府时期，印花税都属直接税中重要的部分，且直接税在整个国民税收体系中的主要税收来源。以 1943 年为例，该年的直接税收入占全年总税收的 33.01%（见表 7.1）。

表 7.1　　　　1943 年国民政府各项国家税收的全年收入情况

各税系别	收入数（百万元）	占税收总额（%）	备注
税收总额	15325		
土地税系	4013	26.19	田赋征实、地价税及契税
直接税系	5059	33.01	所得税、遗产税、利得税、营业税、印花税、特种营业行为税、食盐附加税
货物税系	2720	17.75	矿税、货物出厂税、取缔税、战时消费税
关税系	377	2.46	
专卖系	3156	20.59	盐、糖、烟类、火柴

资料来源：根据国民政府财政部：《财政年鉴三编》（第三篇），商务印书馆 1948 年版，第 142～143 页相关数据整理。转引自中央财政金融学院财政教研室编：《中国财政简史》，中国财政经济出版社 1980 年版，第 264 页。

[①] 《温思顺违反印花税抗告案卷》，江西省高等法院，江西省档案馆，档案号：J018 - 02 - 07069，1942 年 12 月。

[②] 《江西高等法院、宁都地方法院关于龚元生违反印花税不服抗告案的呈、裁定书》，江西省高等法院，江西省档案馆，档案号：J018 - 02 - 06876，1941 年 2～7 月；《江西高等法院、宁都地方法院关于龚元生违反印花税抗告案的呈、意见书、训令、裁定书》，江西省高等法院，江西省档案馆，档案号：J018 - 02 - 06875，1941 年 6～7 月。

作为直接税系统的重要组成部分的印花税，在这一时期较以前有较大的起色，各省渐有征收。① 由此，印花税的实际征收数也有较大幅度的增长（见表7.2）。

表7.2　　　　　　　　　1928～1945年印花税预算数与实际征收数

年份	预算数（元）	实际征收数（元）	完成预算比例（%）
1928	12571000	3034343	24.14
1929	10119069	5426844	53.63
1930	11723220	6111000	52.13
1931	15623634	7938135	50.81
1932	13896912	7754669	55.80
1933	12939853	8182864	63.24
1934	12884286	7528316	58.43
1935	12000000	7589389	63.24
1936	11300000	8740023	77.35
1937	11300000	6180000	54.69
1940	10240000	7405000	72.31
1942	40000000	26550905	66.38
1943	300000000	369263756	123.09
1944	1000000000	890559984	89.06
1945	2200000000	3397719606	154.44

资料来源：根据段志清、潘寿民：《中国印花税史稿》，上海古籍出版社2001年版；马金华：《民国财政研究——中国财政现代化的雏形》，经济科学出版社2009年版，第91页；段志清、潘寿民：《中国印花税史稿》（上册），上海古籍出版社2007年版，第228、357页相关数据整理。

7.2　经验教训

民国时期的税法体系经历了一段漫长的发展：从清末时期的不断学习与不断尝试，到南京国民政府统治初期的大致确立，再到南京国民政府统治前期的逐渐完善，最后到南京国民政府统治晚期的中断。近代中国税法体系在民国前

① 贾士毅：《民国续财政史二》，商务印书馆1934年版，第573页。

期经历了逐步完善后，得到了不断发展，极大地促进了经济的发展。而后由于诸如战争、自然灾害等种种天灾人祸，南京国民政府的税制体系在得到一些发展后遭到了中断。因为这个时期的中国税制体系最终不能够适应我国当时的实际情况，所以随着南京国民政府的覆灭，其税制体系也相应崩溃。

民国时期是中国从传统税收制度向现代税收制度转变的重要阶段。政府在改革盐务及盐税、废除厘金制度、收回关税自主权、整理田赋的同时，也引进了印花税、营业税、所得税、遗产税等西方现代税制。就营业税而言，经过北洋政府时期和民国时期的立法进程之后，逐步建立起一套从中央到地方的营业税法律法规体系。作为税收制度的核心要素，税率是税收立法过程中的关键内容，税率与税负有密切关系，直接关系着国民经济的稳定发展，也检验着税收制度设置的优劣。

7.2.1 税收立法是近代中国的时代需要

税收立法是指税务机关依据一定的程序，遵循一定的原则，运用一定的技术，制定、公布、修改、补充和废止有关税收法律、法规、规章的活动。税收立法为税法实施提供了前提与基础，有法可依、有法必依、执法必严、违法必究这四大基本原则是我们在税收立法与税法实施过程中必须遵守的。税收法定主义在经过长期的发展以后已然成为一项宪法原则，被许多国家明确写入宪法，为这些国家税收立法的合法性和合宪性奠定了坚实的法律基础。税收法定原则主要指税务人员应该严格按照法律规定征税，纳税人应该严格按照法律规定纳税，法律是税款征收的依据，有利于税款的有序征收，维护社会稳定。税收法定原则的详细内容可以概括为以下几点。

（1）税种法定。税种法定指国家征收的各个税种都必须通过法律来规定，如果没有法律规定的基础，那么税务人员不具有征税权力，纳税人不具有纳税义务。这是税收的法律前提，更是税收法定原则的首要内容。

（2）税收要素法定。税收要素法定指税法中的各个税收要素要通过法律明确规定。税法中的税收要素主要指税率、征税主体、减免税、征税对象、纳税环节、纳税主体、税务争议、税收法律责任以及纳税期限和地点。税收要素是将税收关系具体化后得到的客观标准，是税收法定原则的核心内容。

（3）程序法定。程序法定指法律必须对税收征纳主体权利义务的实现依据作出明确规定，税收关系中的实体权利义务得以实现所依据的程序要素必须经法律规定，并且征纳主体各方均须依法定程序行事。

中日甲午战争后，革命的进行大势所趋。强弩之末的清政府为了缓和国内矛盾，更是为了苟延残喘，决定效仿西方各国的政治体制，推行"新政"和"预备立宪"。我们来看看清政府推行"新政"和"预备立宪"的历史背景：从国际环境的角度来看，在19世纪末到20世纪初这段时间，在经历了中日甲午战争和八国联军侵华战争以后，帝国主义深刻地认识到中国的软弱可欺，更加确定了侵略中国的决心。1900年，义和团运动爆发。义和团运动减缓了帝国主义的侵略步伐，迫使帝国主义列强不得不选择扶持满清的傀儡政权，制定"以华治华"的政策方针，以保证其殖民利益。帝国主义列强要求满清政府披上"民主宪政"的外衣。从国内环境的角度来看，在19世纪末期，中国传统的封建主义制度已然改变，社会的经济、阶级结构都与以往不同，由资产阶级领导的旧民主主义革命的力量越来越大，封建官僚主义制度与资本主义制度的矛盾、封建官僚主义思想与逐渐兴起的民主思潮的矛盾越来越突出；以孙文先生为首的资产阶级革命派的势力越来越大，而由他们领导的资产阶级革命迅速发展。那些决心维护清王朝统治的清朝政府在资产阶级革命的震撼下深知，他们必须要有"革新"的表示。满清政府"一曰用严峻之法，摧锄逆拔氛，二曰行公溥之政，潜消戾气"，即满清政府在镇压这些革命、起义等运动的同时，用"政治上导以希望"的策略，欺骗人民，想从内部将革命瓦解。在势不可挡的资产阶级革命的推动下，清政府只能通过这些政治措施来缓解国内矛盾，于是推行所谓的"新政"和"预备立宪"，以换得苟延残喘。满清政府在推行"预备立宪"时，先于1905年10月派端方、戴鸿慈、李盛铎等大臣去西方国家考查宪政，又于同年11月，命大臣筹定立宪大纲，并设立"考察宪政馆"。到了1906年8月，去西方国家考查宪政的大臣归国，拟写了立宪方案。在"预备立宪"中，满清政府讨论的一个重要议题便是国家中的政府与人民之间权利与义务的关系，立法、行政和司法的"三权分立"是立宪改革的基本原则。满清政府创立了带有议会性质的资政院，负责立法，并相应地取消军机处与旧内阁，设立11个部；满清政府还规定，司法之权专属立法部，由大理院任审判，由法部监管。① 从税制设计的角度来看满清政府的"预备立宪"：首先，国家有权征税，国民有义务纳税，且公民也有权监督国家税收；其次，依"环球公例"，在中国成为立宪国家后，政府便有了征税的权力，国民也有了负担纳税的义务，且国民也有权知道他们所缴纳的税收的去向，监督政府的税收。这标志着我国当时的税制体系已经逐渐触碰到税法设计时的权利与义务的核心理念，为国家税制体系发展奠定了基础。②

从近代税收立法理念的确立和发展来看，建立和修改税法是历史的产物。从税收发展的基本规律出发，社会经济发展为国家税收制度的选择提供了坚实基础，为国家税制现代化建设提供了动力。虽然南京国民政府统治时期的税制体系有着特殊的战争背景及本身的体制缺陷，但在内战爆发后综合而言，南京国民政府为了弥补战争造成的财政不平衡，忽视了税法基本原则，更没有很好地结合当时国家的实际情况对税法进行频繁修订，以至于国家经济遭到了严重破坏，更间接导致了南京国民政府的倒台。综上所述，税收制度的建设应建立在社会经济发展的基础上，必须适应国家的经济形势。

7.2.2　税收法定需要建立在一定的经济发展基础之上

北洋政府时期，中国近代资本主义有了缓慢发展，1926～1936 年，中国工业生产的年平均增长率为 8.3%，1931～1936 年，中国工业生产的年平均增长率为 9.3%，增长的势头相当可观，因此有学者认为，在 1912～1936 年，"中国经历了几乎不间断的工业扩张，扩张速度也相当快"③。纺织和面粉业是近代民族资本主义的支柱产业④，而其中最为重要的是棉纺织业，由于世界经济危机的波及和 1931 年"九一八"事变后，华商纱厂行业的发展异常艰难，处于调整、产权转移、重组阶段；大部分的重化工企业是在 1933 年以后设立的，从新设的企业看，尽管当时中国的资本主义工业还处于劳动密集型产业的发展阶段，没有进入到资本密集型产业的发展阶段，但是可以间接反映产业总

①　佚名：《清末筹备立宪档案史料》，文海出版社有限公司 1981 年版，第 571～573 页。转引自中国经济史编写组：《中国经济史》，高等教育出版社 2019 年版，第 153 页。

②　杨毓辉：《论国家征税之公理》，《东方杂志》，1908 年第 5 期，第 45～46 页。

③　张仲礼：《中国近代经济史论著选择》，上海社会科学院出版社 1987 年版，第 309～325 页。

④　刘克群、吴太昌：《中国近代经济史（1927－1937）》（下册），人民出版社 2010 年版，第 114 页。

体运营状况的发电量指标却已显现出复苏迹象，出现前期产业转型。[1]

在新设的工矿、交通运输、金融等企业中，有相当一部分是中央或者地方政府投资设立的。在杨荫溥关于全面抗战前十年的财政支出统计中，国民政府仅在1933～1936年对实业、交通以及建设领域投资，投资总额为2.25亿元。[2]另根据美国学者杨格（Arthur N. Young）著作记载，1928～1937年，政府的实业、交通、建设、国营银行以及国营企业投资也仅在1933～1936年有数字记载，其他年份基本没有投资，而这十年的投资总额为3.54亿元。[3] 此外，政府投资不限于工矿业和交通运输业，具体见表7.3。

表7.3　　　　　　　　国民政府的经济投资（1928～1937年）　　　　　单位：千元

年份	工矿交通运输	铁路	公路	水利	通信	金融	地方建设及丝业公债	总计
1928	764	—	—	—	—	33262		34026
1929	16000	—	—	—	—	7949		23949
1930	1780	—	—	—	—	5108		6888
1931	8475	—	—	—	—	2100	8000	18575
1932	5813	—	2356	—	—	32224	3000	43393
1933	6691	—	2356	—	—	4160		13207
1934	3211	69781	2356	25600	—	10405	32830	144183
1935	14316	—	14893	15000	9800	119608	10910	184527
1936	54713	236066	2356	15000	6000	10869	—	325004
1937	13941	98200	—	6000	—	4568	—	122709
共计	125704	404047	24317	61600	15800	230253	54740	916461

资料来源：杜恂诚：《中国的民族资本主义（1927－1937）》，上海财经大学出版社2019年版，第22～25页。

从表7.3的数据统计看，1928～1937年的政府经济投资额高达9.16亿元，是杨格在1927～1937年中国财政经济情况中提到的数据的2.59倍，是同期民

---

[1]　杜恂诚：《中国的民族资本主义（1927－1937）》，上海财经大学出版社2019年版，第11～13页。
[2]　杨荫溥：《民国财政史》，中国财政经济出版社1985年版，第75页。
[3]　[美] 阿瑟·恩·杨格著，陈泽宪、陈霞飞译：《1927－1937年中国财政经济情况》，中国社会科学出版社1981年版，第486～489页。

营新设工矿、交通运输企业总资本额 3.46 亿元的 2.65 倍。① 由此可见，1937 年前，中国新设企业的投资已逐渐由市场为主导转变为政府为主导，并在投资导向上逐步倾向于强化基础设施的投资，但更重要的应该看到，政府在财政支出规模上是扩张的，这一点对经济是有一定的撬动作用的。

另外，作为中国近代经济发展"黄金十年"的 1927～1937 年，南京国民政府的税收政策也是有利于经济发展的，特别是对当时的机器工业实行减免税收的政策，同时对煤矿业等生产要素行业实行运费补贴措施，这对经济的复兴起到一定的促进作用；工商业的发展又给企业所得税等新税种的开征开辟了新的税源，南京国民政府在 1936 年 7 月颁布了《所得税暂行条例》，当年 8 月公布了《所得税暂行条例实施细则》，并于当年 10 月正式实施，规定营利事业所得、工薪所得和证券所得这三类所得应缴纳所得税②，截至 1937 年底，所得税的收入就达 700 万元左右③，这对财政收支的良性循环是非常有利的。

据估计，1919～1936 年，中国近代工业固定资产的年平均增长率为 6.5%，不包括东北为 5.7%。④ 从增长速度来看，1914～1936 年，中国近代工业的发展速度在世界各主要国家工业发展史上也算比较快的，如美国 1915～1929 年的工业年增长率为 4.5%，1912～1937 年只有 2.6%，除了第二次世界大战期间外，即使在发展最快的 1874～1890 年，其工业年增长率也只有 5.2%；英国 1921～1937 年的工业年增长率为 2.2%，在其历史发展最快的 1851～1873 年的平均年增长率也只有 3.3%；德国工业发展历史上增长速度最快的时期为 1921～1929 年，平均年增长率为 7.1%；法国 1921～1937 年的工业平均增长速度只有 2.9%。⑤ 由此可见，从相同时期比较而言，除德国外，主要资本主义国家中大部分国家的工业发展速度都低于中国，这与当时积极的财税政策是有密切关系的。

---

① 杜恂诚：《中国的民族资本主义（1927－1937）》，上海财经大学出版社 2019 年版，第 25 页。

② 《所得税暂行条例》，1936 年 7 月 21 日院令公布，《实业公报》第 292 期，1936 年 8 月 15 日，法规第 17 页；《所得税暂行条例实施细则》，1936 年 8 月 22 日院令公布，《实业公报》第 296 期，1936 年 9 月 12 日，法规第 24 页。

③ 刘克群、吴太昌：《中国近代经济史（1927－1937）》（下册），人民出版社 2010 年版，第 2090 页。

④ ［美］托马斯·罗基斯著，唐巧天等译：《战前中国经济的增长》，浙江大学出版社 2009 年版，第 251 页。

⑤ 刘佛丁：《中国近代经济发展史》，高等教育出版社 1999 年版，第 136 页。

7.2.3 超越经济发展状况的税法修订必将使经济发展处于绝境

14年抗日战争中，日军对中国经济的疯狂掠夺使得中国经济遭到严重破坏，满目疮痍，几近崩溃的边缘。然而，抗战结束后，由于内战的爆发，有所恢复的中国经济又陷入了混乱状态。军费激增，国民政府始终无法根治财政赤字的顽疾，不得不大量发行内债，增发法币和金圆券，举借外债，同时还奉行战时敛财税收原则，对广大人民进行无休止的搜刮，不但使中国的经济彻底陷入恶性循环当中，还直接导致了国民政府经济和财政上的总崩溃。由此，南京国民政府统治晚期存在的诸多税收弊病出现日趋严重的现象，越是有法不依，则积弊越深。[1] 这是由于长期以来中央与地方的财权矛盾造成的，特别是1942年后的国、地税收的划分使省级财政得以削弱，沦为中央财政的附庸，县市财政拥有部分自治权，在地方财政不足的状况下，可以根据地方的具体情况增开部分税收以弥补财政亏空，从而为地方上的苛捐杂税披上了合法化外衣。内战全面爆发后，财政赤字的激增使得地方上的财政负担加剧，为了完成中央的摊派及维持日常开支，地方不得不想方设法增加税收，地方上的财政自治权得以扩大。印花税属于国民政府中央与地方共享的一种税收，在战时敛财税收的宗旨下，其本质发生蜕变并最终中断的命运也在所难免。其中，5年内进行了5次《印花税法》的修订就是其重要表现，其修订的宗旨又无非是扩充税源、提高税率、加大罚则，这完全符合政府的敛财税收原则。其中断发生在战时的历史大背景之下，有其税制本身长期以来的积弊方面的原因，也存在政府的决策导向问题，中央对地方财政控制力度过强，将省级财权纳入中央财政的附属地位，税源急剧萎缩，同时又赋予县市地方过多的自治权，从而导致了省级财政无法调控好地方税收，由此造成了中央与地方的税收博弈中，地方上有法不依、执法不严、游离于税法的现象时有发生，印花税经历了民国前期的初步发展及逐步完善后，最终在民国晚期发生本质蜕变，随着国民政府政权的倒台而中断。

在抗日战争全面胜利以后，南京国民政府结合当时国家的实际情况对

---

[1] 孙翊刚、董庆铮：《中国赋税史》，中国财政经济出版社1987年版，第446页。

《印花税法》进行了一系列修正。这一系列修正主要包括对收复区实行减免税政策，降低税率，减轻商户们的税收负担。此外，南京国民政府还相应地加强了税收宣传、检查、监管力度，控制了税源，保障了财政收入的稳定。1946年，南京国民政府的印花税收入为法币 493.96 亿元，超出预计的 65%。但在此之后，通货膨胀现象更是越来越严重，物价飞速上涨，经济持续低迷，才有所起色的印花税制度的发展又被破坏。中央政府和地方政府的财政矛盾也在不断升级，地方政府不结合自身的实际情况随意贪污税款，胡乱设立新税种，肆意征缴税款，使得印花税也由"良税"变成"苛捐"。1947 年，南京国民政府的印花税实际收入为 4822.45 亿元法币；1948 年上半年，南京国民政府印花税实际收入为 21584 亿元法币，如此高的收入却是由于法币的急剧贬值造成的，其中充满了水分。不久之后，法币破产，南京国民政府发行金圆券。1948年下半年，南京国民政府印花税的实际收入为 5580.3 万金圆券。1949 年，通货膨胀更加严重，物价以更快的速度飞涨，国家经济越来越混乱，接近崩溃，也就导致在南京国民政府统治的最后半年，其印花税的实际收入无法计算。①

　　分析其中的原因：第一，南京国民政府的税收立法存在问题。抗日战争全面胜利以后又爆发了内战，老百姓们不堪重负，以至于逃税现象越来越严重。而且，由于当时人们没有较好的税收意识，他们认为印花税是一种逃税合法的税种。之所以这样认为，主要是因为印花税票是粘贴于发票上的。在当时人们的心中，发票代表转手货物，支票才代表转手款项。而且根据商户们的经营习惯，每笔交易一般是不需要发票的，而税务人员对于每次交易中也没有发票的相关要求。因此，逃以发票为征税依据的印花税被广大商户认为是合法的。于是乎，有学者提出将印花税票转移到票据上，可以有效地避免印花税的逃税行为，从而能够在不增加印花税税率的情况下，提高政府的印花税实际收入。尤其是在那个通货膨胀现象严重的时代，将印花税票转移至票据上，可以促进商品流通，有利于维持物价稳定。②

　　第二，南京国民政府统治时期的中央政府与地方政府存在财政矛盾。1942年，南京国民政府制定了《改订财政收支系统实施纲要》。实施纲要对国家各

　　① 段志清、潘寿民：《中国印花税史稿》（上册），上海古籍出版社 2007 年版，第 431 页。
　　② 马寅初：《财政学与中国财政——理论与现实》（下册），商务印书馆 2005 年版，第 475 页。

个地区进行了划分：原来以省为单位的地区财政自治体系被更改为以县市为单位的地区财政自治体系。从此，中央政府的地位沦落到地方政府之下。虽然县市为地区财政自治体系的单位，但是各地区的管、卫等事情都是新政实施以后刻不容缓的工作。在新政实施以后，各县级地区为了财政收入，设立新事业收费或者增加各项事业收费，其中收费最多的当属国民兵团、国民教育和保甲三项事业收费。抗日战争全面胜利以后，县级地区财政上具有巨大空缺，且都面临着百废待兴的状况，诸如修建公路、修建水利、重修官府和校舍、优待军属、运输粮食等，需要花费大量资金。无可奈何之下，县级地区政府不得不设立各种新的事业收费，增加原先各项事业收费金额。面对金额巨大的事业收费，又有许多官员不经诱惑，中饱私囊。虽然战争结束了，但是人民群众的各种负担却不见减，让人民群众生活在水深火热之中。① 综上所述，原先出于好意设计的中央政府与地方政府的财政划分并没有取得应有的效果。印花税是中央政府与地方政府共同享有的一个税种，中央政府占的比例为70%，地方政府的比例为30%，且罚金部分归地方政府所有。考虑到印花税的罚金要大大超过了其税收本身，这就导致了直接征收印花税的县级征管机关过分强调偷、逃印花税的处罚，却不为印花税去营造良好的税收氛围。所以，许多税务人员经常滋事扰民。抗日战争全面胜利以后，印花税税率的提高也弥补不了南京国民政府的巨大财政空缺。于是，中央政府将财政空缺摊销勒派给地方政府，地方政府又转而去提高了百姓的负担，人民苦不堪言。

第三，南京国民政府统治后期统治不稳定，贪污腐败严重，印花税的征管不遵循有法必依的原则，有法不依。抗日战争全面胜利以后，国家本可迎来久违的和平岁月，但是南京国民政府却一意孤行发动国共内战，在军事上的花费大幅度提高，以至于政府财政上的赤字越来越严重。为了弥补财政上的巨额空缺，南京国民政府一心增加财政收入，忽视了对于征管的管理，使得整个税收体系向错误的方向发展，甚至让包销勒派死灰复燃。印花税法规定：印花税应由财政部发行印花税票进行征收，不得招商包销或强制勒派。② 印花税的包销

---

① 马寅初：《财政学与中国财政——理论与现实》（下册），商务印书馆2005年版，第619~625页。

② 中国第二历史档案馆、江苏省中华民国工商税收史编写组：《中华民国工商税收史料选编》（第四辑·下册），南京大学出版社1994年版，第2033页。

勒派在南京国民政府统治初期就出现过，但在政府的极力治理之下，该行为得到了有效控制。抗日战争全面胜利以后，包销勒派出现了死灰复燃的现象，且在当时通货膨胀严重、物价飞涨、经济混乱的背景下，人们为了生存不得不铤而走险，使得这一现象愈发严重。1949 年 9 月，《工商导报》甚至还报道了四川资中国税局稽征所向商户摊销印花税票的事件。①

与此同时，通货膨胀严重，物价飞涨，国家经济混乱，影响了印花税的正常征管。跨境销售印花税票的现象频繁发生。1948 年 4 月，财政部强烈要求各税务机关加强相关印花税的检查，要杜绝跨境销售印花税票的现象再次发生。同年 5 月，财政部再次下令，并指出：各税务机关经常出现派人携带印花税票到别的地区折价销售的现象，各地区也常有私自运输税票转售其他地方的事情，各地管理人员却认为这些行为能增加税收收入，竟对此不闻不问甚至助纣为虐，知法犯法。诚然，这些行为可能可以暂时提高地区税收收入，但是，这些行为也破坏了印花税的相关制度，从长久来看，必然会破坏当地的税收体系。

7.3　当代启示

党的十九大报告中明确提出"加快建立现代财政制度"。"加快建立现代财政制度"是对设立现代财政制度的进程、速度等各个方面提出的新要求。"加快建立现代财政制度"要求我们在进行财税体制改革时，必须调整原先那种通过碎片式的财税改革措施倒逼行政管理体制改革的思路。财税制度现代化的核心内涵在于善于吸取众长之和，以适应现代状况，并顺应未来趋势的过程。

党的二十大报告指出，中国式现代化是中国共产党领导的社会主义现代化，既有各国现代化的共同特征，更有基于自己国情的中国特色。我国的现代化具有人口规模巨大、全体人民共同富裕、物质文明和精神文明相协调、人与自然和谐共生以及走和平发展道路的五个特征。基于此，税收现代化也应体现

---

① 段志清、潘寿民：《中国印花税史稿》（上册），上海古籍出版社 2007 年版，第 430 页。

以人民为中心、税收法制化和数字治税、绿色税收及区域间协同发展等五个方面的特征。因此，我们应该遵循社会经济发展的客观规律，以税制结构的优化为中心，加强总体设计以及相应的配套实施，提高税收立法层次，加快地方税体系的建设，逐渐提高直接税比重，将税收法律制度框架不断改进，加快现代化税收制度的设计，为社会经济发展提供保障。

（1）加快现代税收制度的立法完善

税收的法治化是中国式现代化的重要体现。税收现代化"新六大体系"中，提出了要构建成熟完备的税收法治体系，这是近年来中国法治税收构建实践的必然要求，也是对照党的十九届四中全会关于"坚持和完善中国特色社会主义法治体系，提高党依法治国、依法执政能力"要求的相应调整。将税法体系、税制体系合并在税收法治体系框架内的"法治税收"理念，强调了不仅要在税收立法执法方面推进落实中国特色税收法定模式，还要依据法定程序依法完成中国特色税收任务及必要时作出调整，与之对应的就是中国特色社会主义的"税收法定"和"任务法定"两方面的任务。一方面，围绕"税收法定"，我国现代税收法治建设全面提速加快。目前，我国18个税种中已有12个制定了法律，体现了新时代税收事业将"科学立法、严格执法、公正司法、全民守法"统筹考虑，树立和落实税收现代化法治理念。另一方面，在"任务法定"实践中，严格执法以确保及时征、足额征、依法征是严密规范的征管体系建设的核心要求，强调规范队伍管理以提升公正执法、规范执法、文明执法水平则是高效清廉的组织体系建设的重要方面，因而"法治税收"理念也应该囊括"严密规范的税费征管体系"和"高效清廉的队伍组织体系"之内涵，这是筑牢中国特色税收现代化法治思维、法治理念、法治方式，提高税收治理现代化水平的重要方面。

（2）现代税收制度必须遵循更好地支持实体经济发展的原则

党的二十大报告中指出健全宏观经济治理体系，发挥国家发展规划的战略导向作用，加强财政政策和货币政策协调配合，着力扩大内需，增强消费对经济发展的基础性作用和投资对优化供给结构的关键作用。习近平总书记在党的十九大报告中强调，要"建设现代化经济体系，必须把发展经济的着力点放在实体经济上"。我国全面实施"营改增"以后，国内与企业直接相关的税种主要有增值税、企业所得税、资源税、消费税、契税、土地增值税、印花税等，在各企业的各项税负的比例中，我们可以发现，税收制度对实体经济产业产生影响主要是通过增值税以及企业所得税。国家通过各种政策为实体经济产业提供税收优惠，促进实体经济产业的资金流动，为实体经济产业的发展提供资金保障。所以，想要促进实体经济产业的发展，应该降低企业的税收负担以降低企业的相关成本从而提高企业利润。考虑到我国的增值税、企业所得税、资源税、消费税、契税、土地增值税、印花税等与企业直接相关的税种的税负不高，企业的税负压力主要来自各类收费、摊派以及政府性基金。所以，想要促进实体经济产业发展，就必须结合我国的实际情况适当地改费为税、减税降费，取消那些不合理的事业性收费、摊派等，并提高企业成本的透明度。

（3）现代税收制度必须健全地方税体系

随着我国现代化税收体制建设的不断进行，相应的地方税税制体系的建设也在不断进行。但是，因为我国的税收收入占地方政府的财政收入的比例相对较低，且我国地方的税制结构具有一定的不合理性，使得我国不同区域的税收收入有较大区别，所以现行税制体系下的地方税制体系无法适应当前我国社会经济的实际情况。因此，我们必须结合我国国情对地方税制体系进行改进，使其可以为地方政府提供稳定且充足的税收收入，以促进地方的基本公共服务的建设发展。不合理、不规范的地方税制体系，既影响我国的政治稳定、社会和谐，又将严重阻碍地区甚至国家的社会经济发展。所以，习近平总书记在党的十九大报告中指出，要"建立权责清晰、财力协调、区域均衡的中央和地方财政关系。深化税收制度改革，健全地方税体系"。地方税体系由各种对应的地方税组成，在地方税制体系中有一个或者多个主体税种，其余的税种则发挥辅助作用。而且，地方税制体系的组成税种不仅可以是地方独享的税种，也可以是中央与地方共享的税种。从逻辑的角度出发，我们可以看到，在对地方税制体系进行改进的过程中，必须先弄清楚中央与地方财政事权以及支出责任，然后对各税种依照效率、适应等原则进行划分，那么地方政府便可以利用地方税以及共享税所构成的其地方税制体系来取得相应的税收收入。

（4）现代化税制体系必须具有收入再分配功能

习近平总书记在党的十九大报告中指出，要"履行好政府再分配调节职能，缩小收入分配差距""促进收入分配更合理、更有序"。受体制、发展阶段等因素的影响，我国在转型为中等收入国家的进程中，贫富差距过大的现象却愈演愈烈，如此既会使得我国逐渐失去经济发展潜力，严重阻碍国家社会经济的发展，更会对我国社会稳定、政治稳定造成影响，甚至可能无法完成全面小康社会的建成。所以，想要缓和社会矛盾、缩小贫富差距，现代化税制体系必须具有收入再分配功能。从税制结构的角度来看，我国现行的税制体系的主体是诸如增值税、消费税等流转税，这样的税制体系从某种程度上来说具有收入分配的负效应。因为从税种方面来看，一般来说，流转税不仅不能达到缩小贫富差距的目的，甚至还有扩大贫富差距的可能。利用简并税率在一定程度上降低增值税收入，进而可以控制增值税带来的收入分配负效应，而政府又可以将征收的消费税用于为人民群众提供公共产品，即服务于人民群众，从某种意义上来说就是增加了中低收入阶层的收入，如此减少了高收入阶层的收入，提高了中低阶层的收入，即达到了收入分配的效果。

党的二十大报告指出，深化财税体制改革是落实科学发展观、构建和谐社会的重要保障。财政税收是配置社会资源的重要手段，深化财政管理体制改革，不仅有利于促进区域协调发展，还有利于促进经济社会协调发展以及人与自然和谐发展；深化财税体制改革特别是预算管理制度改革，增强财政资金筹集和分配使用的公平性和公正性，提高财政收支活动的透明度，让社会公众了解国家财政资金的来龙去脉；深化财税体制改革，不断提高财政汲取能力，有利于巩固党执政的物质基础，实现国家的长治久安。同时，财政收支活动具体直观地体现党的方针政策、反映政府活动的范围和内容，是连接人民日常生活和国家政治生活的重要桥梁和纽带。

参考文献

（一）地方档案文献及史料汇编

[1]《将吉安地院人犯付金典讯毕解回新喻县、法办罗传烈等杀人上诉案、商店违反印花税法案件、吴祥喜羁占出征军人配偶案的令、呈》，江西省高等法院，1940 年 12 月～1941 年 1 月，江西省档案馆，档案号：J018 - 02 -01125。

[2]《江西高等法院关于单亿忱缮状费印花税、陶杨富伪造文书、钟常寅、董元桢上诉案的通知书、训令》，江西省高等法院，1943 年 9～11 月，江西省档案馆，档案号：J018 - 02 -01682。

[3]《江西高等法院关于办理南城周玉书等商号违反印花税法的训令、公函》，江西省高等法院，1938 年 7 月，江西省档案馆，档案号：J018 - 02 -03219。

[4]《江西高等法院、财政部福建印花烟酒税局关于查办铅山河口镇各商号违反印花税法一案的训令、公函》，江西省高等法院，1940 年 1～2 月，江西省档案馆，档案号：J018 -02 -03224。

[5]《江西高等法院、黎川地方法院、财政部福建印花烟酒税局关于查办黎川泰和号违反印花税法单据一案的训令、公函》，江西省高等法院，1940 年 3～5 月，江西省档案馆，档案号：J018 -02 -03225。

[6]《江西高等法院、黎川地方法院关于报送协康号、义成生号违反印花税案裁定的指令、呈》，江西省高等法院，1941 年 5～6 月，江西省档案馆，档案号：J018 -02 -03229。

[7]《江西高等法院、于都县司法处余世荣关于请解释印花税法科罚及执

行规则有关条款疑义的指令、呈》，江西省高等法院，1938年1月，江西省档案馆，档案号：J018－02－03512。

[8]《司法行政部、江西高等法院、玉山县司法处关于解释印花税法疑义案的训令、指令、呈》，江西省高等法院，1939年6月～1940年2月，江西省档案馆，档案号：J018－02－03528。

[9]《司法行政部、江西高等法院、龙南县司法处关于解释违反印花税法罚锾疑义的指令、呈》，江西省高等法院，1939年10月～1940年2月，江西省档案馆，档案号：J018－02－03534。

[10]《江西高等法院、莲花县司法处关于解释合作社所发对外营业之账单是否贴印花税票的指令、呈》，江西省高等法院，1939年10～11月，江西省档案馆，档案号：J018－02－03539。

[11]《江西高等法院、永新县司法处关于解释印花税法科罚及执行规则第六条疑义的指令、代电》，江西省高等法院，1939年12月，江西省档案馆，档案号：J018－02－03544。

[12]《司法行政部、江西高等法院、遂川县司法处关于合作社未贴印花税票发生争执是否处罚的训令、指令、呈》，江西省高等法院，1940年3月～1942年5月，江西省档案馆，档案号：J018－02－03548。

[13]《司法院、江西高等法院、清江县司法处关于解释各商号簿应否贴用印花税案疑义的训令、指令、代电、呈》，江西省高等法院，1941年9月～1942年2月，江西省档案馆，档案号：J018－02－03626。

[14]《司法院、江西高等法院、会昌县司法处关于解释印花税疑义的训令、指令、呈》，江西省高等法院，1942年2～5月，江西省档案馆，档案号：J018－02－03677。

[15]《司法院、江西高等法院、瑞金县司法处关于解释印花税法有关疑义的训令、指令、呈》，江西省高等法院，1943年4～12月，档案号：J018－02－03685。

[16]《司法行政部、江西高等法院、会昌县司法处关于解释印花税法第16条适用疑义的训令、指令、呈》，江西省高等法院，1943年8月～1944年3月，江西省档案馆，档案号：J018－02－03711。

[17]《江西高等法院、宁都地方法院、新余县司法处、湖口县司法处关于印花税罚镪是否也能用战时高标准及没收盐等司法机关是否可提成的指令、代电、呈》，江西省高等法院，1946 年 8 ~ 10 月，江西省档案馆，档案号：J018 - 02 - 03892。

[18]《江西高等法院、宁都地方法院司法处关于解释印花税法疑问的指令、代电》，江西省高等法院，1947 年 4 月，江西省档案馆，档案号：J018 - 02 - 03960。

[19]《江西南昌地方法院关于"同泰号"漏贴印花税一案的令、裁定书》，江西省高等法院，1938 年 5 月，江西省档案馆，档案号：J018 - 02 - 04165。

[20]《江西高等法院、江西临川地方法院、瑞隆号关于瑞隆号等违反印花税法不服裁定抗告的诉状、训令、呈、裁定书》，江西省高等法院，1938 年 4 ~ 7 月，江西省档案馆，档案号：J018 - 02 - 04311。

[21]《江西高等法院关于李学伦违反印花税案的裁定书、训令》，江西省高等法院，1938 年 7 月，江西省档案馆，档案号：J018 - 02 - 04318。

[22]《江西高等法院关于孙海水违反印花税法案的裁定、抗告一案的训令、裁定》，江西省高等法院，1938 年 7 月，江西省档案馆，档案号：J018 - 02 - 04354。

[23]《江西高等法院关于熊学铭违反印花税法一案的训令、裁定》，江西省高等法院，1938 年 6 月，江西省档案馆，档案号：J018 - 02 - 04355。

[24]《江西高等法院、江西临川地方法院、崇仁县司法处关于洪昌楼违反印花税法一案的训令、呈、判决书》，江西省高等法院，1938 年 2 ~ 7 月，江西省档案馆，档案号：J018 - 02 - 04356。

[25]《利人药号违反印花税法不服裁定提起抗告案卷》，江西省高等法院，1937 年 8 月 ~ 1938 年 5 月，江西省档案馆，档案号：J018 - 02 - 04595。

[26]《罗生盛违反印花税法抗告案卷》，江西省高等法院，1938 年 6 ~ 7 月，江西省档案馆，档案号：J018 - 02 - 04596。

[27]《张义和违反印花税法案卷》，江西省高等法院，1938 年 6 ~ 7 月，江西省档案馆，档案号：J018 - 02 - 04598。

[28]《江西高等法院、清江县司法处关于彭仁和、生盛祥、杨永兴违反印花税法提起抗告案卷》，江西省高等法院，1938 年 12 月～1939 年 1 月，江西省档案馆，档案号：J018 - 02 - 04767。

[29]《江西高等法院、袁宜地方法院关于宜春纸张生产合作社违反印花税法抗告案的指令、呈》，江西省高等法院，1938 年 11 月，江西省档案馆，档案号：J018 - 02 - 04770。

[30]《生发祥号、公昌祥号、永义和号等违反印花税法抗告案卷》，江西省高等法院，1938 年 8～9 月，江西省档案馆，档案号：J018 - 02 - 04855。

[31]《鸿康、天津馆、合兴祥等店违反印花税法案卷》，江西省高等法院，1939 年 3～12 月，江西省档案馆，档案号：J018 - 02 - 05443。

[32]《大新米庄、中华旅社等违反印花税法案件》，江西省高等法院，1939 年 3～12 月，江西省档案馆，档案号：J018 - 02 - 05447。

[33]《义昌祥车行吴柏龄违反印花税法提起抗告案卷》，江西省高等法院，1939 年 3～4 月，江西省档案馆，档案号：J018 - 02 - 05554。

[34]《成记米号等违反印花税法提起抗告的案件》，江西省高等法院，1939 年 1～3 月，江西省档案馆，档案号：J018 - 02 - 05555。

[35]《南昌地方法院财政部税务督查员违反印花税法案的裁定书、意见书》，江西省高等法院，1939 年 3 月，江西省档案馆，档案号：J018 - 02 - 05712。

[36]《力学书店违反印花税法提起抗告案卷》，江西省高等法院，1940 年 7 月，江西省档案馆，档案号：J018 - 02 - 05771。

[37]《罗恒顺、裕和祥违反印花税法案卷》，江西省高等法院，1940 年 1～2 月，江西省档案馆，档案号：J018 - 02 - 05772。

[38]《江西高等法院、黎川地方法院关于益顺德违反印花税抗告案的呈、意见书、裁定书》，江西省高等法院，1941 年 9～10 月，江西省档案馆，档案号：J018 - 02 - 06870。

[39]《江西高等法院、袁宜地方法院关于合记集贤违反印花税抗告案的呈、裁定书》，江西省高等法院，1941 年 7～10 月，江西省档案馆，档案号：J018 - 02 - 06872。

［40］《江西高等法院、南城司法处关于中央书局等违反印花税抗告案的呈、裁定书》，江西省高等法院，1941 年 5 ～ 8 月，江西省档案馆，档案号：J018 - 02 - 06873。

［41］《江西高等法院、宁都地方法院关于龚元生违反印花税抗告案的呈、意见书、训令、裁定书》，江西省高等法院，1941 年 6 ～ 7 月，江西省档案馆，档案号：J018 - 02 - 06875。

［42］《江西高等法院、宁都地方法院关于龚元生违反印花税不服抗告案的呈、裁定书》，江西省高等法院，1941 年 2 ～ 7 月，江西省档案馆，档案号：J018 - 02 - 06876。

［43］《江西高等法院、兴国地方法院关于合和栈违反印花税抗告案的呈、训令、裁定书》，江西省高等法院，1941 年 6 ～ 7 月，江西省档案馆，档案号：J018 - 02 - 06877。

［44］《温思顺违反印花税抗告案卷》，江西省高等法院，1942 年 12 月，江西省档案馆，档案号：J018 - 02 - 07069。

［45］《抗告人温思顺违反印花税案卷》，江西省高等法院，1942 年 8 月，江西省档案馆，档案号：J018 - 02 - 07077。

［46］《江西高等法院关于德丰笋行违反印花税法案提起抗告案件的裁定书、呈》，江西省高等法院，1944 年 2 月，江西省档案馆，档案号：J018 - 02 - 07682。

［47］《江西高等法院、黎川临时庭关于熊甘泉、允升行、永顺庄等违反印花税法案的刑事裁定书、片根、进行表》，江西省高等法院，1944 年 8 月 ～ 1945 年 1 月，江西省档案馆，档案号：J018 - 02 - 08466。

［48］《福成祥违反印花税上诉案卷》，江西省高等法院，1945 年 6 ～ 8 月，江西省档案馆，档案号：J018 - 02 - 08892。

［49］《江西大舞台违反印花税法案卷》，江西省高等法院，1946 年 7 ～ 10 月，江西省档案馆，档案号：J018 - 02 - 09410。

［50］《江西大舞台肖菊生违反印花税案抗告案卷》，江西省高等法院，1946 年 7 月，江西省档案馆，档案号：J018 - 02 - 09884。

［51］《江西大舞台违反印花税法案抗告案卷》，江西省高等法院，1946 年

12 月~1947 年 4 月，江西省档案馆，档案号：J018 - 02 - 09935。

　[52]《正和祥违反印花税法抗告》，江西省高等法院，1947 年，江西省档案馆，档案号：J018 - 02 - 10864。

　[53]《广益煤炭商行违反印花税法抗告》，江西省高等法院，1947 年，江西省档案馆，档案号：J018 - 02 - 10878。

　[54]《广益煤炭商行违反印花税法抗告》，江西省高等法院，1947 年，江西省档案馆，档案号：J018 - 02 - 10886。

　[55]《中国文具社违反印花税上诉案卷》，江西省高等法院，1947 年 10 月，江西省档案馆，档案号：J018 - 02 - 10910。

　[56]《王隆记等违反印花税上诉案卷》，江西省高等法院，1947 年 10 月，江西省档案馆，档案号：J018 - 02 - 10911。

　[57]《何洪发号等违反印花税上诉案卷》，江西省高等法院，1947 年 8 月，江西省档案馆，档案号：J018 - 02 - 10912。

　[58]《同义兴号违反印花税案抗告状》，江西省高等法院，1947 年 9 月，江西省档案馆，档案号：J018 - 02 - 11299。

　[59]《大兴五金号违反印花税法抗告状》，江西省高等法院，1947 年 12 月，江西省档案馆，档案号：J018 - 02 - 11300。

　[60]《万象商行违反印花税法抗告状》，江西省高等法院，1947 年 6~7 月，江西省档案馆，档案号：J018 - 02 - 11301。

　[61]《民国江西省高等法院关于同盟酿酒社违反印花税抗告案件审理的案卷》，江西省高等法院，1948 年 11 月~1949 年 2 月，江西省档案馆，档案号：J018 - 02 - 12533。

　[62]《义成布庄违反印花税法抗告》，江西省高等法院，1948 年，江西省档案馆，档案号：J018 - 02 - 13211。

　[63]《天福商行违反印花税法抗告》，江西省高等法院，1948 年，江西省档案馆，档案号：J018 - 02 - 13309。

　[64]《同春茂号违反印花税法抗告》，江西省高等法院，1948 年，江西省档案馆，档案号：J018 - 02 - 13317。

　[65]《胡侠华违反印花税抗告》，江西省高等法院，1948 年，江西省档案

馆，档案号：J018 - 02 - 13333。

[66]《光明大戏院违反印花税法抗告》，江西省高等法院，1948 年，江西省档案馆，档案号：J018 - 02 - 13353。

[67]《纶孚等违反印花税抗告》，江西省高等法院，1948 年，江西省档案馆，档案号：J018 - 02 - 13355。

[68]《福记卫联实业社南昌分社违反印花税抗告》，江西省高等法院，1948 年，江西省档案馆，档案号：J018 - 02 - 13356。

[69]《福顺全寿枋栈违反印花税抗告》，江西省高等法院，1948 年，江西省档案馆，档案号：J018 - 02 - 13359。

[70]《丰城指令印花税法疑义由》，江西省高等法院，1947 年，江西省档案馆，档案号：J018 - 02 - 19682。

[71]《司法行政部解释非常时期征收印花税暂行办法疑义案》，江西省高等法院，1938 年，江西省档案馆，档案号：J018 - 02 - 21183。

[72]《印花税法关涉案件事项卷》，江西省高等法院，1936 年 8 月 6 日 ~ 1937 年 2 月 2 日，江西省档案馆，档案号：J018 - 03 - 0881。

[73]《令发非常时期征收印花税暂行办法卷》，江西省高等法院，1937 年 10 月 25 日 ~ 1938 年 5 月 17 日，江西省档案馆，档案号：J018 - 03 - 0951。

[74]《奉部令知印花税票印有领袖及先烈肖像不应倒贴以示票敬卷》，江西省高等法院，1941 年 1 月 30 日 ~ 4 月 17 日，江西省档案馆，档案号：J018 - 03 - 1068。

[75]《印花税法卷》，江西省高等法院，1943 年 6 月 5 日 ~ 1947 年 6 月 14 日，江西省档案馆，档案号：J018 - 03 - 1260。

[76]《修正所得税法印花税法营业税法遗产税法卷》，江西省高等法院，1946 年 7 月 16 日 ~ 1948 年 6 月 5 日，江西省档案馆，档案号：J018 - 03 - 1396。

[77]《财政部湘赣区税务局玉请令奉新县对检尤联甫查获违反印花税法证件依法办理卷》，江西省高等法院，1938 年 7 月 7 ~ 12 日，江西省档案馆，档案号：J018 - 03 - 1675。

[78]《印花税法》，江西省高等法院，1941 年，江西省档案馆，档案号：J018 - 06 - 4111。

［79］《印花税票简化贴用办法》，江西省高等法院，1947 年，江西省档案馆，档案号：J018 - 06 - 4113。

［80］《华记等号违犯印花税法由》，江西省高等法院，1943 年，江西省档案馆，档案号：J018 - 07 - 3993。

［81］《德丰笋行违反印花税法》，江西省高等法院，1944 年，江西省档案馆，档案号：J018 - 07 - 7520。

［82］《熊甘泉等其七人违反印花税法》，江西省高等法院，1945 年，江西省档案馆，档案号：J018 - 07 - 8247。

［83］《福成祥违反印花税裁定》，江西省高等法院，1945 年，江西省档案馆，档案号：J018 - 07 - 8593。

［84］《老宝成金号违反印花税提起抗告由》，江西省高等法院，1946 年，江西省档案馆，档案号：J018 - 07 - 10482。

［85］《江西大舞台违反印花税案》，江西省高等法院，1946 年，江西省档案馆，档案号：J018 - 07 - 10484。

［86］《大孚号因违反税印花案》，江西省高等法院，1946 年，江西省档案馆，档案号：J018 - 07 - 10493。

［87］《大丰棉花鱼行违反印花税案》，江西省高等法院，1946 年，江西省档案馆，档案号：J018 - 07 - 10507。

［88］《全添意号泥木老厂违反印花税案》，江西省高等法院，1946 年，江西省档案馆，档案号：J018 - 07 - 10831。

［89］《丰城广益煤炭商行违犯印花税法抗告》，江西省高等法院，1947 年，江西省档案馆，档案号：J018 - 07 - 12775。

［90］《南丰救济院贫民习艺所违犯印花税法案》，江西省高等法院，1947 年，江西省档案馆，档案号：J018 - 07 - 12777。

［91］《江西大舞台违犯印花税法抗告》，江西省高等法院，1946 年，江西省档案馆，档案号：J018 - 07 - 12778。

［92］《庆昌祥违反印花税法案》，江西省高等法院，1947 年，江西省档案馆，档案号：J018 - 07 - 12823。

［93］《公义马厂违反印花税法抗告》，江西省高等法院，1948 年，江西省

档案馆，档案号：J018 - 07 - 15934。

［94］《关于印花税法（附所得税）》，江西省高等法院，1947 年，江西省档案馆，档案号：J018 - 08 - 621。

［95］《江西区国税局、鄱阳国税稽征局等关于廖绵衍、孟庆有私提印花税票案的指令、呈、处分书》，江西省高等法院，1948 年 12 月~1949 年 1 月，江西省档案馆，档案号：J025 - 01 - 00326。

［96］《江西省直税局关于各县印花税检查员的履历表》，江西省高等法院，1947 年 1~12 月，江西省档案馆，档案号：J025 - 01 - 00609。

［97］《江西税务管理局及临川征收局关于抽查印花税问题的训令、指令、报表等》，财政部江西区国税管理局，1946 年，江西省档案馆，档案号：J025 - 01 - 01765。

［98］《江西税务管理局及南城、鄱阳等征收局关于印花税抽查问题的指令、报表等》，财政部江西区国税管理局，1946 年 3~11 月，江西省档案馆，档案号：J025 - 01 - 01766。

［99］《江西税务管理局及九江、安义等征收局关于抽查印花税问题的训令、指令、函、等》，财政部江西区国税管理局，1946 年 1~11 月，江西省档案馆，档案号：J025 - 01 - 01767。

［100］《江西税务管理局及樟树、清江等征收局关于抽查印花税问题的指令、函、报表》，财政部江西区国税管理局，1946 年 4~11 月，江西省档案馆，档案号：J025 - 01 - 01768。

［101］《江西税务管理局及上饶征收局关于抽查印花税问题的训令、指令、报表》，财政部江西区国税管理局，1945 年 12 月~1946 年 10 月，江西省档案馆，档案号：J025 - 01 - 01769。

［102］《江西税务管理局及贵溪征收局关于抽查印花税问题的指令、呈、报表》，财政部江西区国税管理局，1946 年 5~10 月，江西省档案馆，档案号：J025 - 01 - 01770。

［103］《江西税务管理局及浮梁、都昌等征收局关于抽查印花税问题的指令、呈、报表》，财政部江西区国税管理局，1945 年 12 月~1946 年 11 月，江西省档案馆，档案号：J025 - 01 - 01771。

[104]《江西税务管理局及南昌、奉新等征收局关于抽查印花税问题的训令、指令、报表》，财政部江西区国税管理局，1946 年 3 ~ 11 月，江西省档案馆，档案号：J025 - 01 - 01772。

[105]《江西税务管理局及萍乡、万载等征收局关于抽查印花税问题的训令、指令、报表等》，财政部江西区国税管理局，1945 年 9 月 ~ 1946 年 10 月，江西省档案馆，档案号：J025 - 01 - 01773。

[106]《江西税务管理局及吉安、泰和等征收局关于抽查印花税问题的指令、呈、报表》，财政部江西区国税管理局，1945 年 10 月 ~ 1946 年 11 月，江西省档案馆，档案号：J025 - 01 - 01774。

[107]《江西税务管理局及宁都、瑞金等征收局关于抽查印花税问题的训令、指令、报表等》，财政部江西区国税管理局，1945 年 10 月 ~ 1946 年 10 月，江西省档案馆，档案号：J025 - 01 - 01775。

[108]《江西税务管理局及信丰、大庾等征收局关于抽查印花税问题的训令、指令、报表等》，财政部江西区国税管理局，1945 年 12 月 ~ 1946 年 9 月，江西省档案馆，档案号：J025 - 01 - 01768。

[109]《江西税务管理局及赣县征收局关于抽查印花税问题的训令、指令、报表等》，财政部江西区国税管理局，1945 年 11 月 ~ 1946 年 10 月，江西省档案馆，档案号：J025 - 01 - 01777。

[110]《财政部，江西区国税管理局，上饶、余干、南昌等分局关于积存五百元以下法币小面额货物印花税汇缴焚毁的训令、呈》，财政部江西区国税管理局，1948 年 8 月，江西省档案馆，档案号：J025 - 01 - 03076。

[111]《财政部江西区直接税局九江分局涂家埠所吴城稽征组函（为加强印花税收函请贵所惠予协助由）》，财政部江西区国税管理局，1948 年 7 月 ~ 1949 年 4 月，江西省档案馆，档案号：J025 - 01 - 03221。

[112]《田赋税务类（税务），关于印花税、牙当营业税、烟酒牌照税、屠宰税等税款征收、查漏；各行业请求减免税款以及税款被盗等方面的报告、训令和有关表册》，1941 年，鄱阳县档案馆，档案号：J0002 - 01 - 01073。

[113]《省直接税局赣县信丰分局关于所得税印花税的训令、代电、实施细则》，信丰县政府，1946 年 1 月 ~ 1947 年 3 月，信丰县档案局，档案号：

X005 – 03 – 00070。

［114］《祥森铁工厂欠缴所得税刑事裁定》，江西河口地方法院，铅山县档案馆，档案号：00072（18）。

［115］《修正所得税法印花税法营业税遗产税法案卷》，江西省高等法院，江西省档案馆，档案号：J018 – 03 – 01396。

［116］《徐清泉违犯所得税法被告案》，江西省高等法院，江西省档案馆，档案号：J018 – 07 – 09570。

［117］《喻记理发社违反所得税法案》，江西省高等法院，江西省档案馆，档案号：J018 – 07 – 12782。

［118］《永春兴不遵限期缴纳所得税利得税抗告案》，江西省高等法院，江西省档案馆，档案号：J018 – 07 – 10464。

［119］《永泰号违反所得税法案》，江西省高等法院，江西省档案馆，档案号：J018 – 02 – 13635。

［120］《源昌行违反所得税法抗告案》，江西省省高等法院，江西省档案馆，档案号：J018 – 07 – 15937。

［121］《非常时期过分利得税法及所得税法卷》，江西省高等法院，江西省档案馆，档案号：J018 – 03 – 01232。

［122］《国泰绸布号违反所利得税法抗告案》，江西省高等法院，江西省档案馆，档案号：J018 – 07 – 10511。

［123］《韩墨园违反所得税法抗告案》，江西省高等法院，江西省档案馆，档案号：J018 – 07 – 12794。

［124］《恒有庆酒号违反所得税法案》，江西省高等法院，江西省档案馆，档案号：J018 – 07 – 12792。

［125］《黄永隆违反所得税法抗告案》，江西省省高等法院，江西省档案馆，档案号：J018 – 07 – 12793。

［126］《惠农米厂欠缴所得税等抗告裁定》，江西省高等法院，江西省档案馆，档案号：J018 – 07 – 08595。

［127］《江扑玉不缴财产出卖所得税案》，江西省高等法院，江西省档案馆，档案号：J018 – 07 – 07806。

［128］《久大祥商号违反所得税被告案》，江西省高等法院，江西省档案馆，档案号：J018 – 07 – 07523。

［129］《久丰米厂欠缴所得税裁定案》，江西省高等法院，江西省档案馆，档案号：J018 – 07 – 08594。

［130］《李流卿不依限缴纳所利得税上诉案》，江西省高等法院，江西省档案馆，档案号：J018 – 07 – 7828。

［131］《李兴记不依限缴纳所利得税上诉案》，江西省高等法院，江西省档案馆，档案号：J018 – 07 – 7827。

［132］《民生火柴厂等违犯所得税法抗告案》，江西省高等法院，江西省档案馆，档案号：J018 – 07 – 12770。

［133］《南城江苏第一池违反所得税案》，江西省高等法院，江西省档案馆，档案号：J018 – 07 – 10519。

［134］《乾长厚欠缴所得税刑事裁定》，江西河口地方法院，铅山县档案馆，档案号：00072（23）。

［135］《生昌福违反所得税案》，江西省高等法院，江西省档案馆，档案号：J018 – 07 – 07433。

［136］《望江楼欠缴所得税刑事裁定》，江西河口地方法院，铅山县档案馆，档案号：00072（27）。

［137］国民政府财政部编：《财政年鉴》，商务印书馆1935年版；《财政年鉴续编》，商务印书馆1945年版；《财政年鉴三编》，商务印书馆1948年版。

［138］《皇朝道咸同光奏议》（第七十七辑），台北商务印书馆1960年影印版。

［139］经世文社编：《民国经世文编（财政）》，节选自《近代中国史料丛刊本》，（台北）文海出版社1983年版。

［140］《田赋附加税调查》，商务印书馆1935年版。

［141］中国第二历史档案馆、江苏省中华民国工商税收史编写组编：《中华民国工商税收史料选编》第四辑（直接税·印花税）（下册），南京大学出版社1994年版。

（二）期刊论文和专著

［1］胡善恒：《赋税论》，商务印书馆 1934 年版；周伯棣：《租税论》，文化供应社 1948 年版。

［2］朱偰：《中国租税问题》，商务印书馆 1936 年版。

［3］高秉坊：《中国直接税史实》，财政部直接税处经济研究室，1943 年；财政部参事厅：《八年来之直接税》，财政部直接税处，1943 年。

［4］财政部参事厅：《十年来之货物税》，财政部直接税处，1943 年；方彎龄：《中国货物税基础论纲》，大方书店 1946 年版；杨昌祐：《中国货物税史》，财政部税务署编译室，1948 年。

［5］刘振东、王启华：《中国所得税问题》，中央政治学校，1941 年；张淼：《中国所得税制度》，正中书局 1938 年版；杨昭智：《中国所得税》，商务印书馆 1947 年版。

［6］李权时：《遗产税问题》，世界书局 1929 年版；金国宝：《遗产税》，商务印书馆 1937 年版；赵佩玺：《中国遗产税》，财政部，1944 年。

［7］侯厚培：《营业税问题》，大东书局 1931 年版；包超时、倪镇：《中国营业税》，财政部，1943 年；童蒙正：《中国营业税之研究》，正中书局 1946 年版。

［8］童蒙正：《关税概论》，商务印书馆 1945 年版；马寅初：《中国关税问题》，商务印书馆 1930 年版；李权时：《中国关税问题》，商务印书馆 1936 年版；贾士毅：《关税与国权》，商务印书馆 1927 年版。

［9］刘佐、马金华：《中国税制百年回眸》，《中国税务》，2012 年第 1 期，第 20～25 页。

［10］林源、马金华：《中国百年税制体系的演变——以五四运动为逻辑起点》，《财政监督》，2019 年第 22 期，第 14～19 页。

［11］杨大春：《中国近代财税法学史研究》，北京大学出版社 2010 年版。

［12］杨大春：《民国时期税法目的评析——以民国时期财税法学研究为依据》，《财税法论丛》，2012 年第 12 期，第 106～126 页。

［13］黄天华：《中国税收制度史》，中国财经出版社 2009 年版；孙翊刚、董庆铮：《中国赋税史》，中国税务出版社 2007 年版；殷崇浩：《中国税收通

史》，光明日报出版社 1991 年版；江苏省中华民国工商税收史编写组、中国第二历史档案馆：《中华民国工商税收史》，南京大学出版社 1991 年版。

［14］付志宇、敖涛：《近代中国直接税的发展及其借鉴》，《财政科学》，2016 年第 5 期，第 154～159 页。

［15］张琼：《南京国民政府直接税署研究（1936－1948）》，华中师范大学，2014 年。

［16］马金华、邢洪英：《民国时期的分税制改革评析及启示》，《财政监督》，2014 年第 4 期，第 22～26 页。

［17］焦建华：《现代化进程中的集权与分权：南京国民政府分税制改革再探讨（1927－1936）》，《中国经济史研究》，2015 年第 2 期，第 67～72 页；付志宇：《历史上分税制的产生和形成》，《税务研究》，2002 年第 2 期，第 76～78 页。

［18］戴丽华：《税收立法理念在中国的适用与嬗变——以近代所得税的开征过程为线索》，《税务研究》，2016 年第 12 期，第 95～100 页。

［19］曾耀辉：《民国时期所得税制研究》，江西财经大学，2012 年。

［20］胡芳：《民国时期所得税法制研究》，江西财经大学，2010 年。

［21］柯伟明：《营业税与民国时期的税收现代化（1927－1949）》，复旦大学，2013 年。

［22］柯伟明：《民国时期特种营业税的征收及其影响》，《中山大学学报（社会科学版）》，2013 年第 57 期，第 103～116 页。

［23］郑显文、王蕾：《中国近代遗产税立法及司法实践研究》，《比较法研究》，2019 年第 1 期，第 136～151 页。

［24］刘巍：《民国时期遗产税制度的讨论、设计与实践》，《福建论坛（人文社会科学版）》，2018 年第 5 期，第 91～97 页。

［25］任晓兰、董永泉：《民国时期财政法治初尝试——以民国遗产税法的制定过程为例》，《财政监督》，2016 年第 20 期，第 8～11 页。

［26］李向东：《印花税在中国的移植与初步发展（1903－1927）》，华中师范大学，2008 年。

［27］戴丽华：《民国时期印花税制研究》，江西财经大学，2013 年。

［28］饶立新：《中国印花税研究》，江西财经大学，2009 年。

［29］董振平：《试论 1927－1937 年南京国民政府的统税政策》，《齐鲁学刊》，1992 年第 3 期，第 92～97 页。

［30］晏忠波：《南京国民政府前期统税研究》，华中师范大学，2016 年。

［31］易继苍：《南京国民政府的盐税与统税改革》，《杭州师范学院学报（社会科学版）》，2003 年第 2 期，第 101～104 页。

［32］董振平：《一九二七至一九三七南京国民政府盐税改革述论》，《盐业史研究》，2000 年第 2 期，第 10～19 页。

［33］张殿清：《北京国民政府中央财政收入中的盐税》，《历史教学》，2006 年第 2 期，第 22～26 页。

［34］陈诗启：《南京政府的关税行政改革》，《历史研究》，1995 年第 3 期，第 133～144 页。

［35］单冠初：《南京国民政府收复关税自主权的历程——以 1927－1930 年中日关税交涉为中心》，复旦大学，2002 年。

［36］傅得晟、付志宇：《过分利得税的历史变迁及对当前财税改革启示》，《税务研究》，2015 年第 2 期，第 124～128 页。

［37］杨涛：《交通系与民初经济政策研究（1912－1916）》，陕西师范大学，2012 年。

［38］陆小丽：《民国时期湖北屠宰税研究（1915－1949）》，华中师范大学，2018 年。

［39］江西省税务局、福建省税务局、江西省档案馆、福建省档案馆：《中国革命根据地工商税收史长编》，中国经济出版社 1988 年版。

［40］曾耀辉：《中华苏维埃共和国税收史》，江西人民出版社 2010 年版。

［41］蔡祖荣：《中国革命根据地的工商税收》，《税务研究》，1987 年第 A3 期，第 2～7 页。

［42］赵云旗：《抗日革命根据地税收研究》，《财政史研究》（第七辑），中国财政史研究所专题资料汇编，2014 年。

［43］苏小平、贾海维：《论抗日根据地的统一累进税》，《中共党史研究》，2000 年第 4 期，第 53～57 页。

［44］王明前：《抗日根据地的盐业生产和盐税征收》，《中国盐文化》（第八辑），四川省哲学社会科学重点研究基地四川理工学院中国盐文化研究中心专题资料汇编，2015 年。

［45］殷路路：《抗战时期晋察冀边区统一累进税的实施及其历史作用》，《"决策论坛——决策科学化与民主化学术研讨会"论文集》（下），2017 年；王学敏：《统一累进税在抗日根据地得以实施的原因——以晋察冀抗日根据地为例》，《沧桑》，2008 年第 3 期，第 63～64 页；周祖文：《统一累进税与减租减息：华北抗日根据地的政府、地主与农民——以晋察冀边区为中心的考察》，《抗日战争研究》，2017 年第 4 期，第 33～46 页。

［46］孙瑞标：《鄂豫皖革命根据地的工商税收》，《税务研究》，1988 年第 8 期，第 53～55 页；付娟：《鄂豫皖根据地的累进税》，《郑州航空工业管理学院学报（社会科学版）》，2009 年第 28 期，第 36～48 页。

［47］何先鹰：《论华中抗日根据地鄂豫边区的工商税及关税》，《武汉大学学报（人文科学版）》，2004 年第 57 期，第 569～572 页。

［48］汪红娟：《抗战时期陕甘宁边区盐税问题的研究》，《盐业史研究》，2017 年第 4 期，第 47～57 页；王明前：《陕甘宁抗日根据地正规化与科学化税收制度的建立》，《中国社会经济史研究》，2013 年第 2 期，第 75～89 页。

［49］国民政府财政部财政年鉴编纂处：《财政年鉴》，中央印务局 1948 年版；杨荫溥：《民国财政史》，中国财政经济出版社 1985 年版；江苏省中华民国工商税收史编写组、中国第二历史档案馆：《中华民国工商税收史料选编》，南京大学出版社 1996 年版；魏文享：《民国时期税收史料汇编》，国家图书馆出版社 2018 年版。

［50］付志宇：《近代中国税收现代化进程及其思想史考察》，湖南大学，2009 年。

［51］柯伟明：《民国时期税收制度的嬗变》，《中国社会科学》，2019 年第 11 期，第 149～170 页。

［52］蔡昌：《民国时期赋税——中国税史之六》，《财会学习》，2014 年第 8 期，第 52～53 页。

［53］刘军：《从民国时期税制建设看法律制度发挥作用的条件》，《经济

师》，2014 年第 10 期，第 98～100 页。

［54］章启辉、付志宇：《北洋政府时期税收政策的演变及借鉴》，《湖南师范大学社会科学学报》，2009 年第 23 期，第 104～108 页。

［55］章启辉、付志宇：《南京国民政府时期税收政策演变的思考》，《湖南师范大学社会科学学报》，2009 年第 2 期，第 125～127 页。

［56］曾飞：《中央苏区税收的历史地位及其局限性》，《中国税务》，2006 年第 2 期，第 45～46 页。

［57］巨文辉：《统一累进税：抗日根据地财政建设的伟大创举》，《山西财经大学学报》，2003 年第 25 期，第 79～83 页。

［58］孔永松：《简论中国革命根据地的农业税》，《中国社会经济史研究》，1987 年第 1 期，第 87～97 页。

［59］巴志鹏：《新民主主义革命时期根据地的农民负担》，《平原大学学报》，2006 年第 23 期，第 24～26 页。

［60］蔡祖荣：《中国革命根据地的工商税收》，《税务研究》，1987 年第 A3 期，第 2～7 页。

［61］孙瑞标：《鄂豫皖革命根据地的工商税收》，《税务研究》，1988 年第 8 期，第 53～55 页。

［62］付娟：《鄂豫皖根据地的累进税》，《郑州航空工业管理学院学报（社会科学版）》，2009 年第 28 期，第 36～48 页；王征：《工农武装割据背景下鄂豫皖根据地的经济生活》，《史志学刊》，2016 年第 1 期，第 53～59 页。

［63］曾光明：《中央苏区税收制度的创立、特点及启示》，《求实》，2002 年第 8 期，第 58～61 页。

［64］曾飞：《中央苏区税收的历史地位及其局限性》，《当代财经》，2006 年第 2 期，第 45～46 页。

［65］余冰玉：《略论中央苏区的税收工作》，《经济研究参考》，2014 年第 40 期，第 52～55 页。

［66］陈涛：《中央苏区关税制度的建立与实践》，《海关与经贸研究》，2019 年第 3 期，第 31～38 页。

［67］赵云旗：《抗日革命根据地税收研究》，《财政史研究（第七辑）》，

中国财政史研究所专题资料汇编，2014 年。

[68] 殷路路：《抗战时期晋察冀边区统一累进税的实施及其历史作用》，《"决策论坛——决策科学化与民主化学术研讨会"论文集》（下），2017 年。

[69] 王学敏：《统一累进税在抗日根据地得以实施的原因——以晋察冀抗日根据地为例》，《沧桑》，2008 年第 3 期，第 63～64 页。

[70] 刘雅娟：《晋察冀抗日根据地统一累进税研究》，太原理工大学，2017 年。

[71] 周祖文：《统一累进税与减租减息：华北抗日根据地的政府、地主与农民——以晋察冀边区为中心的考察》，《抗日战争研究》，2017 年第 4 期，第 33～46 页。

[72] 何先鹰：《论华中抗日根据地鄂豫边区的工商税及关税》，《武汉大学学报（人文科学版)》，2004 年第 57 期，第 569～572 页。

[73] 王明前：《抗日根据地的盐业生产和盐税征收》，《中国盐文化》（第八辑），四川省哲学社会科学重点研究基地四川理工学院中国盐文化研究中心专题资料汇编，2015 年。

[74] 汪红娟：《抗战时期陕甘宁边区盐税问题研究》，《盐业史研究》，2017 年第 4 期，第 47～57 页。

[75] 刘佐：《红色税收——创建新中国时期中共税收政策的发展》，《中国财政》，2011 年第 18 期，第 74～76 页。

[76] 赖红羽：《解放战争时期东北解放区工商税收制度研究》，江西财经大学，2019 年。

[77] 秦洪芳：《解放战争时期广东革命根据地的财政论析》，暨南大学，2004 年。

[78] 秦秀红：《解放战争时期冀中解放区的对外贸易》，河北师范大学，2004 年。

[79] 江西省税务局、福建省税务局、江西省档案馆、福建省档案馆编：《中国革命根据地工商税收史长编》，中国经济出版社 1988 年版。

[80] 曾耀辉：《中华苏维埃共和国税收史》，江西人民出版社 2010 年版。

[81] 张希坡：《革命根据地经济立法》，吉林大学出版社 1994 年版。

［82］郝昭成：《经济社会发展与税收制度的科学化、现代化、国际化》，《涉外税务》，2012 年第 3 期，第 5～12 页。

［83］郭维真：《论国家治理及其改良——以税收授权立法为视角》，《福建论坛（人文社会科学版）》，2013 年第 3 期，第 35～40 页。

［84］傅志华、李铭：《环境保护税立法：税制设计创新与政策功能强化》，《环境保护》，2017 年第 1 期，第 19～23 页。

［85］刘剑文：《论财政法定原则——一种权力法治化的现代探索》，《法学家》，2014 年第 4 期，第 16 页。

［86］杨志勇：《新时代财税体制改革的三大新变化》，《财政科学》，2017 年第 11 期，第 29～31 页。

［87］朱晓波：《税收法律既定条件下的纳税人纳税利益选择》，《税务研究》，2014 年第 6 期，第 63～66 页。

［88］马金华、邢洪英：《民国时期的分税制改革评析及启示》，《财政监督》，2014 年第 6 期，第 22～26 页。

［89］孔祥熙：《财政年鉴·续编》（上册），商务印书馆 1943 年版。

［90］马金华：《民国财政研究》，经济科学出版社 2009 年版。

［91］林美莉：《西洋税制在近代中国的发展》，中央研究院近代史研究所，2005 年。

［92］晏才杰：《租税论》，北京新华学社 1922 年版。

［93］尹文敬：《我国财政困难之原因及其整理之方法》，《东方杂志》，1924 年第 21 期。

［94］马寅初：《中国财政之根本问题》，《东方杂志》，1924 年第 21 期。

［95］胡寄窗：《中国近代经济思想史大纲》，中国社会科学出版社 1984 年版。

［96］坂入长太郎：《欧美财政思想史》，中国财政经济出版社 1987 年版。

［97］胡己任：《中国财政整理策》，北京民国大学，1927 年。

［98］章启辉、付志宇：《南京国民政府时期税收政策演变的思考》，《湖南师范大学社会科学学报》，2009 年第 38 期，第 125～127 页。

［99］包超时：《中央接管营业税之经过及一年来整顿之概况》，《直接税

月报》，1942 年第 5 期。

［100］刘佐、马金华：《中国税制百年回眸》，《中国税务》，2012 年第 1 期，第 20 ~ 25 页。

［101］陈勇勤：《所得税与国民党政府财政——从崔敬伯的财税理论谈起》，《学术研究》，1996 年第 2 期。

［102］孔祥熙：《孔祥熙谈政府开征所得税之本意》，《经济旬刊》，1936 年第 1 期。

［103］林源、马金华：《中国百年税制体系的演变——以五四运动为逻辑起点》，《财政监督》，2019 年第 22 期，第 14 ~ 19 页。

［104］柯伟明：《营业税与民国时期的税收现代化（1927 - 1949）》，复旦大学，2013 年。

［105］付志宇：《近代中国税收现代化进程及其思想史考察》，湖南大学，2009 年。

［106］孙玉栋、庞伟：《我国现代税收制度的改革趋势探究》，《中国特色社会主义研究》，2019 年第 1 期，第 8 页。

［107］闫少讒：《关于加快构建适应高质量发展的现代税收制度研究》，《税务研究》，2020 年第 3 期，第 116 ~ 120 页。

［108］涂京骞、涂龙力：《浅议新形势下税收制度的结构性改革》，《税务研究》，2017 年第 2 期，第 82 ~ 87 页。

［109］［美］阿瑟恩·杨格著，陈泽宪、陈霞飞译：《1927 - 1937 年中国财政经济情况》，中国社会科学出版社 1981 年版。

［110］［日］板入长太郎著，张淳译：《欧美财政思想史》，中国财政经济出版社 1987 年版。

［111］［美］道格拉斯·诺斯著，刘瑞华译：《经济史的结构与变迁》，（台北）时报文化出版社 1998 年版。

［112］［美］杜赞奇：《国家政权内卷化：对华北地方财政之研究，1911 - 1935》，《社会与历史文化比较研究》，1987 年第 29 卷第 1 期。

［113］［美］杜赞奇著，王福明译：《文化、权力与国家——1900 - 1942 年的华北农村》，江苏人民出版社 2004 年版。

［114］［美］甘布尔·西尼:《新庄:对一个中国村庄财政的研究》,《哈佛亚洲研究杂志》,1944 年第 8 卷第 1 期。

［115］［英］孔飞力:《民国时期中国的地方税收与财政》,《远东研究文献》,1979 年第 3 期。

［116］［日］木村增太郎:《中国财政论》,东京大阪屋号书店 1927 年版。

［117］［英］哲美森:《中国度支考》,上海广学会 1897 年版。

［118］Andrew Nathan. Modern China, 1840 - 1972: An Introduction to Sources and Research Aids, Michigan University Press, Ann Arbor, Michigan, 1973.

［119］Franz Michael & George Taylor. The Far East in Modern World, London, 1956.

［120］John K. Fairbank, Reischauer & Craig. East Asia, the Modern Transformation, Boston, 1965.

［121］John K. Fairbank. Trade and Diplomacy on the China Coast, Harvard University Press, 1956.

［122］John K. Fairbank & Kwang Ching Liu, eds. Modern China: A Bibliographical Guide to Chinese Works, 1898 - 1937, Harvard University Press, Cambridge, Massachusetts, 1956.

［123］John K. Fairbank & Masataka Banno. Japanese Studies of Modern China, Harvard University Press, 1955.

［124］Ssu-Yu Teng, John K. Fairbank et al. China's Response to the West, Harvard University Press, 1954.

［125］St. Dowell. A history of Taxation and Taxies in England, London, 1884.

［126］Tung-Li Yuan. Economic and Social Development of Modern China, A Bibliographical Guide, New Haven, 1956.

［127］William Skinner, Winston Hsieh and Shigeaki Tomita, eds. Modern Chinese Society: An Analytical Bibliography, Stanford University Press, Stanford, California, 1973.